# SCHWARZE
# KAPELLE

Olav Herfeldt

# SCHWARZE KAPELLE

## Spionage und Widerstand

Die Geschichte der
Widerstandsgruppe um
Admiral Wilhelm Canaris

Weltbild Verlag

Lizenzausgabe für
Weltbild Verlag GmbH, Augsburg 1990

Gesamtherstellung: Ueberreuter, Korneuburg
Printed in Austria
ISBN 3-89350-077-4

# VORWORT

Es ist in den ersten Nachkriegsjahren von Berufenen und in weit größerem Maße von Unberufenen viel über Spionage und Geheimdienste des zweiten Weltkrieges gesprochen und geschrieben worden.

Manche dieser Autoren hatten es sich offensichtlich zu leicht gemacht, indem sie unbeweisbare Behauptungen aufstellten und präparierte „Tatsachen" an den Haaren herbeizogen, die dann einer fachmännischen Kritik nicht standhielten.

Der Autor dieses Buches hingegen hat sich redlich bemüht, den Realitäten durch unverfälschte und freimütige Schilderung eines der dunkelsten Kapitel des Dritten Reiches gerecht zu werden. Von einigen schriftstellerischen Freiheiten abgesehen, wie sie beispielsweise in der Dialogführung unumgänglich sind, hat sich der Autor strikt an die Tatsachen gehalten. Mosaik für Mosaik wurde zusammengetragen und sinnvoll aneinandergereiht, Archive mußten durchstöbert, eine Fülle von Dokumenten gesichtet und auf ihre Echtheit geprüft, ausländisches Material übersetzt und die noch überlebenden Beteiligten ausfindig gemacht und befragt werden.

Diese gewissenhafte Arbeitsweise sicherte dem Autor die Möglichkeit, jedes Kapitel dieses Buches durch entsprechende Unterlagen zu belegen.

Daß die Namen verschiedener noch lebender Personen aus begreiflichen Gründen verändert wurden, werden die scharfsinnigen Leser wohl als Selbstverständlichkeit vorausgesetzt haben. So zum Beispiel die Namen der beiden Hauptpersonen dieser Geschichte, Robert Golder und Tilla, die heute noch glücklich verheiratet in Schweden leben.

Die Bezeichnung „Schwarze Kapelle" wurde ebenso wie die „Rote Kapelle" (im selben Verlag erschienen), die eine Tarnbezeichnung der deutschen Abwehr für die Ermittlungsarbeit gegen die Sowjetspionage war, von dem SS-General und Chef des Reichssicherheitshauptamtes (RSHA) in Berlin, Reinhard Heydrich, selbst geprägt. „Schwarze Kapelle" war der aktenkundige Deckname für sämtliche Vorgänge, die die Friedensbestrebungen des Widerstandskreises um den damaligen Chef der Abwehr im Oberkommando der Wehrmacht (OKW), Admiral Wilhelm Canaris, betrafen und die den Ermittlungen Heydrichs zufolge mit dem Vatikan unmittelbar zusammenhingen.

Der „Reichsführer SS" Heinrich Himmler war Heydrichs direkter Vorgesetzter. In eingeweihten Kreisen respektlos als „Reichsheini" bewitzelt, galt er als Angehöriger der „alten Garnitur" und als begeisterter Imitator des „Führers". Er hatte dieses Amt seit 1929 inne, wurde 1934 Chef der Geheimen Staatspolizei (Gestapo), die später Heydrich und dann Müller übernahmen und machte schließlich ab 1936 Karriere als „Reichsführer SS und Chef der Deutschen Polizei". Himmler vergiftete sich 1945 nach seiner Verhaftung in einer Dienststelle des CIC mit Zyankali. Er war 45 Jahre alt.

Reinhard Heydrich, 38 Jahre alt, war seit 1934 Chef des Geheimen Staatspolizeiamtes, avancierte dann zum Chef des Reichssicherheitshauptamtes (RSHA), dem Sicherheitsdienst (SD) und Gestapo unterstellt waren, und wurde 1941 außerdem stellvertretender Reichsprotektor von Böhmen und Mähren. Seine Ermordung durch tschechische Freischärler im Jahre 1942 in Prag gab den Anlaß zu furchtbaren Repressalien gegen die tschechische Bergarbeitersiedlung Lidice im Kladnower Kohlenrevier, die am 10. Juli 1942 dem Erdboden gleichgemacht und deren männliche Einwohner erschossen wurden.

Obwohl Himmler und Heydrich einander spinnefeind waren, fanden sie sich bereits im Jahre 1940 aus Gründen der Selbsterhaltung zu einer Art Allianz zusammen, insbesondere um sich gegen die ihrer Meinung nach wachsenden Ansprüche der mit ihnen konkurriernden militärischen Abwehr unter Canaris abzuschirmen. Admiral Wilhelm Canaris war von 1934 bis 1944 Chef der Abwehr im Oberkommando der Wehrmacht. 1944 wurde er auf Betreiben Himmlers und vorher auch Heydrichs aller seiner Ämter enthoben und, im Zusammenhang mit dem Attentat gegen Hitler, im Jahre 1945 im Zuchthaus Plötzensee hingerichtet. Er war damals 58 Jahre alt. Im Jahre 1940 ging Heydrich dazu über, die wichtigsten Belastungsvorgänge gegen Canaris aus seiner sogenannten „Munitionskiste" auszusortieren und an sich zu ziehen. Diese „Munitionskiste", wie Heydrich seine Sammlung ironisch bezeichnete, enthielt in karteimäßiger Zusammenfassung alle kleinen und großen Sünden der nationalsozialistischen Prominenz, einschließlich derer des „Führers", wie zum Beispiel unrechtmäßige Bereicherungen, unbedachte, wenn auch harmlos gemeinte Äußerungen, zwielichtige Beziehungen, Ausschweifungen, Veranlagungen, Gewohnheiten und bestimmte Pflichtwidrigkeiten. Auch die nicht ganz einwandfreie Abstammung mancher Herren war hier peinlichst genau registriert. Himmler fürchtete seinen fuchsschlauen und rauhbeinigen Untergebenen umsomehr, als ihm bekannt war, daß auch sein, Himmlers Name, in dieser Kartei fungierte.

Gelegentlich kam es auch zu Plänkeleien und bedeutsamen Anspielungen zwischen beiden, zum Beispiel, als der triumphierende Himmler von der Existenz eines Grabsteins der nicht ganz arischen Großmutter Heydrichs, namens Sarah, erfuhr und sich Heydrich dadurch bemüßigt fühlte, das corpus delicti unauffällig verschwinden zu lassen.

Ein wichtiger Zeuge, der die in diesem Buch festgehaltenen Tatsachen weitestgehend bestätigt und um interessante Details ergänzt hat, ist der ehemalige SS-Generalleutnant Walter Schellenberg. Er war bis 1942 stellvertretender Leiter des Amtes VI der Auslands-Nachrichtenabteilung des SD im Reichssicherheitshauptamt in Berlin und in dieser Eigenschaft zeitweise mit den Ermittlungen gegen Canaris von

Heydrich persönlich beauftragt. Nach der Verhaftung Canaris' und seiner Mitarbeiter betraute man Schellenberg mit der Leitung der nunmehr koordinierten Nachrichtenabteilungen der SS und der Wehrmacht.

Durch seine Berufung in dieses hohe Amt wurde er automatisch zum Vertrauten und persönlichen Ratgeber Himmlers. Schellenberg hatte den „Reichsheini" in jenem ersten Sonderzug nach Polen kennengelernt, der dem Zug Hitlers sichernd vorausfuhr. Von da an hatte er große Macht auf Himmler ausgeübt, deren positive Auswirkung sich vornehmlich in der Verhinderung zahlreicher Erschießungen in den besetzten Gebieten zeigte. 1945 war er vom internationalen Militärtribunal in Nürnberg freigesprochen worden.

Schellenberg selbst tritt in dieser Geschichte in Erscheinung. Durch ihn wurde später offenbar, warum Himmler und Heydrich, diese beiden Rivalen, obwohl sie beide über die konspirative Tätigkeit des Admirals Canaris und seiner Mitarbeiter bis ins einzelnste unterrichtet waren, entgegen ihren sonstigen Gepflogenheiten nicht offen gegen diese vorzugehen wagten, sondern in Lauerstellung blieben.

Himmler, der Canaris an Fuchsschlauheit nur wenig nachstand, ging damals zu einer ganz bestimmten Taktik über. Schellenberg nannte es „Schneeballsystem". Himmler war so raffiniert und vorsichtig, sich nie spontan bei Hitler über Canaris zu äußern, zumal Hitler Canaris vertraute und ihn, zum Leidwesen Heydrichs, zunächst sogar einen Ermittlungsauftrag in einer bestimmten Verratsangelegenheit erteilte, in der Canaris selbst führend mitgewirkt hatte. Statt dessen wartete Himmler stets, bis er von Hitler selbst auf das Problem Canaris als ein personelles und fachliches Problem angesprochen wurde. Gleichzeitig sorgte er dafür, daß fortwährend führende Persönlichkeiten auch aus den höchsten Wehrmachtskreisen das Thema Canaris bei Hitler „warm" hielten. Diese Persönlichkeiten waren von Himmler mit entsprechenden wissenswerten Mitteln ausgestattet und konnten mit seiner Rückendeckung bei Hitler die schärfsten Angriffe gegen Canaris starten. Ungünstig für Canaris war, nach Meinung Schellenbergs, daß sich zum selben Zeitpunkt seine fachliche Position zusehends verschlechterte. Manche seiner Bemerkungen, wie auch überhaupt sein nicht ganz unverdächtiges Benehmen, ließen einen größeren Personenkreis von der konspirativen Tätigkeit Canaris' offen überzeugt sein.

Der 1945 in Nürnberg hingerichtete ehemalige Generalfeldmarschall Wilhelm Keitel, seit 1938 Chef des OKW, unternahm noch im Sommer 1943 den erfolglosen Versuch, Canaris als Chef der militärischen Abwehr in weitestgehendem Umfang abzudecken, indem er zur Ablenkung eine große „Wachablösung" im „Amt Ausland und Abwehr" arrangierte. Aber sein Argument, bei Canaris wehe nun ein frischer Wind, nachdem sämtliche Abteilungschefs ausgewechselt worden seien, vermochte Hitler nicht mehr zu überzeugen. Das Schuldkonto Canaris' war bei Hitler, dank der intensiven Tätigkeit Himmlers und Heydrichs, inzwischen ins Unermeßliche angestiegen. Im Frühjahr 1944 wurde dann Canaris seiner sämtlichen Ämter mit der Begründung enthoben, daß die fachlichen und personellen Mängel untragbare Ausmaße angenommen hätten. Die Öffentlichkeit aber wußte man von der Notwendigkeit zu überzeugen, als unabdingbares Kriegserfordernis endlich einen einheitlichen deutschen Geheimdienst zu schaffen. Diese Forderung war übrigens schon von Walter Schellenberg im Jahre 1941 aufgestellt worden.

Acht Monate später wurden Canaris und seine Mitarbeiter im Zusammenhang mit dem Attentatsversuch gegen Hitler am 20. Juli in den Kreis der besonders Verdächtigen einbezogen und 1945 hingerichtet.

Über einen Verbindungsmann am Vatikan, einen mit seiner Hilfe aus Deutschland geflohenen Journalisten namens Golder, hatte Canaris das genaue Datum der geplanten Westoffensive zwei Tage vor ihrem Beginn den Belgiern mitgeteilt, weil er und seine Mitarbeiter der Meinung waren, damit einen bevorstehenden, furchtbaren Weltkrieg verhindern zu können. Aus Gründen, die in diesem Buch klargelegt werden, hatten die Westalliierten den ihnen von der deutschen Opposition zugegangenen Warnungen keine große Bedeutung beigemessen, so daß die deutschen Verbände zu dem angekündigten Zeitpunkt unbehindert in Norwegen, Belgien und Holland einmarschierten, nachdem einige Zeit vorher Polen überrannt worden war. Als man in Oslo, Den Haag und Brüssel — und nicht zuletzt in London — seine Meinung änderte, war es bereits zu spät ...

Vor dem „Volksgerichtshof" kamen auch die geheimen Friedensbesprechungen der Beauftragten Canaris' mit dem britischen Botschafter am Vatikan, Lord Osborne, zur Sprache. Lord Osborne hatte dem Papst damals wörtlich erklärt, daß die britische Regierung mit den Vorschlägen der deutschen Opposition grundsätzlich einverstanden sei, vorausgesetzt, daß in Deutschland tatsächlich ein Systemwechsel erfolge, was praktisch eine Regierung ohne Hitler bedeutete, ferner, daß im Westen keine weiteren Angriffshandlungen stattfänden und daß unter diesen Bedingungen Österreich und das Sudetenland beim Reich verbleiben könnten. Allerdings, so hatte Lord Osborne betont, sei für eine solche Abmachung das Einverständnis des französischen Verbündeten erforderlich, das zu diesem Zeitpunkt noch ausstand.

Heydrich war allerdings, wie schon erwähnt, schon lange vor der „Verhandlung" vor dem sogenannten Volkgerichtshof über alle diese Vorgänge erstaunlich gut unterrichtet. Zwischen Himmler und Heydrich fielen damals die äußerst bemerkenswerten Worte von der „Friedenstaube, der man die Flügel nicht beschneiden sollte" — denn man könne nie wissen ...

Heydrich wußte auch von den erfolglosen Versuchen Canaris',

General von Reichenau, Halder und von Brauchitsch im Zusammenhang mit seinen Widerstandsplänen von der Sinnlosigkeit einer Westoffensive zu überzeugen. Walter von Reichenau war Feldmarschall, trat in Polen, Frankreich und Rußland als Armeeführer hervor und war zuletzt Oberbefehlshaber einer Heeresgruppe. Er starb 1941. Franz Halder war seit 1938 Chef des Generalstabes des Heeres, wurde jedoch im Jahre 1942 entlassen. Feldmarschall Walther von Brauchitsch war in den Jahren 1938 bis 1941 Oberbefehlshaber des Heeres. Er starb 1948.

Die im Jahre 1944 vom SD durchgeführten Ermittlungen erbrachten ferner den ziemlich einwandfreien Nachweis, daß auch die deutsche Woronesch-Offensive wahrscheinlich durch Admiral Canaris der Gegenseite angekündigt worden war, und zwar über die Frau des früheren polnischen Militärattaches in Berlin, die damals in der Schweiz lebte und in engsten Beziehungen zum sowjetrussischen Geheimdienst stand. Walter Schellenberg meinte, daß Canaris nicht unbeabsichtigt seinem damaligen Mitarbeiter Konsul Gisevius gegenüber von der bevorstehenden Offensive bei Woronesch gesprochen habe. Denn nach den von seinem Amt seinerzeit geführten Ermittlungen hatte Gisevius im Auftrage Canaris' Datum und Raum dieser Aktion der bereits erwähnten Frau bekanntgegeben. Diese Frau trug den Agentennamen „Elli" und wurde vom „Amt Ausland und Abwehr" als Vertrauensperson geführt.

Als Heydrich wegen des Verrats der Westoffensive den Admiral Canaris telefonisch um seine Meinung fragte, wies dieser auf eine ganz andere, selbstverständlich falsche Spur hin, was Heydrich, nach Aussagen Walter Schellenbergs, genau gewußt hat. Diese Spur führte zur Frau des Barons von Steukracht (damaliger Intimus von Ribbentrops, später Nachfolger des Staatssekretärs von Weizsäcker). Daraufhin berief Heydrich Schellenberg und Müller, den damaligen Chef der Gestapo, zu sich, um mit ihnen gemeinsam die

erforderlichen Schritte zu beraten. Schellenberg, der mit den weiteren Ermittlungen betraut wurde, suchte daraufhin den mit ihm befreundeten Canaris auf, der ihn mit den Worten überraschte: „Hat Ihnen Heydrich von der tollen Sache erzählt, vom Verrat unserer besten Offensive?“ Schellenberg meinte dann, daß dies eigentlich eine gute Gelegenheit sei, sich einmal darüber zu unterhalten. Schellenberg ließ sich dann von Canaris erzählen, der von Rom, den Belgiern und dem aufgefangenen, unverschlüsselten Funkspruch nach Brüssel kein Wort erwähnte.
Canaris behauptete Schellenberg gegenüber, man habe nach der Einnahme Brüssels bei der Durchsuchung der Wohnungen von Angehörigen des belgischen Auswärtigen Amtes einen Zettel gefunden, mit dem festgestellt werden konnte, daß durch einen Telefonanruf des holländischen Gesandten aus Berlin in der Nacht vor Beginn der deutschen Westoffensive die verhängnisvolle Meldung durchgekommen sei. Auf Grund verschiedener Unterlagen stehe für ihn, Canaris, fest, daß der Kreis um Steukracht stark verdächtig sei. Er schlug Schellenberg vor, daß man in dieser Richtung gemeinsam vorgehen sollte. Dieser sicherte ihm seine Mitarbeit zu. Es entstand nun in der Folge eine ziemlich dicke Akte in „Sachen Steukracht und Genossen“, und Müller, der Gestapo-Chef, hatte Steukracht zweimal persönlich in dieser Angelegenheit vernommen, jedoch ohne greifbares Ergebnis. Walter Schellenberg gelang es dann, die Sache zum Abschluß zu bringen; er war davon überzeugt, daß die viel wichtigere Spur nach Rom führte. Dieser Version stimmte auch Heydrich zu, als er zu Schellenberg sagte: „Sehen Sie nur zu, daß Sie vorankommen, ganz gleich, auf welcher Linie.“
Trotz aller intensiven Bemühungen nach beiden Richtungen gelang es dem SD jedoch nicht, der eigentlichen Verratsquelle auf die Spur zu kommen. Canaris selbst hatte seinerzeit pro forma den Leiter der Abteilung Gegenspionage des

Amtes Ausland und Abwehr, Oberst Rohleder, mit den Ermittlungen in dieser Sache beauftragt. Dieser Offizier wurde später, nach der Verhaftung von Wilhelm Canaris, im Rahmen der im Jahre 1940 aufgekommenen Verrats=fälle, eingehend vernommen. Dabei ergab sich, daß Rohleder seine Ermittlungen besonders intensiv auf der Linie Rom betrieben hatte. Rohleder sagte damals bei seiner Verneh=mung aus, daß er über sein Ermittlungsergebnis einen detail=lierten Bericht auf dem Dienstweg an Canaris weitergeleitet habe. Von diesem Bericht bekamen außer Canaris auch noch General Oster und einer der engsten Mitarbeiter Canaris', der ehemalige Richter am Reichsgericht, Dr. Dohnanyi, Kenntnis.

In dem Bericht des Obersten Rohleder hatte es geheißen, die Quelle für den belgischen Gesandten in Rom sei ein jüdischer Journalist namens Golder gewesen.

Dieser Golder war bis zur Machtergreifung der National=sozialisten tatsächlich in Deutschland als Journalist tätig gewesen und hatte sich bis dahin mit Josef Goebbels erbitterte Artikelschlachten geliefert. Canaris rettete ihn rechtzeitig vor dem Konzentrationslager und schickte Golder, der zum katholischen Glauben übergetreten war und über hervor=ragende Beziehungen zu hohen vatikanischen Persönlich=keiten verfügte, nach Rom, wo er in der Folge als sein per=sönlicher Verbindungsmann zum Vatikan fungierte. Oberst Rohleder hatte damals ausdrücklich darauf hingewiesen, daß ihm diese Nachricht von einem gewissen Grafen Miklos Osterhage zugegangen sei. Osterhage galt damals in Rom als stadtbekannter Salon=Agent der Gestapo, tatsächlich war er ein direkter Vertrauensmann Heydrichs. Er wurde aller=dings später als Doppelagent von den Deutschen erschos=sen.

Canaris' erste Reaktion auf dieses Ermittlungsergebnis be=stand zunächst darin, daß er dem Obersten Rohleder ein strenges Schweigeverbot in dieser Sache auferlegte.

Daß der engere Widerstandskreis um Canaris und die wenigen, in der funktelegraphischen Nachrichtenübermittlung unter Lebensgefahr tätigen Personen so lange und fast ungestört arbeiten konnten, haben sie nicht zuletzt einer Frau zu verdanken. Heydrich war nämlich auf die übliche Masche verfallen, eine der hübschesten und fähigsten Agentinnen des RSHA auf den in Rom lebenden Journalisten Golder anzusetzen. Dieses Buch berichtet ausführlich über die Begegnung zwischen Robert Golder und Tilla, der abkommandierten Agentin des Reichssicherheitshauptamtes der SS. Es berichtet von der großen Liebe zweier Menschen und von den schwerwiegenden menschlichen Konflikten, die der Graf Osterhage auslöste, weil er endlich Berichte über Golder haben wollte, die er stets meistbietend zu verkaufen gedachte.

Indem dieses Buch einerseits die tragische Geschichte einer kleinen Gruppe tatkräftiger und todesmutiger Männer schildert, die aus Idealismus zur Verhinderung eines Krieges bereit waren, der dann dennoch ausbrach und so grenzenloses Leid über die ganze Erde gebracht hat, wird es andererseits zur handfesten Anklage gegen jene deutschen und alliierten Politiker, Diplomaten und Militärs, die in der entscheidenden Stunde versagt und ihren Völkern die nüchterne Wahrheit, um die sie wußten, vorenthalten haben.

War es doch der belgische Botschafter, der allen Gepflogenheiten zum Trotz das ihm von Canaris genannte Datum der Westoffensive unverschlüsselt nach Brüssel weitergeleitet hatte — und zu alledem hatte sich die belgische Regierung zu keinerlei Verteidigungsmaßnahmen veranlaßt gesehen. Bei den Norwegern hatte es sich ähnlich verhalten. In diesem Buch wird ausführlich darüber berichtet. Außerdem hatten amerikanische Zeitungen zu einem Zeitpunkt, als Canaris noch als Chef der Abwehr im OKW uneingeschränktes Vertrauen genoß, in aufgebauschter Form über eine in Deutschland bestehende Opposition mit Umsturzplänen gegen Hitler berichtet und dabei Wilhelm Canaris als Haupt dieser Verschwörung genannt. Canaris hatte damals alle Mühe aufwenden müssen, um sich Himmler gegenüber zu behaupten.

Canaris hatte dann die Version verbreiten lassen, es handle sich bei diesen amerikanischen Presseberichten offenbar um gesteuerte Feindaktionen, die das Ziel hätten, innerhalb der nationalsozialistischen Führung Mißtrauen und Uneinigkeit zu säen.

Auf Grund dieser einleuchtenden Argumentation wurde die „Verbreitung weiterer tendenziöser Gerüchte" gegen Admiral Canaris von Hitler persönlich verboten.

Trotzdem nahm das Schicksal seinen Lauf.

Heydrich und seine Agenten sind dennoch bis zuletzt an der Nase herumgeführt worden. Wohl mußten einige Menschen sterben, die zuviel wußten oder übermäßige Neugierde bekundet hatten. Kleine Räder im großen Uhrwerk des Weltenschicksals. Das Geheimnis der „Schwarzen Kapelle" aber sollte erst zu einem späteren Zeitpunkt, wenn auch nicht vollständig, gelüftet werden.

Man schrieb den 17. August 1939. Heiß und drückend fielen an jenem Donnerstag die Strahlen der Spätnachmittagssonne auf Straßen und Dächer der altehrwürdigen Stadt Frankfurt am Main.

Vor wenigen Minuten erst hatten die Turmuhren die fünfte Stunde des Nachmittags verkündet. Jetzt begannen sich die Straßen der Innenstadt mit Menschen aus den großen Geschäftshäusern und Büros zu füllen . . .

Robert Golder spürte eine seltsame, quälende Unruhe. Seit Stunden war er ziellos durch die Stadt geirrt. Er hatte sich die Auslagen der Geschäfte angesehen, hatte auf einer Bank in der Sonne gesessen und schließlich ein Kino besucht, in dem man den Film „Heimat" mit Zarah Leander zeigte. Ein geschickt gemachter Streifen, der sein Publikum fesselte und zu Tränen rührte . . . Doch Golder war unbeteiligt geblieben. In ihm hockte etwas, das wie eine Krankheit war, das an seinen Nerven fraß, unheimlich und drohend: die Angst!

Groß, schwarzhaarig und schlank, die Augen hinter einer dunklen Sonnenbrille verborgen, schlenderte der arbeitslose Journalist Robert Golder jetzt die Kaiserstraße entlang. An einem Kiosk kaufte er sich die Tageszeitung, überquerte dann die Fahrbahn und setzte sich an einen der kleinen, runden Tische, die vor dem Café, auf dem Gehsteig, aufgestellt waren.

„Portion Kaffee, wie immer?" fragte die junge Kellnerin lächelnd. Golder nickte zerstreut und sah das Mädchen nicht an. Er schien den Strom von Menschen zu beobachten, der vor ihm war. Dann aber fuhr er zusammen und wandte den Kopf dem Mädchen zu: „Nein — bitte nur eine Tasse." Ihm war eingefallen, daß er sparsam sein mußte. Während sich das Mädchen mit einem verstehenden Lächeln entfernte, entfaltete er seine Zeitung und las die Schlagzeilen, aber er konnte sich nicht konzentrieren. Die Zeilen waren dick und schwarz und bestanden aus einzelnen Buchstaben. Für Robert Golder schienen sie keinen Sinn zu haben.

„Macht fünfzig Pfennige", sagte das Mädchen, während es das Tablett vor ihm absetzte. Er legte das Geldstück auf den Tisch und blickte wieder zu den Menschen hinüber, die vor ihm über den Gehsteig gingen. Frauen in bunten, leichten Kleidern, Männer, die ihre Jacken über den Arm trugen, Verliebte, die sich an den Händen hielten, Paare Arm in Arm ...

Dazwischen Uniformen. HJ-Uniformen, BdM-Uniformen, braune Partei-Uniformen, schwarze SS-Uniformen, graue Wehrmachtsuniformen ...

Golder ließ die Zigarette, die er sich eben erst angezündet hatte, angewidert neben sich auf die Steine fallen und trat mit dem Schuh darauf. Er haßte Uniformen — und noch mehr fürchtete er sie.

Doch da bemerkte er eine rothaarige Frau, die plötzlich zwischen den Menschen stand und ihm zunickte. Sie war klein und dick, und ihr hübsches Puppengesicht war von der Hitze gerötet. Jetzt trat die Frau hastig vor, zwängte sich an den Vorübergehenden vorbei und hielt vor seinem Tisch an.

„Gott sei Dank", sagte sie und atmete heftig. „Gott sei Dank, daß ich Sie gefunden habe!"

Sie winkte ab, als er sich erheben wollte, und ließ sich auf den Stuhl neben ihm fallen.

Robert Golder empfand jetzt die Angst wie eine große, gewaltige Welle, die über ihn zusammenschlug. Für einen Augenblick war er nicht fähig, zu sprechen. Dann nahm er sich zusammen.

„Was ist geschehen?"

Die kleine, rundliche Frau Balte war seine Pensionswirtin und er wußte, daß er sich auf sie verlassen konnte. Er hatte schon bei ihr gewohnt, als er noch ein gutbezahlter, bekannter Journalist war, dessen kritische Artikel von einem anderen bekannten Journalisten, einem Herrn Doktor Josef Goebbels, mit wütenden Artikeln aus Berlin beantwortet worden waren. Josef Goebbels war Minister geworden und Robert Golder hatte man nicht mehr gebraucht. Er war Jude. Ein unliebsamer Jude, ein gefährlicher, scharfzüngiger Jude — ein Volksfeind!

„Sie waren da!" flüsterte Frau Balte. Sie sah sich ängstlich um. „Heute Mittag, nach dem Essen, kamen sie an. Zwei Männer von der Gestapo!"

Golder sagte nichts. Er saß nur da und versuchte, sich eine neue Zigarette anzuzünden. Seine Hände zitterten so, daß das Streichholz abbrach. Er nahm ein neues Streichholz, doch auch das brach ab. Mit einer verzweifelten Bewegung nahm er die Zigarette aus dem Mund.

Aber er war zu entsetzt, um etwas sagen zu können. Er zuckte nur mit den Schultern und sah durch die Sonnenbrille die kleine Frau an. Auf seiner Stirn standen Schweißtropfen.

„Was darf ich bringen?" Die junge Kellnerin war aufgetaucht. Sie betrachtete etwas erstaunt die kleine Frau, die neben dem Journalisten saß.

„Dasselbe." Frau Balte deutete mit ihrer rosigen Hand auf Golders Kaffeetasse. Sie wartete, bis das Mädchen fortgegangen war, dann sagte sie leise und hastig: „Sie haben nichts gewollt. Nur nach Ihnen gefragt haben sie. Ob Sie noch bei mir wohnen, ob Sie oft Besuch haben, wann Sie nach Hause kommen . . ."

Sie atmete ein paarmal tief und beugte sich vor. „Sie müssen verschwinden, Herr Golder. Die kommen wieder, wenn es dunkel ist. Die kommen immer, wenn es dunkel ist. Heute noch müssen Sie verschwinden!"

„Ja, ja!" Robert Golder hielt noch die Zigarette in der Hand. Es bereitete ihm große Mühe, zu sprechen.

„Wohin?" fragte er hoffnungslos.

„Irgendwohin . . . Haben Sie keine Freunde?"

Er schüttelte den Kopf. „Nein, Frau Balte."

Jetzt war es ihm gelungen, seine Angst zu unterdrücken. Er schob die Zigarette wieder zwischen die Lippen und diesmal brach das Streichholz nicht ab. Tief atmete er den Rauch ein.

„Und wenn da auch noch einer wäre", sagte er ruhig, „er würde mich nicht wollen!"

„Haben Sie Geld?"

„Ich habe nichts." Golders Stimme klang müde. „Was soll das Fragen, Frau Balte? Sie wissen es doch!"

„Hören Sie zu . . ." Die kleine Frau beugte sich noch weiter vor. „Kommen Sie in einer Stunde in die Pension. Gehen Sie durch den Privateingang und kommen Sie in mein Büro. Ich pack' Ihnen einen kleinen Koffer zusammen und besorge Ihnen eine Fahrkarte nach Hamburg. Ich gebe Ihnen auch Geld . . ."

„Frau Balte, ich . . ."

Sie schüttelte den Kopf. „Sagen Sie jetzt nichts. Ich helfe Ihnen gerne — und Sie haben wenig Zeit . . ." Sie stand auf und lächelte ihm zu. „In einer Stunde also!"

Golder nickte. Er sah ihr nach, wie sie sich, klein, rundlich und behend, in den Menschenstrom zurückdrängte und in ihm verschwand.

Mit dem Handrücken wischte er sich den Schweiß von der Stirn.

„Und wer zahlt jetzt den Kaffee von der Dame?" hörte er neben sich die Stimme der jungen Kellnerin fragen.

Er fuhr zusammen, wandte sich dem Mädchen zu. „Ich zahle ihn", sagte er und legte wieder fünfzig Pfennig auf den Tisch. Dann lehnte er sich erschöpft in seinen Stuhl zurück. In seinem Gesicht lag ein Ausdruck von trostloser Einsamkeit und Leere.

Die Pension, in der Robert Golder ein Zimmer bewohnte, lag, nicht weit von seinem Stammcafé entfernt, in einer schmalen, stillen Nebenstraße. Es war ein großes, altes

Haus, das in einem etwas vernachlässigten Garten stand, umzäunt von einem hohen Eisengitter.
Die Sonne stand bereits tief über den Dächern und sie warf lange Schatten, als Golder durch die Hinterpforte den Garten der Pension betrat. Ohne sich nur einmal umzublicken, ging er schnell zwischen den wild wuchernden Büschen und über die Wiese zur Rückseite des Hauses.
Die Türe zur Privatwohnung der Hausbesitzerin war handbreit geöffnet. Er stieß sie auf und blieb stehen. Vor ihm lag ein schmaler Gang, an dessen Ende eine hohe Glastüre war. Die Glastüre führte zur Eingangshalle der Pension, wußte er, und rechts und links des Ganges lagen das Büro und die Wohnräume der Frau Balte.
Robert Golder zögerte einen Augenblick, ehe er weiterging. Aus den Zimmern war kein Laut zu hören und auch im Haus war alles still geblieben. In ihm war eine Ahnung von Gefahr gewesen, doch er traute seinen überreizten Nerven nicht mehr und hatte diese Ahnung abgeschüttelt.
Vorsichtig klopfte er an die Bürotüre. Keine Antwort. Er versuchte die Türe zu öffnen, doch sie war verschlossen ... Wieder spürte er die Gefahr und wieder unterdrückte er sie. Er ging zur Glastüre und trat in die Eingangshalle der Pension.
In der Halle war kein Mensch. Die letzten Sonnenstrahlen malten breite, lange Streifen auf den abgetretenen Teppich, und von der Straße kam das Hupen eines Autos.
Golder zog den Zimmerschlüssel aus seiner Jackentasche und schritt langsam die breiten Treppenstufen zum ersten Stock hinauf. Frau Balte wird mich noch nicht erwartet haben, versuchte er sich dabei zu beruhigen ... Noch war es hell und er glaubte sich sicher. Seine Zimmertür war verschlossen. Er steckte den Schlüssel ins Schloß, drehte ihn herum. Dann drückte er die Klinke und trat ein.
Das erste, was Robert Golder sah, war Frau Balte. Sie saß

auf seinem Bett und ihr hübsches Puppengesicht war vor Angst verzerrt. „Um Gottes willen!“ flüsterte sie entsetzt. Sie starrte ihn an wie einen Geist.
Hinter ihm sagte jetzt eine Männerstimme: „Guten Abend, Herr Golder!“
Da begriff er. Aber er war nicht fähig zu reagieren. Seine Knie begannen zu zittern und vor ihm drehte sich das Zimmer. Er schloß die Augen. Sekundenlang wartete er so, daß etwas geschehen würde. Doch niemand faßte nach ihm und niemand sprach ihn an. Er öffnete die Augen wieder und drehte sich um. Sein schmales Gesicht sah grau und alt aus, doch es war keine Angst mehr darin.
Vor ihm, rechts und links der Türe, standen zwei Männer. Sie trugen dunkle Zivilanzüge und hatten Hüte auf dem Kopf. Keiner hielt eine Waffe in der Hand.
„Sie sind Robert Golder, Journalist aus Frankfurt?“ fragte jetzt der Mann links neben der Türe. Sein glattes Gesicht war wie eine Maske.
Golder nickte.
„Sie sind Jude?“
„Ja.“ Seine Stimme war heiser.
„Dann kommen Sie, bitte, mit“, sagte der Mann.
Die kleine rundliche Frau Balte begann zu schluchzen und Golder wandte sich nach ihr um. Er wollte etwas sagen, aber da redete wieder der Mann an der Türe.
„Das ist keine Verhaftung“, sagte er und man sah ihm an, daß Frau Balte ihm gefiel.
„Wir haben den Befehl, Herrn Golder zu schützen.“
Und dann zu Golder, der sich wieder umgedreht hatte: „Haben Sie noch einen Paß?“
Golder faßte in seine Brusttasche. „Er ist sowieso ungültig.“
„Geben Sie ihn mir!“
Frau Balte, auf dem Bett, weinte noch immer und von der Straße kam wieder das Hupen des Autos.

„Wir haben keine Zeit mehr", sagte der Mann links neben der Türe. Er schob den Paß in seine Rocktasche und nickte Robert Golder zu.

„Also, kommen Sie!"

Der andere Mann stieß die Türe auf und trat in den Gang hinaus. Golder gehorchte willenlos. Mit gesenktem Kopf schritt er zwischen den Männern die Treppen hinunter und noch in der Eingangshalle hörte er das verzweifelte Schluchzen der kleinen Pensionsbesitzerin.

Auf der schmalen Straße wartete ein großer schwarzer Wagen. Er sah, daß der Wagen ein Berliner Nummernschild hatte und daß außer dem Fahrer am Steuer noch ein schlanker, grauhaariger Herr auf dem Rücksitz wartete. Der Mann, der Golders Paß an sich genommen hatte, öffnete jetzt den Wagenschlag vor ihm. „Steigen Sie ein", sagte er.

Robert Golder stieg ein und der grauhaarige Herr im Rücksitz wies auf den Platz neben sich. „Bitte setzen Sie sich", bat er höflich. Die beiden anderen Männer hatten sich inzwischen vorne neben den Fahrer gesetzt und der Wagen rollte an. Er fuhr schnell die Straße hinunter und bog dann nach rechts zur Kaiserstraße ab.

„Da haben Sie Glück gehabt", sagte der Grauhaarige neben Golder. Er hielt ihm sein geöffnetes Zigarettenetui hin.

Mechanisch griff Golder nach einer Zigarette und der Grauhaarige gab ihm Feuer.

„Es sollte mir leid tun, wenn meine Leute Sie erschreckt haben." Der Grauhaarige hatte sich auch eine Zigarette angezündet. Er fügte hinzu: „Wir mußten so schnell handeln, nachdem wir erfahren hatten, daß die Geheime Staatspolizei bereits hinter Ihnen her war!"

Robert Golder hob langsam den Kopf. Jetzt erst begriff er, daß dieser Mann nicht von der Gestapo war. Doch was sollte das alles — und was hatte man mit ihm vor? Sein Hirn arbeitete noch schwerfällig nach der ausgestandenen Anspannung und das feingeschnittene, intelligente Gesicht des Grau-

haarigen schwamm wie ein Nebel von seinen Augen.
„Sie schrieben vor Jahren einige Artikel über die Gefahr Hitlers für Deutschland und die übrige Welt."
Golder nickte.
„Ich habe sie mit Interesse gelesen", bemerkte der Herr mit den grauen Haaren. „Sie sind Jude, traten aber im Jahre 1933 zum katholischen Glauben über. Sie lebten damals als Korrespondent seit fünf Jahren in Rom und sind dabei in einen guten Kontakt zu gewissen Vertretern des Vatikans gekommen. Stimmt das?"
Wieder nickte Golder.
„Es ist mir bekannt, daß Sie ein Gegner der derzeitigen nationalsozialistischen Regierung sind", redete der Grauhaarige sachlich weiter. „Ich darf also annehmen, daß Sie auch die möglichen Kriegsabsichten dieser Regierung verurteilen würden . . .?"
Golder war nicht feig. Er verstand nicht, warum man ihn ausfragte, aber er ahnte, daß von seinem Verhalten, jetzt, seine Zukunft abhängig war. Er wußte nicht, welche Antwort der Grauhaarige erwartete, doch er sagte: „Sie wissen, daß ich diese Absichten verurteile!"
Der andere beugte sich vor. „Und Sie sind bereit, uns in unseren Bemühungen, diesen Krieg zu verhindern, zu unterstützen?"
Golder blickte in die klugen, wachen Augen des Grauhaarigen.
„Ja", sagte er heiser. „Wenn ich Ihnen helfen kann . . ."
„Gut!" Der Herr mit den grauen Haaren lehnte sich wieder in die Polster zurück. Mit der Hand machte er eine Bewegung zum Wagenfenster: „Sie sehen, daß wir Frankfurt verlassen haben. Wir sind auf dem Wege nach München. Von dort werden meine Leute Sie bis zur italienischen Grenze bringen. Sie erhalten einen gültigen Paß und Geld — und einen versiegelten Brief, den Sie durch Ihre Beziehungen in spätestens drei Tagen in die Hände des Jesuitenpaters

Leiber gelangen lassen. Sie erhalten außerdem die Adresse unseres Vertrauensmannes, an den Sie sich wenden und über den Sie weitere Befehle erhalten . . . Haben Sie das behalten?"

Robert Golder nickte wieder. Er konnte nicht antworten. Sein Hals war wie zugeschnürt und in seine Augen traten Tränen. Er würde frei sein! Er durfte Italien wiedersehen, und er würde dort leben, ohne ein Mensch zweiter Klasse zu sein — und mit der Möglichkeit, zu kämpfen! . . .

Draußen, vor den Wagenfenstern, lag das endlose Betonband der Autobahn in der Abenddämmerung und neben ihm saß der Mann, dem er das alles zu verdanken hatte. Doch wer war dieser Mann?

Der Grauhaarige aber unterbrach seine Gedanken. „Wir haben nicht mehr viel Zeit", sagte er. Er reichte ihm ein mit Adressen, Zahlen und Kennworten engbeschriebenes Blatt. „Bis München müssen Sie das auswendig gelernt haben, Herr Golder!"

Berlin. —

Genau acht Tage nach dieser Begegnung des Robert Golder mit dem Grauhaarigen, hielt es der SS-General und Chef des „Reichssicherheitshauptamtes", Reinhard Heydrich, für angebracht, seinem ehemaligen Vorgesetzten bei der Marine und dem jetzigen Chef der „Abwehr", dem Admiral Wilhelm Canaris, einen abendlichen Besuch zu machen. Es war Freitag, der 25. August 1939.

Den ganzen Tag hatte die Sonne über der Reichshauptstadt gebrütet. Die Hitze hatte die Angestellten in den Büros, in den Ämtern und Ministerien schwitzen lassen, sie hatte die Menschen in ihre Häuser, in die Badeanstalten und an die Seen getrieben. Leer, wie ausgestorben, waren die Straßen Berlins gewesen.

Reinhard Heydrich hatte an jenem Tag mit Himmler, Göring und Bormann lange Telefongespräche geführt, er hatte sieben Besprechungen mit seinen Amtschefs hinter sich und stundenlange Aktenarbeit und Diktate ...

Es war 18 Uhr und dreißig Minuten, als aus der Innenstadt der schwere, dunkle Mercedes auftauchte, in dessen Lederpolstern zurückgelehnt und deutlich erkennbar der gefürchtete Chef des RSHA, Reinhard Heydrich, saß. Der Dienstwagen, der ihn zu seinem Haus in Schlachtensee fahren sollte, bog nun in die „Betazeile" ein, einer schmalen, gepflegten Villenstraße, nicht weit von seinem Besitz. Plötzlich beugte sich Heydrich vor und klopfte dem uniformierten Fahrer auf die Schulter. „Anhalten!"

Der Fahrer bremste sofort, sprang vom Sitz und öffnete seinem Chef den Wagenschlag. Heydrich kletterte aus dem Fahrzeug. Er blickte zum Himmel, an dem sich blauschwarze Gewitterwolken ballten, zog dann seine graue Uniformjacke glatt und schlug sich mit den zusammengefalteten Handschuhen gegen die gelackten Stiefelschäfte. „Fahren Sie weiter!" befahl er endlich dem Fahrer, der abwartend neben ihm stehengeblieben war. Dann wandte er sich um und ging langsam, an den eingezäunten Gärten vorbei, die Straße zurück.

Nach wenigen Schritten, vor einer kleinen, zweistöckigen Villa, blieb er stehen.

Das Haus war aus Klinkersteinen erbaut und lag dicht an der Straße. Es stand in einem großen, gepflegten Grundstück mit Obstbäumen und weiten, dichten Rasenflächen. Zwischen Blumenbeeten plätscherte der Wasserstrahl eines Zierbrunnens.

Ohne den Knopf der elektrischen Klingel zu drücken, öffnete Heydrich die Gittertüre des Grundstücks und schritt über einen mit Steinplatten ausgelegten Pfad, am Haus vorbei, zum Garten.

Admiral Wilhelm Canaris, „Chef der Abwehr im OKW", lag um diese Zeit unter dem Sonnenschirm beim Brunnen, in einem Liegestuhl. Er war ein hagerer, grauhaariger Mann und er trug an diesem Abend eine weiße Tennishose und ein weißes, kurzärmeliges Hemd, das am Hals nicht geschlossen war. Seine Frau, schlank und dunkel, mit einem hübschen, intelligenten Gesicht, saß neben ihm.

„Was will denn der?" murmelte Canaris, der Heydrich zuerst gesehen hatte. Die Falten in seinem hageren Gesicht vertieften sich und seine Lippen wurden schmal. Offensichtlich vermutete er hinter dem Besuch Heydrichs nichts Gutes.

Frau Canaris schien die Befürchtungen ihres Mannes zu teilen. „War da wieder etwas zwischen euch?" fragte sie leise.

„Da ist immer etwas zwischen uns", sagte Canaris. Er richtete sich auf.

„Bleib vorläufig mal bei uns", bat er dann.

Der große, schlanke Chef des RSHA war inzwischen über die Wiese auf sie zugekommen. Jetzt war er nur noch wenige Schritte von ihnen entfernt. Sein Mund verzog sich zu einem Grinsen. „Guten Abend".

„Welche Überraschung!" Frau Canaris streckte Heydrich ihren nackten, gebräunten Arm entgegen. „Wie nett, daß Sie uns auch einmal besuchen", meinte sie freundlich lächelnd.

Heydrich küßte ihr die Hand. Seine kleinen, kalten Augen blickten prüfend in ihr Gesicht. Er sagte nichts.

Canaris war aufgestanden. Wie immer, wenn Heydrich in seiner Nähe auftauchte, fühlte er sich unsicher, wurde er nervös. Die Abneigung gegen diesen um viele Jahre jüngeren Mann, der einmal sein Schüler gewesen war, empfand er wie einen körperlichen Schmerz. Doch Canaris war klug genug, um sich das nicht anmerken zu lassen. Er begrüßte seinen Gast schweigend, mit einem Händedruck.

„Wollen Sie sich nicht setzen?" Frau Canaris deutete auf den Korbstuhl zwischen sich und ihrem Mann. „Einen Cognac?"

Heydrich nickte. „Gern." Er hatte sich hingesetzt und nahm eines der drei Gläser, die Frau Canaris gefüllt hatte.

Schweigend tranken sie.
Sein Glas in der Hand, mit geschlossenen Augen, so hatte sich Canaris in den Liegestuhl zurückgelehnt.
„Dieses Wetter!" sagte Frau Canaris und wandte sich Heydrich zu. „Macht es Ihnen auch so zu schaffen wie meinem Mann?"
„Nein." Heydrich stellte sein Cognac-Glas auf den Tisch zurück.
Er sah Canaris an, der wie leblos neben ihm lag. „Ich hatte viel Arbeit", sagte er gedehnt. „Viel Arbeit — und Ärger ..."
„Ach ..." machte Frau Canaris. Sie griff nach der Flasche. „Noch einen Cognac?"
„Gern." Heydrich sah sie nicht an.
„Da ist eine dumme Geschichte passiert", redete er weiter und beobachtete Canaris. „In Frankfurt! ... Eine verdammt unangenehme Geschichte ..."
Er schwieg und wartete gespannt, doch Canaris' Gesicht blieb unbewegt.
Heydrich lehnte sich in den Korbsessel zurück und griff nach seinem gefüllten Glas. „Eine meiner Abteilungen hatte den Auftrag, einen Juden, einen gewissen Robert Golder, festzunehmen", sagte er dann ...
Frau Canaris blickte zu ihrem Mann hinüber. Sie erfuhr nie etwas von seiner Arbeit, aber wahrscheinlich ahnte sie in diesem Moment, daß Heydrich hier einen bestimmten Zweck verfolgte.
Canaris hatte die Augen geöffnet. Er hielt ihr sein Cognac-Glas hin und blickte ihr zu.
„Und sie haben ihn nicht verhaftet?" fragte sie, während sie das Glas aus der Hand ihres Mannes nahm.
„Nein." Heydrich sah sie voll an. „Woher wissen Sie das?"
„Ich nehme es an." Frau Canaris lächelte spöttisch. „Sie sagten doch, daß Sie Ärger hatten."
„Natürlich, das habe ich gesagt." Reinhard Heydrich grinste.

Für ihn mochte es schon damals feststehen, daß Canaris seine Finger mit im Spiel gehabt hatte. Doch er wußte genau, daß dieser Canaris zu schlau war, um in eine Falle zu gehen. So beschloß er, diese Angelegenheit abzuschließen.
Er sagte: „Es wurde mir gemeldet, daß Golder in Rom aufgetaucht ist. Er wurde dort mit einem gewissen Rossi gesehen ... Angelo Rossi!"
„So, so", sagte Canaris gleichgültig. Es war seit Heydrichs Erscheinen das erstemal, daß er etwas sprach.
„Gehört Rossi nicht zu ihren Leuten?" fragte Heydrich schnell.
Wilhelm Canaris zog die Stirn in Falten. „Zu meinen Leuten?" wiederholte er nachdenklich. „Da muß ich mich erst einmal erkundigen ... Eilt es Ihnen sehr?"
„Nein", knurrte Heydrich und es gelang ihm nicht, seinen Unwillen zu verbergen. „Es eilt gar nicht ..."

Etwa eine halbe Stunde blieb man noch zu dritt unter dem Sonnenschirm sitzen. Man unterhielt sich über das Wetter, über Pferde und Familienangelegenheiten. Heydrich trank in dieser halben Stunde noch viele Cognacs. Er war ein starker Trinker und hätte ebensogut die doppelte Menge vertragen.
Canaris hingegen blieb an jenem Abend schweigsam und unruhig. Er trank nicht mit und schien mit seinen Gedanken weit fort zu sein. Er lag noch immer in seinem Liegestuhl, während sich seine Frau erhob, um das Abendessen zu bereiten.
„Werden Sie mit uns essen?" wandte sie sich entschuldigend an Heydrich. „Natürlich wird er das", meinte ihr Mann.
Dann kam der Augenblick, an dem sich die beiden Männer allein gegenüberstanden. Canaris lächelte sein dünnes, überlegenes Lächeln. Doch es erlosch, als sich Heydrich ihm zuwandte. Canaris wußte plötzlich, daß ihm nun ein Kampf bevorstand.
Es war Reinhard Heydrichs Art, nicht lange um Dinge

herumzureden. Er war weder feinfühlend noch rücksichtsvoll und er tat nichts, ohne es sich genau überlegt zu haben.
„Die Idee, deutsche KZ-Häftlinge in polnische Uniformen zu stecken und sie dann gegen die Wachen des deutschen Senders Gleiwitz vorgehen zu lassen, ist gut", sagte er. „Diese Aktion gibt uns einen vor der ganzen Welt unanfechtbaren Kriegsgrund. Der Führer selbst hat diesen Vorschlag genehmigt."
Canaris vermied es offensichtlich, Heydrich anzusehen. „Ich habe davon gehört", bemerkte er vorsichtig und dann: „Aber ich möchte sagen, daß ich diesem Vorschlag keine große Begeisterung entgegenbringen kann ... Man wird ihn nicht verheimlichen können!"
„Von den KZlern wird keiner lebend davongelassen."
„Hat man den Überlebenden nicht die Freiheit versprochen?!"
Heydrich machte eine wegwerfende Handbewegung. „Schon möglich", sagte er gleichmütig. „Dieser Vorschlag kam aus Ihrem Amt!"
Canaris antwortete nicht darauf. Er machte einen nervösen Eindruck.
„Von einem Ihrer Mitarbeiter, aus der Abteilung II", fügte Heydrich hinzu. „Und deshalb bin ich auch der Auffassung, daß Ihr Amt dieses Geschäft erledigt ..." Er sah Canaris mit jenem spöttischen Grinsen an, welches man als charakteristisch an Heydrich kannte.
Canaris war vom Liegestuhl aufgestanden. Er ging ein paar Schritte in den Garten hinein, drehte sich um und kam zurück. Er schien äußerlich ruhig, doch konnte man beobachten, wie seine Hände zitterten, als er sich am Tisch eine Zigarette anzündete.
„Nein", sagte er dann hart. „Ich weigere mich."
Heydrich saß weit zurückgelehnt, die Beine mit den schwarzglänzenden Lackstiefeln von sich gestreckt. Er beobachtete den Älteren mit der Gelassenheit einer Spinne, deren Opfer

sich bereits hoffnungslos im Netz verfangen hat. „Aber warum denn?“ fragte er sanft.
„Diese Idee stammt nicht von mir. Sie wurde ohne meine Einwilligung und ohne mein Wissen ausgearbeitet und vorgetragen.“ Canaris hatte sich in den breiten Korbstuhl fallen lassen. Er war nun wieder ruhig geworden.
„Das ist Ihre Sache“, sagte Heydrich grob. Offenbar hielt er es für angebracht, seine Karten auf den Tisch zu legen.
„Ich sprach heute mit dem Reichsführer und mit dem Reichsmarschall. Beide sind der Meinung, daß Ihre Abwehr die Angelegenheit erledigt!“
Canaris drehte seine Zigarette umständlich in eine schwarze Filterspitze. Sein Gesicht sah müde und alt aus.
„Gibt es denn keinen anderen Weg mehr?“ fragte er leise.
„Nein!“
„Gut.“ Der Admiral Wilhelm Canaris nahm die Zigarettenspitze aus dem Mund und sah Reinhard Heydrich, seinen ehemaligen und gelehrigsten Schüler an. „Dann muß ich Sie enttäuschen, Heydrich“, sagte er ohne Triumph, fast traurig. „Wie Sie sich denken können, befürchtete ich schon seit einiger Zeit, daß man mir diese Sache zuschieben würde. Ich sprach deshalb vor Tagen den Führer darauf an ...“
Er machte eine kurze Pause, als wartete er, ob sich Heydrich dazu äußere. Dann sagte er: „Der Führer ist dagegen, daß mein Amt, die Abwehr, mit derartigen Aufträgen belastet wird. Er versicherte mir, daß das RSHA dafür zuständig sei — also Sie, Heydrich!“
Heydrich antwortete nicht. Er zog langsam die Beine zu sich und setzte sich aufrecht. Langsam drehte er den Oberkörper Canaris zu, blickte ihn nachdenklich und schließlich mit einer aufrichtigen Hochachtung an. Er knurrte: „Geben Sie mir noch einen Cognac.“ Schweigend füllte Canaris zwei Gläser.
„Auf Ihr Wohl“, sagte Heydrich. Und als sie getrunken hatten, sagte er: „Sie sind ein verdammt schlauer Fuchs. Vor Ihnen muß man sich in acht nehmen!“

An diesem denkwürdigen Abend regnete es in Berlin. Der Duft von Blumen und frischer Erde hing in der Luft. Von irgendwoher drang das Läuten einer einsamen Glocke. Es war inzwischen 20 Uhr geworden.

Es war die Nacht vom 28. auf den 29. August. Drei Tage nach dem Besuch Heydrichs bei dem Chef der „Abwehr", Admiral Canaris.
Auf einer Wiese, nahe dem Flughafen Tempelhof, standen zwei leichte, graugestrichene Lastwagen. Fahl hing die Sichel des Mondes am Himmel und ein paar Sterne schimmerten blaß. Es war eine warme Nacht. Eine Nacht ohne Bodennebel, trocken und klar und angefüllt mit dem gellenden Zirpen unzähliger Grillen.
Zwei Männer in hellen Wettermänteln hockten nebeneinander auf dem kurzen Trittbrett eines der beiden Wagen. Einer hatte sich eine Zigarette angezündet. Er rauchte schweigend. Der andere aber trommelte unruhig mit den Fingerspitzen gegen das Schutzblech neben sich.
„Nervös?" fragte der Mann mit der Zigarette.
Der andere hörte auf zu trommeln. „Diese Hunde", sagte er grimmig. „Seit drei Wochen sind wir nun hinter ihnen her ..."
„Es wird noch einige Zeit dauern, Herr Oberleutnant." Der Mann mit der Zigarette blickte auf das Leuchtzifferblatt seiner Armbanduhr.
„Noch vier Minuten, dann müßte der Sender wieder mit seiner Arbeit anfangen!"
Der Mann warf seine Zigarette vor sich ins Gras und trat die Glut mit der Schuhspitze aus, dann stand er auf. „Alles fertig?" rief er.
„Alles fertig", sagte eine ruhige, tiefe Stimme hinter der verschlossenen Plane des Lastwagens.
„Fertig", kam eine zweite Männerstimme aus dem anderen Wagen.

„Noch drei Minuten." Der Mann im hellen Wettermantel setzte sich wieder auf das Trittbrett.
„Verstehe ich nicht", schnarrte der Oberleutnant neben ihm. „Da gibt es also zwei oder drei Kerle, die haben einen Kurzwellensender und funken damit frech in die Welt hinaus. Sie aber, als Leiter des Peiltrupps, sind seit Wochen nicht fähig, diese Verräter aufzuspüren!"
„Wir werden sie finden!" Die Stimme des anderen klang gekränkt.
Seit drei Wochen saßen seine Männer Nacht für Nacht an ihren Peilgeräten, die in den Lastwagen eingebaut worden waren. Seit drei Wochen arbeiteten sie sich an diesen geheimnisvollen Agentensender heran, der unter seinem Zeichen „RZL" verschlüsselte Nachrichten nach Rom funkte. Drei Wochen Hetze, Vorwürfe und zuwenig Schlaf — und dazu die Sticheleien dieses jungen, gewiß unerfahrenen Offiziers von der „Zentrale der Funkabwehr!"
„Das ist alles nicht so einfach", sagte der Leiter des Peiltrupps verächtlich und zündete sich eine neue Zigarette an. „Suchen Sie mal eine Nadel im Heuhaufen."
Der junge Offizier zog es vor, nicht darauf zu antworten. Er knurrte, deutlich vernehmbar: „Die Schweine — alle an die Wand mit denen, wenn wir sie haben!"
In diesem Augenblick rief der Funker hinter der Wagenplane:
„Er beginnt zu senden!"
Jetzt sprang der Motor des zweiten Lastwagens an. Seine Scheinwerfer blendeten auf und er rollte zur Straße.
„Also los", murmelte der Mann, der neben dem Offizier saß. Er stand auf. „Haben Sie Nachricht von der Zentrale?" rief er.
„Noch nicht", sagte eine andere Stimme aus dem Wagen. Auch der junge Offizier war aufgestanden. Er öffnete die Tür zur Fahrerkabine und kletterte auf den Sitz. Durch die Plane drangen nun deutlich die Morsezeichen des geheimnisvollen Agentensenders.

„Zentrale meldet den Standort!“ rief der Funker aus dem Wagen erregt. „Vermutlich Rangsdorf, südlicher Teil . . .“

„Na endlich“, bemerkte der Offizier. „Jetzt haben wir sie!“

Schweigend kletterte nun auch der Leiter des Peiltrupps auf den Fahrersitz. Er ließ den Motor an und steuerte den Wagen über die holprige Wiese zur Straße. Hier drehte er das Licht an und schaltete in den zweiten, dann in den dritten Gang. Mit hoher Geschwindigkeit raste das Fahrzeug in südlicher Richtung, auf Rangsdorf zu. Der junge Offizier hatte sich umgedreht und blickte durch das schmale Rückfenster, das über dem Fahrersitz angebracht war. Von dort konnte er die beiden Funker vor ihren Geräten sitzen sehen.

Im schwachen, trüben Schein einer hin- und herpendelnden Lampe, die Kopfhörer an den Ohren, hielten sie sich krampfhaft an den angeschraubten Tischen fest.

„Wie weit ist es noch?“ rief der Offizier durch den Lärm des Motors.

„Noch zwei, drei Minuten.“ Der Mann am Steuer hockte vorgebeugt und starrte in die Nacht. Zwischen seinen Lippen hing der Rest seiner verloschenen Zigarette.

Vor ihm, im Lichtkegel der Scheinwerfer, tauchten ein paar Straßenschilder aus der Dunkelheit und verschwanden wieder. Dann kam die Kreuzung der Straße nach Frankfurt. Ohne abzubremsen raste er über sie hinweg . . . Die ersten Häuser von Rangsdorf, die Hauptstraße . . . Mit kreischenden Rädern bremste er den Wagen ab und ließ den Motor auslaufen. Er stieß den Verschlag auf und sprang auf die Straße. Als er um das Fahrzeug herumlief, hatte einer der beiden Funker bereits die Plane aufgerissen.

„Er ist weg“, sagte der Funker. „Eben hat er aufgehört zu senden!“

„Verfluchter Mist!“ Der junge Offizier schrie es unbeherrscht durch die nachtstille Straße. „Diese Hunde . . .“

Dann hörte man, wie in der Häuserreihe über ihnen ein paar Fenster geöffnet wurden. Lichter gingen an und Stimmen

riefen durcheinander. Der Leiter des Peiltrupps machte einen resignierten Eindruck.
„Pech“, murmelte er und zuckte mit den Schultern. Dann blickte er vorwurfsvoll zu dem Offizier hinüber, der wütend vor dem Wagen herumlief. „Wenn die von der Zentrale wenigstens schon die Schlüsselgruppen entziffern könnten!“

☆

In einem Fenster, im dritten Stock des Hauses, vor dem der Lastwagen des Peiltrupps angehalten hatte, lehnten schweigend ein Mann und eine junge Frau. Man konnte es ganz deutlich erkennen.
Hinter ihnen, in der Dunkelheit des Zimmers, zeichnete sich die Gestalt eines zweiten Mannes ab. Zweimal schnappten laut die Verschlüsse eines Koffers, dann ein schleifendes Geräusch und das vorsichtige Öffnen einer Schranktüre. Die Schranktüre wurde wieder geschlossen und die Schritte des Mannes, der im Zimmer hantiert hatte, gingen zum Tisch zurück.
„Fertig“, sagte er leise.
„Wir haben Glück gehabt!“ Die Frau am Fenster flüsterte es. Sie blickte zu dem Lastwagen hinunter, neben dem jetzt der junge Offizier und der Leiter des Peiltrupps zusammenstanden und verhandelten.
„Hoffentlich kommen sie nicht auf die Idee, die Häuser zu durchsuchen!“ Der Mann neben ihr redete so leise, daß sich die Frau näher zu ihm beugen mußte.
„Nein“, meinte sie. „Die können doch nicht wissen, daß sie genau unter uns stehen ... Außerdem haben sie nicht genug Leute ...“
Hinter ihnen, am Tisch, vernahm man das metallische Klicken eines Feuerzeuges. Eine Flamme zuckte auf und erlosch. Der Mann im Zimmer hatte sich eine Zigarette angezündet.

„Stehen sie noch immer da unten?" fragte er.
Die Frau wandte ihren Kopf zurück. „Ja ... Aber sie sind wieder eingestiegen."
Von unten kam das Rasseln des Anlassers, dann begann der Motor zu arbeiten.
„Sie fahren ab", sagte die Frau. Sie und der Mann traten vom Fenster zurück.
„Laßt das Fenster", sagte der Mann, der am Tisch saß. „Wir brauchen kein Licht."
Nun setzte sich auch die junge Frau an den Tisch. „Gib mir eine Zigarette, Albert."
Der Mann, der neben ihr am Fenster gestanden hatte, trat zu ihr, gab ihr eine Zigarette und reichte ihr Feuer. Man konnte sehen, wie seine Hand mit dem Streichholz zitterte.
„Hoffentlich kommen sie nicht wieder", sagte er heiser.
„Nein." Der andere Mann schüttelte in der Dunkelheit den Kopf. Er sprach ruhig und selbstsicher.
„Doch, sie wissen jetzt unseren ungefähren Standort. Wir werden einen kleinen Stellungswechsel machen."
Der Mann, der Albert hieß, war sehr aufgeregt. „Wir sind verraten worden", flüsterte er. „Sie kamen, als du gesendet hast, Helmuth, genau vor unserem Haus sind sie stehengeblieben."
„Unsinn", sagte Helmuth. „Sie haben uns durch Peilung ausgemacht.
„Das nächstemal müssen Sie wieder von vorne anfangen."
Die Frau hatte bisher geschwiegen. Sie war blond, hatte ein ovales Gesicht mit großen, dunklen Augen und vollen, breiten Lippen.
„Helmuth hat recht", sagte sie jetzt. „Es war kein Verrat ... Wer hätte uns auch verraten können?"
Albert stand hinter ihr, die Hände um die Stuhllehne gekrampft.
„Na, wer schon?" sagte er erregt. „Warum nicht dieser Herr,

der sich nur ,A' nennt, unser Chef, dieser große Unbekannte!?"
„Ich kenne ihn", erwiderte die Frau ruhig. „Auf ,A' könnt ihr euch verlassen!"
„Wie kann ich das wissen? ... Ich kenne ihn nicht und Helmuth kennt ihn auch nicht!"
Helmuth, der Funker, drückte seinen Zigarettenrest in den Aschenbecher.
„Hör auf, Albert", sagte er scharf. „Du solltest schlafen gehen."
„Schlafen!" brummte Albert. „Wie kann ich schlafen, mit dem verdammten Sender in meinem Kleiderschrank?!"
„Ich hole ihn morgen ab." Helmuth war aufgestanden. Klein und gedrungen stand seine dunkle Silhouette vor den anderen. „Übermorgen treffen wir uns unten beim Seerestaurant ... Gegen achtzehn Uhr."
„Wie wär's mit einer Segelpartie?" fragte Albert höhnisch.
„Warum nicht?" antwortete Helmuth gelassen. „Keine schlechte Sache, so eine Segelpartie!"
Die junge Frau, die jetzt ebenfalls von ihrem Stuhl aufgestanden war, pflichtete dieser Meinung lebhaft bei. „Ein ausgezeichneter Einfall", sagte sie.

Am Morgen des nächsten Tages regnete es.
Der Himmel über Berlin war grau und die Dächer und Straßen der Reichshauptstadt glänzten matt unter dem dünn und gleichmäßig fallenden Regen.
Heinrich Himmler, „Reichsführer SS" und „Chef der politischen Polizei des Reiches" sowie Inhaber zahlreicher anderer Titel, war ein Mann, der die graue Regenstimmung haßte. Kleinbürgerlich, zwickertragend und pedantisch, war er ein Mensch, der sich über dem neuen nationalsozialistischen Deutschland einen ewig blauen Himmel wünschte. Er hatte diesen Wunsch nie ausgesprochen, er hatte ihn nicht einmal gedacht — und doch empfand er es so ... Deutsche Menschen sind groß, schlank, arbeitsam, stolz und — wenn möglich —

blond. Sie sind eine besondere Rasse, weit über den anderen Rassen stehend. Sie sind eine von der Natur gewollte Herrenrasse!

Daß er, Heinrich Himmler, in seinem Äußeren nicht ganz dieser Herrenrasse entsprach, scheint ihn nie wesentlich gestört zu haben. Er war mittelgroß, hatte einen kleinen Bauch und war dunkelhaarig. Hinter dem Zwicker waren ein paar graue, kalte Augen, und wenn er die schmalen Lippen öffnete, sah man seine schlechten Zähne.

Eigentlich war Himmler ein Geflügelzüchter aus Trudering bei München. Wie er zu Hitler stieß, war nicht genau bebekannt. Bekannt aber war sein Treuekomplex zu Hitler, sein lächerlicher Hang, den „Führer" zu kopieren — und seine Vorliebe für Astrologen, Wahrsager, Goldmacher, Heilkräuter, Zwiebeln und Knoblauch!

Himmler hatte an diesem Morgen des 30. August 1939 den Chef des RSHA, Heydrich, zu sich befohlen, um über einen, seiner Meinung nach, undurchsichtigen Herrn, den Admiral Canaris, zu sprechen. Canaris galt in den Augen Himmlers als ein gefährlicher Mann. Er war kein Nationalsozialist und gehörte einer Kaste an, die der Reichsführer SS bekanntlich aus tiefstem Herzen haßte: der alten Offizierskaste! . . .

Aber auch Reinhard Heydrich war ein Mann, von dem man damals in eingeweihten Kreisen munkelte, daß ihn Heinrich Himmler fürchte wie der Teufel das Weihwasser. Denn er war zweifellos ehrgeizig, machtgierig und gerissen, und in seinem Privatarchiv stapelten sich die Unterlagen über Herkommen, Krankheiten, Verfehlungen und unerlaubte Bereicherungen aller Größen des Regimes. Heinrich Himmler hatte einst Freunden gegenüber die Vermutung geäußert, daß auch sein Name dort zu finden sei. Und er hatte allen Grund dazu. Da gab es zum Beispiel eine zweite „heimliche Ehe", die er führte — oder seine nicht ganz einwandfreie rassische Abstammung . . . Ja, Heydrich war ein Mensch, den man sich vorläufig nicht zum Feind machen durfte!

Himmler saß grübelnd hinter dem Schreibtisch seines großen Arbeitszimmers, als ihm ein Adjutant endlich den SS=General Heydrich meldete. Himmler nickte nur. Wie es seine Art war, blickte er erst auf, als Heydrich vor ihm stand.
Er erhob sich und reichte dem gefährlichen General nach kurzer Überwindung seine Hand.
„Setzen wir uns", schlug er vor.
Die beiden Männer gingen zu den Sesseln, die um einen Tisch an der Fensterwand standen und ließen sich nieder. Bezeichnend für die überlegene Respektlosigkeit Heydrichs gegenüber seinem Vorgesetzten war auch die Gewohnheit, sich lässig und mit übereinander geschlagenen Beinen in die Polster zurückzulehnen und laut zu gähnen, während ihm der Reichsführer SS steif und gerade, mit durchgedrücktem Kreuz, gegenübersaß.
„Ich habe Sie hergebeten, um Ihren Vortrag über den Fall Canaris zu hören", sagte Himmler.
„Ein Fall Canaris ist mir nicht bekannt, Reichsführer." Heydrich runzelte die Stirn. Ihm war es unverständlich, wieso der „Reichsheini" bereits von diesem Vorgang wußte.
„Aber der Name ‚Schwarze Kapelle' ist Ihnen bekannt", stellte Himmler trocken fest.
„Schwarze Kapelle", wiederholte er. „Ja, so habe ich den Vorgang um Robert Golder und Genossen genannt. Ein Jude, ein Journalist, der uns nach Rom entkam und dort wahrscheinlich gegen uns arbeitet ..." Himmlers Augen schlossen sich halb. „Und mit dem Vatikan!"
Seine Stimme klang scharf und dünn. „Eine Schweinerei ist das."
Heydrich antwortete nicht.
Mit einer Armbewegung deutete Himmler zu seinem mit Papieren und Akten überladenen Schreibtisch hinüber. „Ich habe mir die Agentenberichte kommen lassen. Es wird da von einem Weinhändler berichtet, der mit diesem Golder zusammenarbeitet. Rossi heißt er. Es wird weiter berichtet,

daß dieser Rossi zu den Vertrauensleuten des Admiral Canaris gehört, daß er also ein Mann unserer Abwehr im OKW ist . . ."
Himmler unterbrach sich erregt. Sein bleiches Gesicht hatte sich vor Zorn dunkelrot verfärbt und der Zwicker auf seiner Nase zitterte. „Wissen Sie, was das bedeutet?"
„Eine Schweinerei, Reichsführer . . ." Heydrich trug eine unbeteiligte Miene zur Schau. „Vorausgesetzt, daß diese Berichte stimmen", fügte er hinzu. „Der Vertrauensmann, von dem sie stammen, ist ein österreichischer Graf — ein sehr unzuverlässiger Mann!"
Himmler war jedoch anderer Meinung. In seiner Umgebung wußte man, daß er eine ganz bestimmte Vorstellung von Grafen hatte. Grafen, die unzuverlässig waren, paßten nicht in diese Konzeption. Schließlich versuchte man mit diesen Herren die SS zu „veredeln" . . .
„Ich kann mir nicht vorstellen, daß die Berichte unwahr sind", meinte er schließlich. Er sah Heydrich an. „Ich verlange, daß diese Angelegenheit von nun an mit Nachdruck überprüft wird . . . Ich wünsche außerdem den wöchentlichen Vortrag Ihres Sachbearbeiters."
Der Reichsführer erhob sich und auch Heydrich stand auf.
„Ich traue dem Canaris nicht", sagte Himmler. „Er ist schlau und er hat das Zeug, zum Verräter zu werden. Er war nie ein Nationalsozialist!"
Heydrich nickte. „Ich habe genug belastendes Material gesammelt, Reichsführer." Er grinste.
Jetzt verzog sich auch Himmlers Gesicht zu einem kühlen Lächeln.
„Nannten Sie Ihre Sammlung nicht einmal ‚Munitionskiste'?"
„Jawohl!"
„Hm", machte der Reichsführer. Er rieb sich mit der weißen, kraftlosen Hand das Kinn. „Wenn ich nur wüßte, welchen Auftrag dieser Golder für ihn beim Vatikan zu erledigen hat . . ."

Er machte einen Schritt nach vorn und stand nun dicht vor Heydrich.
„Unternehmen Sie etwas! Schicken Sie Ihre besten Leute nach Rom!"
Er schwieg einen Augenblick, sagte dann: „Es gibt keinen Mann in Canaris Diensten, der so gefährlich ist wie dieser Golder mit seinen Beziehungen zum Vatikan!"

1. September 1939: Beginn des Polenfeldzuges!
Alles war planmäßig verlaufen, hatte tadellos funktioniert . . . Die KZ-Häftlinge hatten in polnischen Uniformen den Gleiwitzer Sender gestürmt und waren von den deutschen Wachmannschaften planmäßig zusammengeschossen worden. Planmäßig hatte man diesen „unerhörten" Übergriff nach Berlin gemeldet und planmäßig gab es dort eine große Aufregung. Planmäßig waren die ersten deutschen Truppenverbände im Morgengrauen des 1. September, 5 Uhr 45 Minuten, über die polnische Grenze gedrungen und planmäßig hielt Adolf Hitler um 10 Uhr seine denkwürdige Rede vor dem deutschen Reichstag in Berlin. Es war ein Musterbeispiel der einwandfreien Organisation gewesen.
Nun stand der „Führer des deutschen Volkes" hinter dem Mikrophon der Rednertribüne. Mit gutgespielter Überzeugung sprach er von der Erschütterung, die die Nachricht des Überfalls in ihm und seinen Mitarbeitern ausgelöst habe. Er sprach mit geballter Faust und mit drohend lauter Stimme von „diesem Handstreich regulärer polnischer Truppen auf den Sender Gleiwitz", den sich das deutsche Volk nicht bieten lassen werde, den es beantworten würde — ja, den es bereits beantwortet habe!
Etwas abseits von der Gruppe der Minister und Prominenten des Reiches sitzend, beobachtete der Admiral Wilhelm Canaris den schreienden, erregten Diktator.
Hitler verstand es, Reden zu halten. Er riß die Menschen mit, die in dem großen Saal versammelt waren und er

peitschte die Massen auf, die sich nun in ganz Deutschland vor den Rundfunkgeräten versammelt hatten. Seine Augen waren zwingend, kraftvoll und klar, die Gesten überzeugend und sein Zorn großartig.

Auch Canaris konnte sich dem Einfluß dieses Menschen nicht entziehen. Für ihn war Hitler ein Zauberer, ein Hexer ... Und doch wußte der schlanke, hagere Mann mit den grauen Haaren, daß jedes Wort des Hexers eine Lüge war. Das war nun der Krieg.

Canaris hatte alles versucht, um ihn zu verhindern. Er hatte gewarnt, beschworen und mit seinen Folgen gedroht. Es war umsonst gewesen. Er stand damals allein mit seiner Ahnung von Blut und Tränen und Untergang. War er wirklich allein?

Wilhelm Canaris wandte sich um. Er versuchte in den Gesichtern der Menschen zu lesen, die mit ihm hier zusammengerufen worden waren: Parteigenossen, Blutordensträger, Minister, Beamte, junge Offiziere und alte Offiziere. Doch er entdeckte keines unter ihnen, dem nicht in diesem Augenblick Begeisterung, Entschlossenheit und der Wille zum Kampf in den Augen leuchtete ... Jawohl, Adolf Hitler war ein Meister!

Canaris hörte nicht mehr auf die Worte des Redners vor sich. Er blickte auf seine schmalen, gepflegten Hände und es gelang ihm, sich von Hitler und den anderen zu befreien — allein zu sein in dieser Menschenmasse. Hatte er, Wilhelm Canaris, noch das Recht gegen den Krieg zu kämpfen? Hatte er überhaupt jemals dieses Recht besessen — und war er nicht eigentlich ein Verräter an der gemeinsamen Sache? ...

Minutenlang saß er da und dachte über dieses Problem nach. Er versuchte sich, wie schon so oft, zu einer Klarheit zu zwingen, doch er brachte es auch diesmal nicht fertig. Auch Kant half ihm nicht, und nicht die anderen großen Deutschen, die er verehrte ...

Oben auf der Rednertribüne tobte währenddessen Hitler. Heiser und dunkel grollte seine Stimme durch den Saal und dumpf dröhnten seine Faustschläge auf das Holz des Pultes, an dem die Mikrophone sich wie Arme ihm entgegenstreckten.
Da kam der Beifall! Brausend und donnernd brach er los, steigerte sich zu einem ohrenbetäubenden Lärm.
Der Admiral Wilhelm Canaris, U-Bootkommandant des letzten Weltkrieges, Chef der Spionageabwehr in der Wehrmacht Adolf Hitlers, fühlte sich müde und alt.

Deutschland war in einem Siegestaumel. Deutsche Panzer, deutsche Truppen, deutsche Flugstaffeln vernichteten den Feind in einem atemberaubenden Vormarsch. Schon brandete der Kampf um Warschau, der Hauptstadt Polens . . .
Hitler hatte drei Sonderzüge auf dem Anhalter Bahnhof bereitstellen lassen. Die Abfahrt der Züge war auf den Abend des 3. September befohlen worden. Hitler, Göring, Himmler, Ribbentrop und andere Prominente wollten sich das polnische Schauspiel einmal aus der Nähe ansehen . . .
Der Abend des 3. September 1939 war schwül und drückend. Die Bahnsteige zu den Sonderzügen waren abgesperrt und man hatte bereits am Nachmittag damit begonnen, die schweren Lokomotiven unter Dampf zu setzen. Spruchbänder, Hakenkreuzfahnen und Tannenreisig verzierten den Bahnhof. Vor dem Eingang stauten sich die Menschenmassen. Als die schwarze Limousine des SS-Generals Reinhard Heydrich vor dem Bahnhof anhielt, waren Hitler und die anderen bereits von den Massen bejubelt worden. Heydrich, den großen, schlanken Chef des RSHA, bestaunte man ohne Jubel und Geschrei.
„Wer ist denn das?" hörte man immer wieder fragen.
„Heydrich, der höchste Gestapochef!" lautete die Antwort.
Ein Raunen ging durch die zusammengedrängte Menge. Vielleicht dachten einige an die Juden und an die Konzen-

trationslager, von denen sie gehört hatten. Aber keiner sagte das, was er dachte ..

Heydrich schritt, gefolgt von zwei unauffällig gekleideten Begleitern, an den Menschen vorbei und durch den Eingang des Bahnhofes. Er blickte nicht nach rechts und nicht nach links und er ging mit großen, eiligen Schritten.

Er selbst fuhr nicht mit nach Polen. Später nannte er diese Fahrt eine unnütze, dumme Zeitvergeudung, eine sinnlose Vergnügungsreise durch ein besiegtes Land. Reinhard Heydrich war kein Mann, der einen Sieg besonders auskostete. Ihm genügte die Tatsache, daß es ein Sieg war.

Er durchlief die Absperrketten, lässig grüßend und ohne einmal anzuhalten. Dann stand er auf dem Bahnsteig, vor Himmlers Sonderwagen. Um ihn war ein Gewirr von Stimmen, von Uniformen und Gesichtern, und neben ihm stand plötzlich, steif und verloren, Hitlers Außenminister, Joachim von Ribbentrop.

„Großartig — wirklich überzeugend, dieser Vormarsch unserer tapferen Truppen", sagte der Außenminister. Er versuchte in dem Gesicht des SS-Generals eine Zustimmung zu erkennen, doch da war keine.

Ribbentrop räusperte sich betreten. Im vertrauten Kreise hatte er schon einmal die Befürchtung laut werden lassen, Reinhard Heydrich könnte ihn einmal ermorden. Auch die Herren Neurath und Papen kannten diese Furcht — und sicher auch noch andere.

Heydrich hatte so getan, als wäre die Bemerkung des Außenministers nicht für ihn bestimmt gewesen. Er verachtete ihn, hielt ihn für unbegabt, arrogant und romantisch.

Wieder räusperte sich Herr von Ribbentrop, dann fragte er: „Sie haben wohl nicht meine Begleitung gesehen?"

Ein Außenminister, der auf dem Bahnhof seine Begleitung verloren hat! . . .

Heydrich konnte sein bekanntes, spöttisches Grinsen nicht unterdrücken.

„Auf dem Bahnsteig hier steht der Sonderzug des Reichsführers", sagte er kalt und abweisend.
„Ach so", murmelte Ribbentrop verwirrt. „Ja, natürlich . . ." Er brach ab, wandte sich um und stelzte davon.
Heydrich blickte ihm mit schmalen Augen nach. Seine beiden unauffällig gekleideten Begleiter standen dicht hinter ihm.
„Trottel!" brummte Heydrich, und zwar so laut, daß es sämtliche Anwesenden hören konnten.
Plötzlich erkannte er den Reichsführer SS, Heinrich Himmler.
Himmler in feldgrauer Uniform mit grauen Wildlederhandschuhen, die Schirmmütze gerade und tief in der Stirn, schritt langsam auf ihn zu. Hinter Himmler hielten sich seine Adjutanten und Begleiter. Mit ausgestreckter Hand, jovial lächelnd, reichte Himmler dem Chef des RSHA und dem „für seine Abwesenheit bestellten Vertreter der Amtsgeschäfte" abschiednehmend die Hand . . .
Die Lokomotive stieß einen schrillen Pfiff aus, der Bahnsteig hatte sich geleert und man hatte die Lampen angezündet — und noch immer standen Himmler und Heydrich vor der Türe des Sonderzuges.
„Haben Sie etwas im Fall ‚Schwarze Kapelle' unternommen?" fragte Himmler.
„Jawohl, Reichsführer."
„Was?"
„Ich hielt es für gut, die Angelegenheit von Italien aus anzugehen. Ich habe eine Agentin auf Golder angesetzt. Sie fährt morgen nach Rom. Ich spreche heute abend mit ihr!"
„Wir werden sehen", sagte Himmler. Endlich kletterte er die Eisenstufen seines Salonwagens hinauf. Einige Augenblicke sah man ihn noch in der offenen Tür stehen. Pfauchend und stampfend setzte sich schließlich der Zug in Bewegung.
„Ich werde den ganzen Vorgang selbst überwachen", sagte Heydrich, der neben dem anrollenden Wagen ging.
Himmler nickte. „Gut", rief er.

Ein Mann in der blauen Uniform der Eisenbahner rannte heran, schwang sich auf das Trittbrett und warf die schwere Türe des Salonwagens zu.
Der SS=General war stehengeblieben. Er hob den Arm und grüßte dem Zug nach. Dann drehte er sich um und schritt zum Ausgang zurück. Zwei Meter hinter ihm gingen die Leibwächter.
Als Heydrich aus der Halle des Anhalter Bahnhofes trat, war es dunkel geworden. Der Platz vor dem Ausgang hatte sich geleert und ein warmer Wind trieb Staub und Papier=reste vor sich her. Trüb und rund malten die Straßenlaternen ihre Lichterkleckse auf das Pflaster.
Heydrich und seine Begleiter stiegen in den großen, schwar=zen Wagen, der auf sie gewartet hatte.
„Zum Alexanderplatz!" befahl Heydrich. Er wirkte an jenem Abend auf seine Umgebung müde und abgeschlagen.
Doch die Stunde, in der das Privatleben des RSHA=Chefs begann, war gekommen!
General Reinhard Heydrich, der Mann, der am Tage zwölf bis vierzehn Stunden arbeitete, der Kopf seines riesigen Apparates für die „Sicherheit des Reiches" und einer der großen heimlichen Drahtzieher im Marionettenspiel der Po=litik, hatte ein besonderes, ungewöhnliches Privatleben.
Nacht für Nacht war Heydrich in den Bars und Lokalen der Reichshauptstadt zu finden. Hier trank er große Mengen Alkohol, benahm sich laut und auffällig und verbrachte die Stunden mit groben, rauhen Späßen. Daß er eine Frau und Kinder hatte, störte ihn nicht. Er war verheiratet, da es seiner Karriere nützlich schien. Der Reichsführer liebte keine un=verheirateten SS=Generäle!
Der Wagen hatte angehalten. Heydrich räkelte sich in den Polstern und sagte: „Also — dann wollen wir mal!"
Er stieg aus und trat zu seinen zwei Wächtern, die bereits auf der Straße standen. Mit der rechten Hand machte er eine lässige Bewegung zum Fahrzeug. „Weiterfahren!"

Zwischen den Begleitern ging er über den nächtlichen Alexanderplatz. Ein paar Menschen blieben stehen. Sie sahen dem großen SS-General nach, der mit den beiden Zivilisten über den Gehsteig marschierte, und vor einer kleinen Bar anhielt.
Die Bar war im Souterrain eines alten Hauses. Sie hatte ein beleuchtetes Schild über dem Eingang und man mußte einige Stufen hinabsteigen, um zu der Türe zu gelangen. Heydrich stieg diese Stufen hinab und einer der Begleiter öffnete vor ihm die Türe. Der Raum, in den die drei Männer nun eintraten, war schmal und lang. Rechts und links der Wände gab es kleine Nischen und am Ende des schlauchartigen Raumes war die Bar. Den Boden bedeckte ein roter Kokoslaufer.
Heydrich sah sich um. „Nie was los in dem Stall", meinte er verächtlich.
Der Geschäftsführer des Unternehmens, ein kleiner, dicker Mann, näherte sich händereibend. „Guten Abend, Herr General, guten Abend die Herren — guten Abend — guten Abend . . ." Er schwitzte vor Eifer. „Wieder die Ecknische, heute?"
„Später", erwiderte Heydrich. Er ging an dem Geschäftsführer vorbei und sagte über die Schulter: „Gegen elf kommt eine Dame — dann brauche ich die Nische."
Der Dicke hinter ihm lächelte ölig. „Sehr wohl, Herr General!"
Der General und seine schweigsamen Begleiter waren inzwischen an der Bar angekommen. Sie setzten sich auf die rotgepolsterten Hocker und nickten dem Mixer zu, der sie in schlechtem Deutsch begrüßte.
„Das Übliche, Luigi", sagte Heydrich. „Aber stell die Flaschen gleich her . . . Bis elf Uhr ist noch lange Zeit!"

Die Agentin des Amtes „Ausland/Abwehr" im SD, „Tilla", war eine junge, auffallend hübsche Frau. Schwarzhaarig, schlank und mittelgroß, mit dunkelbraunen, mandelförmigen Augen, einer bronzefarbenen Hauttönung, mit der Vorliebe zu extravaganten Kleidern und Schmuck, gehörte sie neben „Felicitas" und „Elli" zu den „besten Pferden im Stall" des RSHA.

Tilla war 26 Jahre alt. Sie wurde als Artistenkind in Schweden geboren und zog dann jahrelang in Europa herum. Agentin war sie aus Abenteuerlust geworden.

Sie schwärmte für große, schlanke und dunkelhaarige Männer und verabscheute im Grunde ihres Herzens alles, was mit Uniformen und Heldentum zu tun hatte. Sie fand das alles einfach langweilig. Und Vorschriften hatten sie ihr auch machen wollen: Eine deutsche Frau raucht nicht! Eine deutsche Frau schminkt sich nicht und lackiert sich nicht die Nägel! Eine deutsche Frau . . .

Tilla lag im Augenblick in der Badewanne ihres Berliner Hotelappartements. Die Kirchturmuhr vor dem Fenster machte einen hellen Schlag. 22 Uhr und 15 Minuten! Es wurde Zeit, sich anzuziehen. In genau einer Stunde würde sie mit dem Chef des RSHA, General Reinhard Heydrich, zusammentreffen. Ihr war gemeldet worden, daß er einen Auftrag für sie hätte.

Tilla stieg aus der Badewanne und trocknete sich ab. Dann schritt sie nachdenklich in das angrenzende Zimmer. Sie trat zum Bett und nahm den Hörer vom Hausapparat, der auf dem Nachttisch stand.

„Besorgen Sie mir eine Taxe für zweiundzwanzig Uhr fünfundvierzig", sagte sie. Dann griff sie nach ihrer Pistole, die neben dem Apparat lag, und schob sie in ihre Handtasche. Sie tat es aus Gewohnheit, ohne nachzudenken. Es war einer von Tillas Grundsätzen, nie ohne Waffe zu sein.

Der Liftboy erinnerte sich später noch gerne daran, wie die eine schwarzhaarige junge Frau mit mandelförmigen Augen um 22 Uhr und 45 Minuten mit dem Lift zur Halle hinunterfuhr. Die Männer, so wird berichtet, vergaßen ihre Geschäfte

und den Vormarsch in Polen, sie vergaßen die Zigarren und ihre Getränke . . . Frauen bekamen schmale Lippen . . .
Der Portier weiß noch, wie er an jenem Abend Tilla zum Ausgang geleitete. Dort wartete der Taxifahrer, ein kleiner, abgebrühter Mann, der sich im allgemeinen damit begnügte, seine Gäste mit einem Kopfnicken zu begrüßen. Vor Tilla riß er die Schirmmütze vom Kopf.
Der Wagen raste in direkter Route zum Alexanderplatz. Tilla hatte sich weit in die Polster zurückgelehnt und rauchte nervös eine Zigarette. Wenige Meter vor der kleinen Bar ließ sie anhalten. Sie zahlte und stieg aus. „Viel Glück!" hatte ihr der Taxifahrer noch zugerufen und wieder die Schirmmütze vom Kopf gerissen, bevor der Wagen davonsauste.
Tilla warf ihre Zigarette fort.
Glück konnte sie brauchen: Einen Auftrag, der sie in ein Land ohne Uniformen führte! Vielleicht dachte sie jetzt daran.
Sie schritt die Stufen zur Bartüre hinunter und trat ohne Zögern ein.
Dichte Rauchschwaden, Stimmengewirr aus den Nischen und das gefühllose Hämmern eines elektrischen Klaviers schlugen ihr entgegen. Sie machte ein paar Schritte in den Raum hinein und blieb stehen.
Neben ihr, an der Holzwand einer Nische, lehnte ein Mann und stierte sie aus glasigen Augen an. Von der Bar kam händereibend und unterwürfig der dicke kleine Geschäftsführer angetänzelt — und an der Bar, mit dem Rücken zu ihr, erkannte sie ihren höchsten Chef, Reinhard Heydrich.
Der Dicke war nun bei ihr angekommen. Wortreich versicherte er Tilla, daß es ihm eine hohe Ehre sei, sie in seinem bescheidenen, doch beliebten Lokal begrüßen zu dürfen. Der Herr General säße dort an der Bar und erwarte sie bereits ungeduldig . . .
Er hätte noch mehr gesagt, wenn nicht Heydrich, vom Bar-

mixer auf Tilla aufmerksam gemacht, plötzlich neben ihm erschienen wäre.

„Verschwinden Sie", fuhr Heydrich den Geschäftsführer an.

Der Dicke zog den Kopf zwischen die Schultern. „Die Ecknische?"

Der Chef des RSHA nickte. Er hatte bereits ausgiebig getrunken und stand breitbeinig, doch fest vor der jungen Frau. „Freut mich sehr", sagte er schwerfällig und küßte ihr die Hand.

Tilla sagte nichts. Sie ließ sich von Heydrich zu der Nische führen, die sich in der rechten Ecke, neben der Bar, befand.

„Setzen wir uns erstmal hin!"

Sie setzte sich auf die gepolsterte Bank und suchte in ihrer Handtasche nach den Zigaretten. Sie überzeugte sich dabei, daß diese Nische vom Lokal so abgetrennt war, daß man in sie nicht hineinsehen konnte.

Reinhard Heydrich hatte sich ihr gegenüber, vor dem schmalen Tisch, niedergelassen. Er schlug nun mit dem Knöchel seiner rechten Hand gegen die Holzwand hinter sich. „He, Dicker!" rief er.

Der Kopf des Geschäftsführers schob sich in die Nische.

„Sekt!"

„Jawohl, sofort Herr General!" Der Kopf verschwand.

„Sauladen", grunzte Heydrich, laut genug, daß man es an den Nachbartischen hören konnte.

Da aber erinnerte er sich, daß Tilla vor ihm saß.

Er grinste, wie üblich. „Verzeihen Sie — aber der Kerl läuft nur, wenn man ihn in den . . ."

Er hatte sich unterbrochen und lachte laut auf.

Jetzt lachte auch Tilla. Sie hatte ihn von dieser Seite noch nicht kennengelernt. Der mächtige, gefürchtete Heydrich belustigte sie . . .

Heydrich ließ sie nicht einen Augenblick unbeobachtet. Er sah ihr zu, wie sie sich die Zigarette anzündete und faßte dann nach ihrer Hand. „Kennen Sie Rom?"

„Ja." Tilla zog ihre Hand zurück, doch sie brachte es fertig, ihn anzulächeln.
„Da fahren Sie morgen hin!" Er grinste. „Zufrieden?"
Tilla wollte ihm antworten, doch da erschien der Geschäftsführer mit einem Kellner. „Der Sekt, bitte sehr! . . ."
Heydrich wartete, bis die gefüllten Gläser auf dem Tisch standen und die beiden die Nische verlassen hatten. Schweigend trank er Tilla zu.
„Kommen wir zur Sache", sagte er unvermittelt und grinste nicht mehr. Jetzt war er wieder unverkennbar ihr Vorgesetzter, herrisch, kühl und unpersönlich.
„Ihre Aufgabe ist einfach", begann er. „Sie werden dort in einem Hotel Flora wohnen. In diesem Hotel wohnt auch ein Mann namens Golder — Robert Golder, ein Jude. Sie werden sich mit ihm anfreunden und sein Vertrauen gewinnen. Wie Sie das machen, ist Ihre Sache . . ."
Er schwieg und trank ihr wieder zu.
„Das ist alles?" fragte Tilla.
„Das ist alles!" Heydrich stellte sein Glas auf die Tischplatte zurück. „Dieser Golder ist ein gefährlicher Mann. Er hat Beziehungen zum Vatikan und er hat Grund uns zu hassen . . ."
Er überlegte einige Sekunden mit halbgeschlossenen Augen, dann fügte er hinzu:
„Golder ist mit einem V-Mann bekannt, der zu den Canaris-Leuten gehört. Seien Sie deshalb doppelt vorsichtig!"
Tilla drückte ihre Zigarette in den Aschenbecher. „Wie heißt der Mann?"
„Angelo Rossi. Er ist Italiener und besitzt eine Import-Export-Firma." Heydrich hatte die Flasche aus dem Sektkühler genommen und füllte die Gläser auf. Dabei sagte er: „Die Einzelheiten und Devisen werden Ihnen morgen im Zug übergeben. Einer meiner Leute wird Sie zur Grenze begleiten."
Er stellte die Flasche zurück. „Und da ist noch etwas . . .

Ich persönlich bin davon überzeugt, daß Sie im Kreise des Golder von der Empfangsstation eines Agentensenders hören werden. Merken Sie sich die Buchstaben: RZL! . . . Melden Sie jede noch so geringfügige Kleinigkeit!"

„Ja", sagte Tilla und sie fragte: „Wann fahre ich ab?"

„Sie werden um zehn Uhr mit dem Wagen abgeholt."

Tilla senkte den Kopf. Wenn man sie so sitzen sah, die Augen geschlossen und ein kaum merkliches Lächeln auf den Lippen, dann konnte man unschwer ihre innersten Gedanken erraten. Sie dachte an Rom, an Italien und Sonne und Meer. Schon morgen würde sie Deutschland verlassen und wieder unter Menschen sein, die sorglos und frei waren . . .

Heydrich legte plötzlich seine Hand auf ihren Arm. „Damit wäre also der offizielle Teil des Abends erledigt", hörte sie seine Stimme. Er grinste. Sie hob den Kopf und sah in sein Gesicht, das vom Alkohol gerötet und aufgedunsen war.

„Ich möchte gern in mein Hotel zurück!" sagte sie.

Er beugte sich vor und er ließ ihren Arm nicht los. „Keine Abschiedsfeier für Ihren wohlgesinnten Chef?"

Tilla überlegte einen Moment, dann nickte sie. „Warum nicht . . ."

Sie lächelte ihr betörendes Lächeln.

„Trinken wir noch etwas?"

Heydrich grinste breit. Er gab ihren Arm frei und schlug wieder mit der Hand an die Holzwand hinter sich. „He, Dicker", schrie er, „bring uns Sekt!"

*

Die „nächtliche Abschiedsfeier", zu der der allgewaltige Chef des RSHA, Reinhard Heydrich, seine 26jährige dunkelhaarige Agentin Tilla eingeladen hatte, sollte einen ungewöhnlichen Ausgang haben. Sie wurde zu einem Ereignis, von dem man noch lange in der kleinen Bar am Berliner Alexanderplatz zu berichten wußte! . . .

Tilla war nicht nur eine schöne Frau. Sie war auch eine kluge Frau! Sie wußte zweifellos, daß es gefährlich war, Heydrich zu reizen, und sie konnte es sich nicht leisten, ihren neuen Auftrag zu riskieren. Das mochte sie an jenem Abend bedacht haben. Also hatte sie die Einladung des mächtigen SS-Obergruppenführers angenommen. Eigentlich hatte Tilla nichts gegen Abschiedsfeiern. Sie war gesund und jung, und sie vertrug eine gute Portion Alkohol, ohne umzufallen. Das gehörte schließlich zu ihrem Beruf . . .

Eine Abschiedsfeier mit Heydrich aber konnte eine sehr unangenehme Angelegenheit für sie werden. Der Alkohol spielte dabei gewiß eine untergeordnete Rolle — und zudem saß Tilla in einer Ecknische des Lokals, die von niemandem eingesehen werden konnte . . .

Aber sie verstand etwas von Männern und sie selbst wußte genau, wieviel Flaschen Sekt nötig waren, um sie, Tilla, außer Gefecht zu setzen. Und darauf hatte sie ihren Plan gebaut . . .

Heydrich hatte bereits stark getrunken. Tilla war noch nüchtern gewesen. Also bestand für sie die Aussicht, als „Siegerin dieser Feier" hervorzugehen.

Inzwischen waren sie bei der vierten Flasche Sekt angekommen. Die Geräusche aus dem Lokal drangen wie das gleichmäßige Rauschen eines Wasserfalles in Tillas Ohren. Tabaksqualm zog in dichten Schwaden über ihre Köpfe, und das rhythmische Hämmern des Klaviers riß an ihren Nerven. Heydrich aber schien sich wohl zu fühlen. Es war genau 1 Uhr.

„Auf den Sieg in Polen", sagte Tilla und hob ihr Glas.

„Auf den — den Sieg!" Heydrich lallte bereits. Seine eng zusammenstehenden Augen stierten sie an und seine linke Hand griff nach ihrem Arm. „Das — war die letzte Flasche!"

Tilla fühlte sich müde. Sie hätte sich jetzt gern an die Holz-

wand der Nische zurückgelehnt und die Augen geschlossen. Doch sie ahnte, daß sie damit ihr Spiel verlieren würde.
So nahm sie sich zusammen, setzte sich aufrecht. „Schon die letzte Flasche?" fragte sie spöttisch. Sie faßte nach ihrem Glas.
„Trinken wir auf die Liebe!"
„Gute Idee, machen — wir!"
Sie leerten ihre Gläser, stellten sie auf den Tisch zurück. Heydrich rutschte schwerfällig über die Bank zu Tilla heran.
Sie sagte schnell: „Ich möchte noch etwas trinken."
„Die Flasche . . .", begann Heydrich und mußte laut rülpsen, „. . . ist leer!"
Er saß jetzt dicht neben ihr. Seine Hand tastete über ihren Rücken zur Hüfte.
„Bestellen wir eine neue Flasche", forderte Tilla hartnäckig. „Ich will noch etwas trinken!"
Heydrich stierte sie wortlos an.
Sie erwiderte seinen Blick. „Aber wenn es Ihnen zu viel wird . . ." Ein spöttisches Lächeln war in ihrem Gesicht.
„He, Dicker", grölte Reinhard Heydrich nach dem Geschäftsführer der Bar. Er erhob sich taumelnd, stützte sich mit beiden Händen auf die Tischplatte. „Di — Dicker, komm her!"
Ein Glas fiel um, rollte vom Tisch und zersplitterte am Boden. Tilla zündete sich ruhig eine Zigarette an. Sie sah sehr zuversichtlich aus.
Da tauchte das feiste Gesicht des Geschäftsführers im Nischeneingang auf.
„Se — Sekt, Dicker!" grunzte Heydrich, dann ließ er sich schweratmend auf die Sitzbank zurücksacken. Auf seiner Stirn perlten Schweißtropfen. „Wollen doch — doch mal sehen . . ." murmelte er verbissen. Krampfhaft mühte er sich ab, nicht zu schielen, eine charakteristische Begleiterscheinung, wenn er viel getrunken hatte. Als es ihm aber nicht gelang,

schloß er ein paarmal die Augen und riß sie wieder auf. Die wenigen späten Gäste an den übrigen Tischen, sofern sie selbst noch einigermaßen nüchtern geblieben waren und eine günstige Blickrichtung hatten, konnten sich ein Lachen kaum noch verbeißen.

Tilla jedoch schien er bei dieser Beschäftigung vergessen zu haben. Sie störte ihn nicht. Etwas von ihm abgerückt, rauchte sie ihre Zigarette und wartete.

Wieder erschien der Geschäftsführer mit einem Kellner, der den Sekt und neue Gläser trug. Der Kellner öffnete die Flasche, füllte dann die Gläser und verschwand.

„Zum Wohl", sagte der Dicke und machte eine seiner unterwürfigen Verbeugungen.

„Hau — ab!" knurrte Heydrich. Er schielte noch immer. Seine Hand umschloß das Glas, das vor ihm stand, hob es hoch.

„Trinken wir es aus." Tilla lächelte ihm zu. „Auf diesen schönen Abend." Sie leerte ihr Glas langsam, doch ohne es abzusetzen.

Heydrich machte es anders. Er schloß die Augen, legte den Kopf zurück und schüttete den Sekt hastig in sich hinein. Als er sich wieder vorbeugte, waren seine Pupillen unnatürlich geweitet und sein Oberkörper schwankte kraftlos hin und her.

Nun füllte Tilla die Gläser nach. „Worauf trinken wir jetzt?"

Der Chef des Reichssicherheitshauptamtes antwortete nicht. Er hatte genug damit zu tun, sich aufrecht zu halten. Mit geschlossenen Augen, die Arme aufgestützt, lehnte er an der Tischplatte. Langsam sank sein Kopf nach vorn. Er riß ihn hoch, versuchte die Augen zu öffnen und grinste blöd.

„Auf die Zukunft also!" Tilla fiel es schwer, ihr Glas zu heben. Der Geruch des Sektes ekelte sie an. Sie machte einen Schluck und schüttelte sich.

Erst jetzt bemerkte sie, daß Heydrich nicht mitgetrunken

hatte. Sein Kopf war auf seine Arme gesunken, die auf dem Tisch lagen. Er schnarchte leise . . .
Tilla betrachtete einige Sekunden den betrunkenen Mann, der neben ihr eingeschlafen war. Sie lächelte ein wenig, dann hob sie noch einmal ihr Glas.
„Auf Rom!" flüsterte sie. So wollen es jedenfalls einige gehört haben. Doch sie trank nicht . . .
Als Tilla bald darauf die Nische verließ, mußte sie an den zwei unauffällig gekleideten Beschützern des SS-Generals vorbei, die nebeneinander auf ihren Barhockern saßen und sie ehrfürchtig und sprachlos anstarrten. Noch nie hatten sie es erlebt, daß eine Frau ihren Chef unter den Tisch getrunken hatte!
Sie lächelte ihnen freundlich zu. Vorsichtig, doch aufrecht und ohne zu schwanken, schritt sie an der Bar vorbei zum Ausgang . . .
Der dicke, ölige Geschäftsführer riß vor ihr die Türe auf und rief nach einem Taxi.
Sie dankte herablassend. „Der General ist eingeschlafen", sagte sie dann. „Achten Sie darauf, daß er nicht gestört wird!"
„Sehr wohl, gnädige Frau", murmelte der Dicke. Kein weibliches Wesen, so gestand er später, habe ihn je so beeindruckt, wie diese junge trinkfeste und geheimnisvolle Dame.
Über diese peinliche Angelegenheit wurde sofort von höchster Stelle das bewährte Mäntelchen des Schweigens gehängt. Obwohl es den Zeugen dieses Vorganges streng verboten wurde, darüber zu sprechen, sickerte die Wahrheit allmählich durch. Die Geschichte machte ihre Runde wie ein Flüsterwitz und strapazierte die Lachmuskeln derer, die sie vernahmen.

☆

Es waren die ersten Oktobertage und die letzten warmen Herbsttage des Jahres 1939. Siegreich war der Polenfeldzug beendet worden.
Hitler hatte eine Schlacht gewonnen, doch er hielt sich nicht lange damit auf, den Sieg zu feiern. Mit seinen Generälen bereitete er in Berlin „die nächsten Schritte zur Unterwerfung Europas" vor.

Die Welt hielt den Atem an.

Südöstlich Berlins, über dem Scharmützelsee bei Fürstenwalde, hing die kreisrunde, messinggelbe Scheibe der Abendsonne. Das Laub der Bäume am Seeufer hatte sich braunrot verfärbt und es raschelte trocken in dem leichten Wind, der von Süden kam. Im Wasser schaukelten ein paar Segelboote.
Das Kajütenboot „Helene I" war ein schlankes und weißgestrichenes Schiff mit einem hohen, spitzen Segel, einer dunkelbraunen, verschließbaren Kajüte und mit einem Hilfsmotor im Heck. Es war ein Mietboot, das von einer kleinen Gesellschaft, zwei Herren und einer Dame aus Berlin, für diesen Nachmittag bestellt worden war.
Die beiden Herren und die junge Dame hatten sich wie Städter benommen, die glücklich waren, sich einen Tag erholen zu können. Sie waren nacheinander zum See gekommen, in weißen, neuen Anzügen, weißen Schuhen und mit nur wenig Gepäck. Einer der Herren hatte einen schmalen Lederkoffer mitgebracht, mit dem er sofort in die Kajüte ging, um nicht wieder zu erscheinen.
Den Bootsverleiher hatte das nicht weiter verwundert. Er war ein alter Mann und verdiente seit zwanzig Jahren sein Geld mit dem „Verleih von Ruder- und Segelbooten." Wunderliche Menschen hatte er dabei genug kennengelernt. Die drei aber waren völlig normal, das stand für ihn fest!

Er sagte das auch zu dem schlanken, jungen Oberleutnant, der plötzlich mit zwei graugestrichenen Lastwagen am Seeufer aufgetaucht war.

Nun stand einer der Lastwagen neben dem Bootshaus zwischen den Bäumen und der Oberleutnant verhörte den Bootsverleiher. Er tat das schon seit einer Viertelstunde.

„Also", schnarrte der Oberleutnant jetzt ungeduldig. „Sie sagen, daß Sie drei Boote vermietet haben. Das erste an ein älteres Ehepaar . . ."

„Stimmt!" Das braune, faltige Gesicht des alten Mannes zeigte nicht, was er über den jungen Offizier dachte. Es zeigte auch nicht die Verwunderung des Alten über den geheimnisvollen Lastwagen, aus dessen dicht verschlossener Plane das eintönige, zerhackte Geräusch von Morsezeichen drang.

„Das Ehepaar hatte also kein Gepäck", bemerkte der Oberleutnant.

„Das hab ich Ihnen schon zweimal gesagt!"

Das junge, glatte Gesicht des Offiziers färbte sich dunkel.

„Das ist ein Verhör, Mann!" knurrte er.

„So", machte der Alte ungerührt.

Der Oberleutnant wandte sich wütend an einen großen, stämmigen Mann, der hinter ihm stand und der schweigend zugehört hatte. „Wenn es so weitergeht, kommen wir nie zum Ziel!"

Der Mann nickte nur. Er trug einen hellen Wettermantel und war der Leiter des Peiltrupps. Ihn ärgerte die Bevormundung dieses unerfahrenen Offiziers, den man ihm vor die Nase gesetzt hatte.

Der Oberleutnant drehte sich wieder zum Bootsverleiher um. „Und das zweite Boot haben Sie an ein junges Mädchen vermietet."

„Stimmt!"

„Das Mädchen ist Ihnen bekannt. Es wohnt hier im Dorf!"

„Stimmt!"

„Dieses Mädchen hat eine Badetasche und ein Koffergrammophon mit aufs Boot genommen."
„Stimmt!"
„Es ist allein auf dem Boot."
„Wieso?" fragte der Alte.
„Herrgottnochmal! . . ." Der junge Offizier bemühte sich sichtlich, ruhig zu bleiben. „Sie ist doch allein auf das Boot gestiegen!"
„Ja, das stimmt!"
„Na, also." Der Oberleutnant atmete tief auf.
„Aber manchmal trifft sie sich auch auf dem See mit einem jungen Mann", sagte der Alte, „mit ihrem Freund."
Der Oberleutnant sagte einige Zeit gar nichts, dann fragte er mit schriller Stimme: „Und heute? Hat sie sich heute mit diesem Freund getroffen?"
„Nein." Der Alte schüttelte den Kopf. „Das müßte ich wissen."
„Warum müßten Sie das wissen?" fragte der Oberleutnant, der sich wieder beruhigt hatte.
„Weil heute Dienstag ist . . . Der junge Mann kommt nur übers Wochenende heraus."
„Aha . . .", machte der Offizier und blickte den Bootsverleiher aus schmalen Augen an. Man sah ihm den Verdacht an, daß der Alte sich über ihn lustig machen wollte.
Dann sagte er unentschlossen: „Bliebe also nur das dritte Boot!" Er sah dabei den Leiter des Peiltrupps an, der aber nur schweigend die Schultern hob und sie wieder fallen ließ.
„Zwei Männer und eine Frau", murmelte der Oberleutnant. „Und einer hatte einen Koffer dabei . . ."
Der Bootsverleiher beobachtete die beiden Männer. Vielleicht ahnte er, daß es etwas mit dem Lastwagen zu tun haben mußte, der neben dem Haus unter den Bäumen stand und unter dessen Plane noch immer die hellen Töne hervordrangen.
„Sie senden jetzt seit 20 Minuten." Der Leiter des Peiltrupps

sah auf seine Armbanduhr. „Sie werden bald fertig sein!"
Der Offizier hatte den Kopf zum See gewandt. „Diese Schweine ..."
Er zählte noch einmal die Boote. Es waren elf. Und auf einem mußte der Sender sein, den er aus dem Lastwagen hinter sich hörte. Das hatte die Peilung ergeben ...
Ein ganz bestimmtes Gefühl sagte ihm auch, daß jener Sender auf dem Kajütenboot „Helene I" zu finden sei. Der Mann mit dem Koffer – die Kajüte, in der man nicht gesehen wurde ... !
Diese Leute waren schlau. Ob sie wußten, daß der Peiltrupp nur wenige hundert Meter vor ihnen am Ufer stand?
Der schlanke Oberleutnant mit dem glatten Jungengesicht entschloß sich endlich, etwas zu unternehmen. „Wo ist ein Motorboot?" fragte er den Bootsverleiher.
„Ich habe eins ..." Der Alte schüttelte verwundert den Kopf. „Ich weiß ja nicht, was Sie wollen", brummte er. „Aber die Leute waren in Ordnung, das hab ich Ihnen schon mal gesagt. Ganz harmlose Leute ..."
Der Offizier war plötzlich sehr aufgeregt. „Reden Sie nicht", schnarrte er. „Geben Sie uns das Boot!"
„Wie Sie wollen", sagte der Alte gekränkt. „Aber es ist nicht genug Benzin im Tank. Da muß ich erst nachfüllen." Gemächlich machte er sich auf den Weg zum Bootshaus hinüber.
„Beeilen Sie sich doch!" rief der Oberleutnant ungeduldig hinter ihm her.
„Mach ich ja", brummte der Alte. Doch er ging nicht schneller ...

☆

Der Wind hatte sich gelegt. Träge schaukelte das Boot „Helene I" auf dem Wasser und sein Segel stand gerade und spitz gegen den Abendhimmel.

Eine junge blonde Frau lag ausgestreckt am Bug. Sie hielt die Augen geschlossen und atmete in tiefen, gleichmäßigen Zügen.
Sie war eine hübsche, junge Frau, braunhäutig und gut gewachsen, mit vollen breiten Lippen, und in einem hellen, engen Badetrikot. Der Mann, der hinter ihr im Heck kauerte, war klein und dick. Er hatte wasserblaue Augen und rötliches, struppiges Haar. Sein frischgestärktes Sporthemd war an den Ärmeln aufgerollt und stark verschwitzt. Immer wieder suchte der Mann die Ufer des Sees unruhig mit einem Fernglas ab.
„Ist Helmuth noch immer nicht fertig?" fragte der Mann jetzt. Helmuth war der Funker. Er saß mit dem Sendegerät in der Kabine des Bootes.
„Kann nicht mehr lange dauern." Die junge Frau sagte das, ohne die Augen zu öffnen.
„Ihr habt Nerven!" sagte der Mann im Heck. Seine Stimme klang gereizt. Wieder hob er das Fernglas und blickte zum Ufer zurück.
„Das alles gefällt mir nicht", murmelte er. „Vorhin die beiden Lastwagen — nur einer ist weggefahren . . ."
Er nahm das Glas von den Augen und wandte seinen Kopf der Frau zu. „Ich weiß nicht, wie ich es erklären soll — aber ich habe ein ganz komisches Gefühl . . . Hörst du!?"
„Das hast du immer, Albert", stellte die Frau fest.
„Ja, vielleicht", gab der Mann zu, der Albert hieß. Er suchte nervös in seinen Taschen nach den Zigaretten, zündete sich eine an. Dann blickte er auf den See hinaus.
Die messinggelbe Scheibe der Abendsonne war vor wenigen Augenblicken am Horizont verschwunden. Kühle Brisen strichen leicht über die glatte Fläche des Scharmützelsees und bewegten das Segel, das noch immer gerade und spitz gegen den Abendhimmel stand.
Die Dämmerung war hereingebrochen und verhüllte das Ufer in einen flimmernden, grauen Dunst.

Deutlich kam jetzt das bubbernde Geräusch eines Motorbootes über das Wasser. Die junge Frau hatte es zuerst gehört. Sie richtete sich auf und hielt lauschend den Kopf zur Seite gewandt.
„Verdammt", flüsterte Albert. Er sah zum Ufer zurück.
„Sie kommen direkt auf uns zu!" In seinem Gesicht zuckte es und er begann am ganzen Leibe zu zittern.
„Bleib ruhig sitzen, Albert", sagte die Frau, die sich nicht nach dem Motorboot umgesehen hatte. „Kannst du erkennen, wer das ist?"
„Ja." Albert hatte offensichtlich Mühe, das Fernglas an den Augen zu behalten.
„Der alte Mann, dem das Boot gehört und ein Offizier — und noch ein Mann ..." Das schwere Glas glitt aus seinen Händen und polterte auf den Schiffsboden.
Die junge, hübsche Frau ließ sich auf die Planken neben der Kajüte gleiten. Flach auf dem Bauch liegend, klopfte sie mit den Fingerknöcheln gegen das messinggefaßte Bullauge vor sich, sie machte das so lange, bis das runde Fenster geöffnet wurde und der schmale, dunkelhaarige Kopf des Funkers vor ihr war.
„Was gibt es", fragte der Mann, der Helmuth hieß, unwillig. „Ich bin noch nicht fertig."
„Sie kommen!" Die junge Frau redete hastig und ihr Gesicht war angespannt, doch ohne Furcht. „Mit einem Motorboot. Wir haben nicht viel Zeit!"
Helmuth, der Funker, nickte nur. Er sprang in die Kajüte zurück und nahm den kleinen Sendeapparat vom Klapptisch. Mit ein paar Griffen riß er die provisorisch aufgehängte Antenne von der Decke, legte zwei Hefte und einige Papiere auf das Blechgehäuse des Senders und wickelte alles mit dem Antennendraht zusammen.
„Sie müssen uns wieder mit ihren Peilwagen ausgemacht haben", sagte er, als er das Paket durch das Bullauge schob.
Die Frau antwortete nicht darauf. Das Geräusch des Motor-

bootes war jetzt so nahe herangekommen, daß ihr nur wenige Sekunden blieben.
„Bleib in der Kajüte und pack die Brote aus", sagte sie. „Mach das Fenster wieder zu!"
Sie schob den Sender zur Bordwand und ließ ihn neben sich ins Wasser fallen. Er versank schnell, einige Blasen zurücklassend. Hinter ihr wurde das Bullauge geschlossen und zugeschraubt.
Die Frau rollte sich auf den Rücken, dehnte sich und schloß die Augen.
In diesem Augenblick war das Motorboot heran. Mit einem gewagten Sprung erreichte der junge, schlanke Oberleutnant die Bugspitze und klammerte sich am vorderen Segel fest. Das Boot schaukelte gefährlich. Die Frau hatte die Augen geöffnet und sich aufgesetzt.
„Hallo", sagte sie erstaunt. „Das ist aber eine ungewöhnliche Art, Besuche zu machen!"
„So, meinen Sie?" fragte der junge Offizier, den die Ruhe der Frau sichtlich enttäuschte. Er kletterte vorsichtig zur Kajüte zurück.
Das Motorboot hatte neben dem Schiff angelegt und sein Motor wurde abgestellt.
Albert, der noch immer im Heck kauerte, zündete sich eine Zigarette an. Er war blaß und rauchte hastig.
„Was machen Sie da?" Der Oberleutnant hatte sich breitbeinig vor der jungen Frau aufgebaut.
„Das sehen Sie doch", sagte die Frau. „Ich liege in der Sonne. Aber vielleicht werden Sie mir erklären, was das zu bedeuten hat?"
„Pah", machte der Offizier verächtlich. „Mir machen Sie nichts vor."
„Nein?" Die junge Frau blickte ihn ruhig an. „Sie sind unverschämt, junger Mann!" stellte sie fest.
Der Oberleutnant bekam wieder seinen roten Kopf. Er ahnte wohl, daß er nichts finden würde, doch es schien, als wollte er

seine Niederlage nicht zugeben. Er sah das versteckte Grinsen des Peiltruppführers, der noch im Boot saß, und er hörte die Worte des alten Bootsverleihers:
„Hab ich Ihnen nicht gesagt, daß die Herrschaften in Ordnung sind?!"
„Halten Sie den Mund", fuhr der Offizier unbeherrscht den Alten an.
„Ich weiß, was ich tue."
„Den Eindruck habe ich aber nicht!" Die junge Frau erhob sich.
„Ich werde mich über Sie beschweren, wenn Sie nicht sofort verschwinden."
„Tun Sie, was Sie wollen." Der Offizier wandte sich von ihr ab. Er sah zu Albert hinüber. „Wo ist der andere Mann?"
„In der Kajüte", antwortete Albert, der sich wieder gefangen hatte.
„Warum ist er in der Kajüte?"
Der kleine, dicke Albert zuckte mit den Schultern. Hilfesuchend sah er die Frau an.
„Fragen Sie ihn doch selbst", sagte die Frau. Sie deutete mit der Hand zur Kajütentüre. „Da hinein . . ."
Der Offizier zögerte. Seine rechte Hand tastete mechanisch zur Pistolentasche.
Die junge Frau lächelte spöttisch. „Keine Angst, der beißt nicht!"

Dem Oberleutnant war es, als hätte man ihm ins Gesicht geschlagen. Er trat zur Kabinentüre, riß sie auf.
„Nanu?" fragte ihn Helmuths erstaunte Stimme. „Wer sind Sie denn?"
Wortlos trat der Offizier in die enge Kabine.
Die Frau nickte Albert zu. „Gib mir eine Zigarette."
Sie setzte sich neben ihn auf den Rand des Bootes und wartete gelassen.

Es dauerte einige Minuten, dann kam der Offizier wieder aus der Kajüte heraus. Schweigend und ohne die Frau und Albert noch einmal anzusehen, stieg er in das Motorboot hinüber.
„Abfahren", schnarrte er dem Alten zu.
Der Motor sprang an. Das Boot entfernte sich schnell und der Oberleutnant blickte sich nicht mehr um.
„Glück gehabt!" sagte die junge Frau und warf ihre Zigarette ins Wasser. Helmuth grinste. „Das kann man wohl sagen ..."

☆

Zur selben Stunde saßen im verschlossenen Wohnzimmer eines alten Bürgerhauses in der Via Cola di Rienzo in Rom zwei Männer vor einem Kurzwellenempfänger.
In dem Zimmer, das altmodisch eingerichtet und mit Spiegeln und Lüstern überladen war, herrschte eine drückende Schwüle. Die Männer hatten trotz der Hitze die Fenster zur belebten abendlichen Geschäftsstraße geschlossen und die Vorhänge zugezogen. Einer von ihnen, Angelo Rossi, Besitzer des Hauses und Inhaber der Import-Export-Firma „Rossi & Co.", hatte Kopfhörer an den Ohren. Er war mittelgroß und untersetzt und sein schwarzes, lockiges Haar glänzte ölig.
Der andere Mann war Robert Golder, groß, schlank und dunkelhaarig wie Rossi. Erst vor wenigen Wochen gelangte er mit Hilfe des Admirals Canaris über die deutsche Grenze nach Rom. Hier arbeitete der ehemalige Journalist nun als persönlicher Agent des Admirals.
Golder wischte sich mit dem Handrücken den Schweiß von der Stirn. „Noch immer nichts?" fragte er. Er sprach ein schwerfälliges Italienisch.
Rossi schüttelte den Kopf. „Da muß etwas geschehen sein", murmelte er. „Zuerst habe ich die Gruppe klar empfangen

— etwa fünfzehn Minuten, ohne Unterbrechung, ohne Störung. Dann ..." Er machte mit seinen Fingern ein schnalzendes Geräusch. „Aus!"
Robert Golder dachte nach. „Vielleicht kommt er nochmal", meinte er.
„Glaub' ich nicht." Rossi nahm die Hörer vom Kopf und legte sie vor sich auf den Tisch. Über sein rundes, dunkelhäutiges Gesicht rannen Schweißbäche. „Wenn man sie nur nicht erwischt hat!"
Golder hatte ein Päckchen Zigaretten aus der Tasche gezogen. Er reichte es Rossi, bediente sich dann selbst. Der Italiener gab ihm Feuer. Schweigend rauchten sie einige Zeit.
Endlich sagte Golder: „Gib mir die Zettel, Angelo. Mal sehen, was sie durchgegeben haben ..."
Rossi schob ihm die Papiere zu, die er mit Zahlenreihen und Buchstabengruppen vollgeschrieben hatte.
Robert Golder ordnete sie, stand dann auf und trat zum Bücherregal, das neben dem Hausaltar stand. Er griff nach der deutschen Ausgabe des Buches „Mein Kampf" von Adolf Hitler, suchte nach einer bestimmten Seite und ging dabei zum Tisch zurück. Mit dem Buch und einer auf einen Zettel geschriebenen Zahlen- und Buchstabenkolonne begann er die Dechiffrierarbeit.
Es war ein kompliziertes Verfahren und Golder brauchte einige Zeit, bis er die Klartexte vor sich liegen hatte. Zusammen waren es sieben Funksprüche. Die ersten fünf waren für Rossi bestimmt, mit Anweisungen und Aufgaben der „Abwehr im OKW". Die beiden letzten Durchgaben gingen an Golder persönlich.

> „VON A AN C. — 9. 39 NR. 97 — RZL —
> GRUND ZUR ANNAHME, DASS RSHA VON IHRER TÄTIGKEIT ERFAHREN HAT — VORSICHT BEI NEUEN GESICHTERN — RZL."

Das Reichssicherheitshauptamt in Berlin hatte jetzt heraus-

bekommen, daß er in Rom saß. Sie wußten von seinen Beziehungen zum Vatikan und sie würden versuchen, ihn zu bespitzeln. Es blieb noch abzuwarten, welche Mittel sie dabei anwenden würden, überlegte Golder und grinste.
„Was Neues?" fragte Rossi, der ihn beobachtet hatte.
Robert Golder nickte. „Fünf Sprüche für dich, Angelo." Er reichte sie ihm. Dann las er noch einmal den letzten Funkspruch, der nicht beendet worden war:

„VON A AN C — 9. 39 NR. 98 — RZL —
ZWEI UNTERHÄNDLER MIT AUFTRAG HEUTE NACH ROM —
KONTAKT ZU VATIKAN UNTERSTÜTZEN —
TREFFEN IN HOTEL FLORA — NAM ..."

An dieser Stelle war die Durchgabe unterbrochen worden. Wahrscheinlich hieß das letzte angefangene Wort „NAME" oder „NAMEN".
Der Spruch sollte ihm wohl noch die Namen der beiden Männer und ihr Erkennungszeichen im Hotel Flora sagen!
Golder mußte sich darüber im klaren sein, daß er sich der Gefahr aussetzte, an die falschen Leute zu geraten. Er mußte die Dinge jetzt einfach an sich herantreten lassen. Er mußte abwarten, um dann selbst herauszufinden, wen er vor sich hatte.
Golder war überzeugt, daß er es auch mit dem unbeendeten Funkspruch schaffen würde!
Er drückte seine Zigarette in den Aschenbecher und stand auf. „Räumen wir zusammen, Angelo."
Das war nicht mehr der Robert Golder, der gehetzt und voll Angst durch die Straßen von Frankfurt gelaufen war. Er war nicht mehr der Mann ohne Paß, ohne Geld, reif für ein Konzentrationslager ...
Seine Gesichtshaut hatte inzwischen eine gesunde Farbe bekommen, seine Hände waren ruhig geworden und er bewegte sich gelassen und selbstsicher. Nur ein paar Wochen

in diesem Land hatten ihn zu einem anderen Menschen gemacht.
Rossi hatte den Empfänger ausgeschaltet und zusammengelegt. Er war zum Hausaltar gegangen und hob nun mit einer Hand die holzgeschnitzte Madonna von ihrem Sockel. Mit der anderen Hand öffnete er eine Klappe, die hinter dem Sockel in der Wand eingelassen war. Golder hatte den Empfänger vom Tisch genommen und schob ihn in den Hohlraum hinter der Klappe. Rossi schloß die Klappe wieder und stellte die Madonna auf den Sockel zurück.
„Das wäre also alles für heute", sagte er und trat zwei Schritte zurück. Er betrachtete prüfend den Hausaltar mit der flackernden „ewigen Lampe" und mit der hölzernen Madonna, dann nickte er zufrieden.
„In Ordnung!"
Golder schob den Zettel mit seinen Funksprüchen in die Tasche. „Bis übermorgen, Angelo."
Rossi nickte. „Neue Arbeit?" fragte er.
„Vielleicht . . ." Robert Golder drehte den Schlüssel im Türschloß. Er wandte sich wieder um. „Schalte morgen zur Sendezeit auf jeden Fall das Gerät ein, Angelo. Vielleicht melden sie sich wieder!"
Angelo Rossi nickte noch einmal.

☆

Den ganzen Tag hatte die Sonne über Rom gebrannt. Jetzt, in der Abenddämmerung, strahlten die steinigen Häuserwände und Straßen der Stadt die Wärme zurück, die sich in ihnen gespeichert hatte.
Kein Windhauch bewegte sich. Die roten, grünen und gelben Strahlenbündel des Leuchtturms im Parco Giannicolò, hoch über den Dächern und auf gleicher Ebene mit den vatikanischen Gärten gelegen, griffen gespenstig in die Ferne und

verloren sich irgendwo in der Campagna. Wie ein Scherenschnitt, von Künstlerhand geschaffen, zeichnete sich am Abendhimmel die Silhouette der Kuppel von St. Peter ab.

Die Agentin Tilla hatte sich einen Liegestuhl auf dem Balkon ihres Zimmers im „Hotel Flora" aufstellen lassen. Hier lag sie, mit einem dünnseidenen Morgenmantel bekleidet, und las die neueste Ausgabe der „Baseler Nachrichten". Sie trank dazu jenen roten, bitteren Campari, den man hier mit Sodawasser verdünnte und mit Zitronenschale würzte, und der inzwischen ihr Leibgetränk geworden war. Seit vierzehn Tagen trank ihn Tilla zu jeder Tageszeit.

Rom war eine großartige Stadt, eine heiße, schwüle, lebenshungrige Stadt. Eine Stadt voll reizender Menschen, wunderbarer Geschäfte — eine Stadt, die noch den Frieden hatte! Diesen Frieden beschwor in jenen Tagen auch die erste Enzyklika des neuen Papstes, Pius des Zwölften. Er hatte erklärt, daß ein dauerhafter Frieden nur auf der Grundlage des Glaubens möglich sei und diesen Gedanken wenige Tage später bei einer Audienz für den neuen Botschafter von Haiti wiederholt. Die großen italienischen und die meisten ausländischen Blätter hatten den Wortlaut dieser Enzyklika an hervorragender Stelle veröffentlicht.

Tilla setzte sich auf und faltete ihre Zeitung zusammen. Sie blickte über die Brüstung des Balkons nach dem Abendstern, der wie eine kleine, leuchtende Silberkugel hoch über den Palmen und Zypressen der vatikanischen Gärten hing. Nachlässig zog sie dann den Morgenmantel über der Brust zusammen und erhob sich. Mit der Campariflasche ging sie in ihr Zimmer.

Im Zimmer war Halbdunkel und es war noch heißer als auf dem Balkon. Sie schlüpfte aus dem Mantel, warf ihn über das breite Bett. Am Tisch bereitete sie sich einen neuen Campari.

Sie trank ihn langsam, an der Balkontüre stehend, ohne

einen anderen Gedanken als den, daß sie da war, daß sie lebte und den bitteren Campari schlürfte ...
Seit etwa zehn Tagen schwebte Tilla in einer Art Traumzustand. Sie las Bücher, rauchte Zigaretten, ging spazieren, trank Campari und badete zwei- bis dreimal am Tage. Angelegenheiten, die ihren Auftrag betrafen, erledigte sie so nebenbei. Tilla hatte entdeckt, daß sie eine romantische junge Dame war. Diese verrückte Stadt, ihre Menschen — und der Campari, hatten ihr das klargemacht.

Und da war zweifellos noch etwas!

Genau vor zehn Tagen war Tilla zum erstenmal dem Mann begegnet, den sie im Auftrage Heydrichs bewachen sollte: Robert Golder.
Es war eine der „zufälligen" Begegnungen gewesen, die sie geschickt zu arrangieren verstand. Sie hatte ihm erzählt, daß sie eben aus Deutschland gekommen sei — geflohen vor der Gestapo, die ihr wegen einiger unbedachter Redereien Schwierigkeiten zu machen drohte. Viel mehr hatte sie nicht gesagt, um ihn nicht mißtrauisch zu machen.
Golder hatte sie damals nachdenklich angesehen. „Aber Sie müssen leben", hatte er gesagt. „Wer sorgt hier für Sie?"
Da mußte sie die zweite, auswendig gelernte Geschichte erzählen. Jene Geschichte handelte von einem reichen Onkel, einem Halbbruder ihrer Mutter, der irgendwo in Rom wohnte und sie großzügig unterstützte. Sie nannte auch seinen Namen — den Namen eines Vertrauensmannes des RSHA ...
Golder hatte keinen Verdacht geschöpft, und die erste Begegnung mit ihm war planmäßig und normal verlaufen. Aber dann, in der Nacht, hatte Tilla festgestellt, daß sie nicht schlafen konnte.
Und während sie ruhelos in ihrem Zimmer herumgewandert

war, mußte sie plötzlich eine zweite Feststellung machen: Dieser dunkelhaarige, schlanke Robert Golder entsprach eigentlich genau der Vorstellung, die sie bisher von ihrer noch nicht erlebten „Großen Liebe" hatte!

Das war es, was Tilla in ihren traumähnlichen Zustand versetzt hatte. Sie konnte damals nicht ahnen, daß auch Robert Golder — der nur wenige Schritte von ihr entfernt ein anderes Balkonzimmer im Hotel Flora bewohnte — durch diese Begegnung einen unruhigen Schlaf bekommen hatte.

Für Tilla war es von jenem Augenblick an ein Problem geworden, seitdem sie entdeckt hatte, daß sie einen Mann liebte, den sie im Auftrage des Reichssicherheitshauptamtes in Berlin überwachen sollte.

Und Robert Golder war gewiß ein vorsichtiger, mißtrauischer Mann. Wenn er entdeckte, daß sie ihn belogen hatte, würde er sich zweifellos von ihr zurückziehen. Weigerte sie sich aber, das Spiel für Heydrich zu spielen, dann war es aus mit Rom. Nein, das ging auch nicht ...

Für Tilla galt es nur, einen Kompromiß zu suchen. Es gab keinen anderen Ausweg. Doch wie dieser Kompromiß aussehen sollte, wurde ihr in dieser kritischen Situation nicht klar.

Sie zog ihr Abendkleid an und verließ das Zimmer.

Als sie die kühle Halle des Hotels betrat, hielten sich dort nur wenige Gäste auf. Es war noch zu früh für das Abendessen, zu spät für den 6-Uhr-Espresso. Die Halle des „Flora" machte einen etwas altmodischen Eindruck mit den braunen Ziermöbeln und den grünen Sesseln, doch Tilla liebte das. Alles in diesem Hotel war grün und braun. Sogar die Boys trugen Uniformen in diesen Farben.

Sie schritt zur Bar und setzte sich an einen der kleinen runden Tische. Ohne nach ihrem Wunsch gefragt zu haben, brachte ihr Filippo, der Barkellner, einen „Campari-bitter".

„Salute, Signora." Er grinste verständnisvoll.

Tilla lächelte zurück. Sie blickte dabei zufällig zum Eingang der Halle, und ihr Herz begann schneller zu schlagen. Dort, neben dem Eingang, beim Portier, stand Robert Golder . . .

☆

Robert Golder hatte die Halle des „Hotel Flora" betreten. Er stand vor dem Tisch des Portiers, mit dem Rücken zu Tilla, die ihn jetzt, im Spiegel über der Bar, beobachtete.
Er hatte sich eine Zigarette angezündet und unterhielt sich angeregt.
Tilla seufzte wohlig und wandte sich ihrem Campari zu. Sie trank, und als sie das Glas absetzte, bemerkte sie, daß sich Golder umgedreht hatte und sie ansah.
Sie nickte ihm lächelnd zu. Es war, als hätte sie einen elektrischen Schlag bekommen, als der Mann plötzlich quer durch die Halle auf sie zukam.
„Hallo", sagte er etwas verlegen und blieb vor ihrem Tisch stehen. „Wie geht es Ihnen?"
„Großartig", antwortete sie. Sie log nicht.
„Darf ich mich einen Augenblick zu Ihnen setzen?"
Sie nickte.
Er nahm ihr gegenüber am Tisch Platz und winkte den Kellner heran.
„Cameriere", sagte er in seinem schwerfälligen Italienisch. „Un espresso, per favore."
Und dann, zu Tilla gewandt: „Wir haben uns lange nicht gesehen!"
„So?" fragte sie und gab sich Mühe, ein gleichgültiges Gesicht zu machen.
„Ja." Er lächelte jungenhaft. „Ich habe Sie vermißt — wirklich . . ."
Tilla wollte ihm antworten, daß es ihr ähnlich gegangen war. Aber dann konnte sie es plötzlich nicht. Es hätte dumm und falsch geklungen, glaubte sie. So schwieg sie und trank von ihrem Campari.

Der Kellner brachte den Espresso. Ein paar Männer, die sich in der Halle gelangweilt hatten, starrten wohlwollend Tilla an.

Golder bemerkte es mit Genugtuung.

Er rührte mit dem Löffel in der kleinen Tasse herum, die vor ihm stand.

„Wie geht es Ihrem Onkel?“ fragte er unvermittelt.

„Oh, meinem Onkel ...“ Sie brauchte einige Sekunden, um in die Wirklichkeit zurückzukommen. „Es geht ihm gut“, sagte sie dann. „Im Augenblick ist er verreist.“

„Ich weiß es.“ Er nickte, trank von seinem Espresso. „Ich habe mich nach ihm erkundigt“, erklärte er offen.

Sie sah ihn mit einem kleinen, erstaunten Lächeln an. „Sie sind also mißtrauisch, mir gegenüber!“ Und sie dachte: Ich habe ihn nicht unterschätzt. Aber das macht die Sache nicht weniger problematisch! ...

Er sagte: „Ich war mißtrauisch ... Man kann hier nicht vorsichtig genug sein. Und die Geschichte, die Sie mir damals erzählten, klang etwas seltsam, nicht wahr?“

Tilla lächelte nicht mehr. Ihr wurde bewußt, daß sie ihn beinahe verloren hatte. Das erschreckte sie.

„Jetzt aber — glauben Sie mir?“ Sie vergaß ihre Zurückhaltung, blickte ihn forschend an.

Er zuckte mit den Schultern. „Es kommt nicht so sehr darauf an“, meinte er. „Ich vertraue Ihnen.“

„Danke“, sagte sie kühl. Sie versuchte, ihren Fehler vorhin wieder gut zu machen. „Aber ich glaube, daß Sie unsere kleine Bekanntschaft etwas zu ernst nehmen.“

„Ich nehme sie sehr ernst“, antwortete er ruhig. „Ich möchte sie ernst nehmen und ich möchte Ihnen vertrauen ...“ Er machte eine kleine Pause, dann fügte er hinzu: „Obwohl Ihr verreister italienischer Onkel zufällig den Namen eines V-Mannes der Abwehr im Amt IV des Reichssicherheitshauptamtes trägt!“

Einen Augenblick war Tilla verwirrt. Doch es war nur ein

Augenblick, dann erwiderte sie: „Das wußte ich nicht. Sie scheinen gut informiert zu sein ..."
Sie zögerte. „Und was haben Sie über mich erfahren?"
„Gar nichts", gab er zu und sah sie dann schweigend und nachdenklich an. Gewiß dachte er, daß sie die aufregendste und anziehendste Frau sei, die ihm in seinem Leben begegnet war. Aber in ihm war eine Stimme, die ihn vor ihr warnte.
Daß der Name ihres angeblichen Onkels sich mit einem V-Mann des RSHA deckte, hatte Robert Golder von „A" über Funkspruch erfahren. Es konnte ein Zufall sein — aber immerhin erschien es merkwürdig ... „A" war zuverlässig und sein Arm schien bis zu den geheimsten Karteien des Reichssicherheitshauptamtes zu reichen. Wer dieser „A" war, wußte auch er nicht gewiß. Doch Golder ahnte, daß er mit jenem grauhaarigen Herrn identisch war, der ihn damals, in Frankfurt, vor der Gestapo gerettet hatte. War es so, dann mußte „A" der Chef der Abwehr im OKW, Admiral Canaris, persönlich sein ...
„Ich, zum Beispiel", sagte Tilla und riß ihn damit aus seinen Gedanken. „Ich weiß noch weniger von Ihnen. Ich weiß nicht einmal, was Sie hier in Rom tun ..."
Golder lächelte wieder. „Mal das, mal jenes", erklärte er. „Ich gehe viel spazieren."
„Das tun alle hier ..." Sie lachte belustigt auf. „Alle gehen spazieren, die Franzosen, die Engländer, die Deutschen. Sie begegnen sich in den Cafés und auf den Straßen und gucken in die Luft, weil sie Krieg miteinander machen. Ist das nicht verrückt?" Froh, ein anderes Thema gefunden zu haben, sah sie ihn an.
Aber Robert Golder hatte ihr nicht mehr zugehört. Er blickte interessiert an Tilla vorbei, zur Halle.
Zwei Männer, der ältere schlank und groß, der andere um einen halben Kopf kleiner und wohlgenährt, waren zum Tisch des Portiers getreten. Beide hielten Aktentaschen in Händen und zwei grüngekleidete Boys schleppten ihre Leder-

koffer von der Straße herein. Der Wohlgenährte trug eine dunkle Hornbrille, und man sah ihm an, daß er sich in seinem hellgrauen, neuen Anzug nicht wohl fühlte.
Von seiner Bedeutung auffällig durchdrungen, verhandelte inzwischen der Schlanke mit dem Portier.
„... Aber die Zimmer wurden doch von Berlin bestellt!" hörte Golder seine laute, erregte Stimme sagen. „Das ist ja — unerhört ist das!"
„Kennen Sie die Herren?" fragte Tilla neben ihm.
Golder wandte den Kopf zu ihr. „Nein."
„Deutsche! Man will ihnen keine Zimmer geben."
„Vielleicht hat man keine." Er zuckte, sich gleichgültig stellend, mit den Schultern. „Essen wir zusammen!" schlug er vor.
„Gerne." Sie sagte es schnell, ohne nachzudenken, dann stand sie auf.
„In ein paar Minuten bin ich zurück."
Auch er hatte sich erhoben. „Ich werde in der Halle sein."
Er blickte ihr nach, wie sie zum Lift ging. Schlank, mit lose fallendem schwarzen Haar und in hochhackigen Schuhen, schritt sie durch die Halle. Sie trug ein zitronengelbes, enges Kleid, das weit ausgeschnitten war. Die Haut ihres Nackens und der bloßen Arme war bronzefarben und ihr Gang hatte etwas Weiches, Katzenhaftes ...
Da war kein Mann, der ihr nicht nachgesehen hätte.
Erst als sich die Glastüren des großen Lifts hinter Tilla geschlossen hatten, erwachte Robert Golder aus seiner Erstarrung. Umständlich zündete er sich eine Zigarette an und verließ die Bar.

Die beiden Herren, die aus Deutschland gekommen waren, standen noch immer beim Tisch des Portiers. Zwei Hotelboys hatten inzwischen ihr Gepäck beim Lift aufgestapelt und der Wohlgenährte war damit beschäftigt, die Anmeldezettel auszufüllen. Der Portier, ein weißhaariger, würdevoller Mann,

überreichte dem anderen, dem großen, die Zimmerschlüssel. „Nummer 411 und 413, Signori. Der Page wird Sie hinaufbegleiten", hörte Golder den Portier sagen.
Also hatten sie ihre Zimmer doch noch bekommen. Es waren die Räume, die seinem Zimmer, im vierten Stock, gegenüberlagen ...

☆

Tilla hatte im vierten Stock den Lift verlassen und schritt durch den langen Gang zu ihrem Zimmer. Der Gang war mit einem dicken, weinroten Läufer belegt. In kurzen Abständen brannten kleine, hinter Glasschalen verborgene Lampen an den Wänden und die Messingnummern an den Türen blinkten wie Gold.

Tilla dachte an Robert Golder. Er war der Mann, den sie im Auftrage Heydrichs überwachen sollte, der „gefährlichste Mann in Rom", hatte man ihr erklärt. Ein Mann mit einflußreichen Freunden und mit Beziehungen zum Vatikan ... Und nun würde sie sich umziehen, um mit diesem gefährlichen Mann zu Abend zu essen!
Eigentlich hätte sie sehr zufrieden sein können, mit ihrem Erfolg. Erfahrungsgemäß verlieren die vorsichtigsten Männer dabei ihren Verstand und Tilla schien überzeugt zu sein, daß auch er keine Ausnahme machen würde. Der Haken bei der Geschichte war nur, daß sie sich bereits in ihn verliebt hatte ...
Nein, dachte Tilla, als sie vor ihrer Türe stehenblieb. „Verliebt" ist eine falsche Bezeichnung. Verliebt war sie schon mehrere Male gewesen. Das hier war die Begegnung mit ihrer „großen Liebe!"
Sie öffnete die nur angelehnte Türe und trat in das dunkle Zimmer. Während sie mit der linken Hand nach dem Lichtschalter tastete, spürte sie, daß irgend etwas nicht in Ordnung

war. Sie erinnerte sich plötzlich, die Türe abgeschlossen zu haben, als sie vorhin hinunterging. Sie hatte den Schlüssel stecken lassen . . .

Doch es war zu spät. Ihre Hand hatte den Schalter gefunden und das Deckenlicht brannte auf.

Im Sessel, am runden Tisch neben der Balkontüre, saß ein Mann!

Der Mann sah sie an. Er war etwa vierzig Jahre alt, hatte schütteres, dunkles Haar und trug einen kleinen Bart auf der Oberlippe. Sein schwammiges, schweißglänzendes Gesicht erinnerte an einen Seehund.

„Sehr erfreut!" Der Mann stemmte sich ächzend aus dem Sessel. Grinsend machte er eine tiefe Verbeugung. „Graf Osterhage . . . Nikolaus Osterhage!"

Tilla hatte nicht lange gebraucht, um sich von ihrem Schreck zu erholen. Sie erinnerte sich, den Namen des Grafen schon einmal, in Berlin, gehört zu haben. Er war ihr „Kontaktmann" in Rom!

„Was wollen Sie?" fragte sie und drückte die Zimmertüre hinter sich ins Schloß.

Der Graf machte ein paar Schritte auf sie zu. Sie sah jetzt, daß er einen Spitzbauch hatte und daß an seinen kurzen, dicken Fingern Brillanten funkelten. Sein Grinsen war verschlagen und anzüglich.

„Wenn der Prophet nicht zum Berge kommt, muß der Berg zum Propheten kommen", sagte er. Er faßte nach ihrer Hand und küßte sie.

„Ich bin entzückt, Gnädigste!"

„Ich nicht." Tilla wandte sich heftig ab und schritt an ihm vorbei ins Zimmer hinein. „Wie können Sie es wagen, hier, in meinem Hotel aufzutauchen?"

Der Graf grinste nicht mehr. Seine kleinen, kalten Augen beobachteten lauernd die junge Frau, die ihn erregt angefahren hatte.

„Die Umstände verlangten es, Gnädigste."

„So, die Umstände ... Welche Umstände?"

„Man erwartet Ihren Bericht in Berlin!"

Tilla nickte. „Bestellen Sie, daß ich meinen Bericht machen werde, morgen. Und jetzt, bitte, gehen Sie ..."

„Gut." Der Graf trat auf sie zu. „Morgen Nachmittag, in meiner Wohnung."

Sie nickte wieder.

„Ich besitze einen ausgezeichneten französischen Champagner ..."

Er küßte wieder ihre Hand, hielt sie dann fest. „Sie werden sich nicht langweilen!"

Als sie nicht antwortete, ließ er ihre Hand los, verbeugte sich noch einmal und ging dann aus dem Zimmer.

Tilla trat nachdenklich zum Tisch. Sie faßte nach der Campariflasche, stellte sie wieder zurück. Dann zündete sie sich eine Zigarette an und setzte sich aufs Bett.

Da war es wieder, ihr Problem ...

*

Sie saßen an einem der kleinen Tische, im Speisesaal des „Hotel Flora". Sie hatten gegessen und eine Flasche Wein getrunken, und Golder wunderte sich, daß sie so schweigsam war.

„Ist Ihnen nicht gut?" fragte er endlich.

Sie lächelte über die Besorgnis in seiner Stimme. „Es ist nichts", sagte sie. „Ich bin nur ... Ich glaube, ich muß etwas trinken."

Sie standen auf und er führte sie hinaus.

In der Halle saßen die beiden Deutschen, die am Spätnachmittag angekommen waren. Sie tranken Rotwein und sie redeten laut über das Wetter in Rom.

„Nur blauer Himmel", rief der Schlanke enthusiastisch. „Ewiger blauer Himmel!"

Der Wohlgenährte meinte trocken, daß es sicher auch manchmal regnen würde.
Beide sahen dabei Robert Golder an, als erwarte jeder seine Zustimmung. Zur Hölle mit euch, murmelte Golder, der an diesem Abend offenbar keine Lust hatte, sich weitere Gedanken über sie zu machen. Er trat neben Tilla zur Bar und sie setzten sich auf die mit grünem Samt bezogenen Hocker.
„Was möchten Sie trinken?"
„Campari", sagte sie und dann: „Nein, keinen Campari ..." Sie sah ihn an. „Ich weiß nicht ..."
„Martini!". Golder faßte nach ihrem Arm. „Oder möchten Sie etwas anderes?"
Sie schüttelte den Kopf. „Martini mit viel Gin ist genau das, was ich brauche."
„Machen Sie ihn stark", sagte Golder zu dem Mixer, der abwartend die Flasche in der Hand gehalten hatte. Der Mann nickte grinsend.
Sie tranken schweigend, nahe beieinandersitzend und sich im großen Spiegel über der Bar beobachtend.
Nach dem Martini tranken sie einen zweiten Martini und danach den dritten ...
Plötzlich begann Tilla zu lachen. „Wir sind ein seltsames Paar", sagte sie. „Schweigende Trinker!"
„Man hat so mehr von seinem Getränk." Golder hielt ihr seine Zigaretten hin und reichte ihr Feuer.
Sie rauchten. Tilla bestellte den vierten Martini. Der Alkohol hatte sie ihr Problem vergessen lassen. Sie schien nur noch an den Mann zu denken, der neben ihr saß — an seine Hände, die ihren Arm berührt hatten.
„Geht es Ihnen besser?" fragte er.
Seine Stimme war warm und tief und aus ihren Augen sprach der Wunsch, daß er weitersprechen würde. Als er es nicht tat, legte sie die Hand auf seine Schulter. „Die Sache mit meinem Onkel ..." begann sie.

Er unterbrach sie. „Wir wollen nicht mehr davon reden, Tilla!"
Sie wußte sofort, daß er sie vor einem Fehler bewahrt hatte. Da war etwas in ihr, das sie getrieben hatte, ihm die Wahrheit zu sagen. Daß er sie zum erstenmal mit ihrem Vornamen angesprochen hatte, war ihr erst nachträglich bewußt geworden.
„Ich möchte hinaufgehen", sagte sie und stand auf.
„Machen wir einen kleinen Spaziergang? Die Via Veneto wird Ihnen bei Nacht sicher gefallen."
„Nein, heute nicht mehr ..." Sie lächelte ihn bittend an. „Begleiten Sie mich?"
Sie verließen die Bar. Nebeneinander schritten sie durch die Halle zum Lift. Golder bemerkte, daß die beiden Deutschen noch immer dort saßen. Diesmal redeten sie nicht, aber sie starrten ihn an, als er an ihnen vorbeiging.
Im Lift faßte Tilla nach seinem Arm. Sie sagte nichts und sah ihn nicht an.
Endlich hielt der Fahrstuhl im vierten Stock und sie stiegen aus.
„Buona notte, Signori", wünschte der Liftboy und schloß hinter ihnen rasselnd die Glastüren.
Der Gang war leer und der dicke Läufer dämpfte ihre Schritte. Tilla hielt Golders Arm, als hätte sie Angst, ihn zu verlieren. Vor ihrer Zimmertüre blieben sie stehen.
„Gute Nacht", sagte er.
Sie antwortete nicht.
Da legte Golder seine Hände auf ihre Schultern und küßte sie.
Tilla hatte sich das gewünscht. Aber jetzt, als es geschah, war sie so erschreckt, daß sie keine Bewegung machte und mit hängenden Armen stehen blieb.
Er ließ sie los. „Gute Nacht", sagte er wieder, drehte sich um und ging fort.
Sie blickte ihm nach. Dann aber hörte sie im oberen Gang-

ende das Rasseln des Fahrstuhls. Sie trat zurück, lehnte sich mit dem Rücken flach gegen die Türe und wartete.

*

Tief in Gedanken versunken ging Robert Golder über den Gang zu seinem Zimmer. Wenn er an die junge, schöne Frau dachte, die er geküßt hatte, so kam er sich vor wie der Mann, der sich freiwillig in die Schlangengrube begeben hatte, weil er der Schönheit der Tiere nicht widerstehen konnte! ... Jede intimere Frauenbekanntschaft war in seiner Lage ein Risiko. Eine Liebe zu dieser Tilla aber hätte er sich nicht leisten dürfen. Das ahnte er, und er wußte zugleich, daß es zu spät war. Er, Robert Golder, saß bereits in der Grube. Ein Zurück gab es nicht mehr!

Das Geräusch des Fahrstuhls hatte Golder nicht beachtet. Vor seiner Zimmertür hielt er an und schob den Schlüssel ins Schloß.

Im gleichen Augenblick erkannte er die beiden Herren aus Deutschland, die nur wenige Schritte vor ihm standen.

„Wir wünschen einen guten Abend", sagte der Schlanke.

Der kleinere, Wohlgenährte, lächelte. „Wir sind erst heute angekommen", erklärte er. „Wie war das Wetter hier? Hatten Sie einen blauen Himmel?"

Golder betrachtete sie aufmerksam. Er hatte damals das unbestimmte Gefühl, daß das mit dem „blauen Himmel" nicht nur eine harmlose Frage war, doch er wußte nicht, was er damit anfangen sollte.

Der Schlanke nickte. „Natürlich war der Himmel blau, Doktor", meinte er belehrend zu seinem Begleiter. „Über dieser Stadt ist der Himmel ewig blau!"

„Sie wollen mich sprechen?" fragte Golder jetzt.

„Das kommt darauf an", erwiderte der Schlanke. „Haben Sie uns nichts zu sagen?"

Robert Golder schien zu überlegen. Er entschloß sich, einen Versuch zu machen, obwohl ihm bewußt war, daß er in eine Falle gehen konnte.
Er sagte: „Mein Bekannter in Berlin unterrichtete mich heute von dem Besuch zweier guter Freunde. Leider brach unsere Verbindung vorzeitig ab."
Der Schlanke hatte sich an seinen Begleiter gewandt. „Hm", machte er und zuckte mit den Schultern.
Der Wohlgenährte blickte Golder an. „Gestatten Sie mir eine Frage?"
„Bitte."
„Wie ist der Name Ihres Bekannten?"
„Das ist es ja..." Golder zog nachdenklich die Stirn in Falten.
„Ich habe seinen Namen vergessen. Er beginnt mit ‚A'... Ja, mit ‚A'", wiederholte er.
Der Wohlgenährte nickte. Sein rundes, intelligentes Gesicht strahlte wohlwollend. „Es scheint, daß wir denselben guten Bekannten haben!"
„Wie wäre es mit einem gemeinsamen Vermouth, morgen vormittag?" fragte der Schlanke.
Golder machte eine kleine Verbeugung.
„Um zwölf?" Golder sagte: „Ich werde da sein."
„In meinem Zimmer", sagte der Wohlgenährte. „Zimmer 411!"
Die beiden nickten ihm zu, traten dann zu ihren Türen und verschwanden.

Robert Golder zündete sich in seinem Zimmer eine Zigarette an. Er setzte sich in den Sessel, der vor dem runden Tisch an der Balkontüre stand, lehnte den Kopf zurück und schloß die Augen. Sieben Minuten blieb er so sitzen. Dann stand er auf, öffnete den Kleiderschrank und nahm aus dem Wäschefach eine Whiskyflasche.
Mit der Flasche und einem Wasserglas trat er zum Tisch

zurück. Er füllte das Glas zur Hälfte mit der braungoldenen Flüssigkeit und trank es aus. Grübelnd begann er im Zimmer auf und ab zu gehen.
Schließlich blieb er vor dem Telefonapparat stehen, der auf dem kleinen Tisch neben dem Bett stand. Er nahm den Hörer von der Gabel, wartete auf die Vermittlung und ließ sich mit Angelo Rossi verbinden.
Rossis Stimme klang verschlafen. „Hallo", brummte er. „Was gibt's?"
„Frage morgen früh an, ob sie dort blauen Himmel haben."
„Ha?" machte Angelo. „Sag das nochmal!"
Golder grinste. Er konnte sich das verständnislose Gesicht des Dicken vorstellen. Er wiederholte: „Frag sie, ob es richtig ist, mit ihrem blauen Himmel!"
Einige Sekunden blieb es still. Dann: „Ist das dein Ernst?"
„Ja, Angelo."
Rossi stöhnte. „Die werden glauben, wir sind verrückt geworden . . . Noch etwas?"
„Nein", sagte Golder. „Schlaf gut!" Er legte den Hörer zurück und stand vom Bett auf.
Am Tisch schenkte er sich noch einen Whisky ein und ließ sich in den Sessel fallen. Neben ihm, am Fenster, stand ein Radiogerät. Er schaltete es an, hörte auf die Musik, die aus dem Lautsprecher kam und trank dazu langsam aus seinem Glas.
Eigentlich hatte er nicht mehr an Tilla denken wollen. Doch er wehrte sich vergeblich. Diese Frau vernebelte seinen Verstand, machte ihn unvorsichtig und nahm ihm die Ruhe . . . Er setzte das leere Glas hart auf die Tischplatte.
Da klopfte es an der Zimmertüre.
Golder blickte auf und sah, wie die Klinke heruntergedrückt wurde. Mit einer schnellen Bewegung faßte er zur Hüfttasche, hielt eine Pistole in der Hand.
Die Türe war nicht abgeschlossen. Sie schwang lautlos zurück. Im Türrahmen stand Tilla.

Sie lächelte etwas beschämt. „Darf ich hereinkommen?"
Es war ihm unangenehm, daß er die Waffe in der Hand hielt und er legte sie neben sich auf das Fensterbrett. „Natürlich", sagte er. „Bitte!"
Tilla trug einen weinroten Morgenmantel über ihrem Pyjama. Ihre Füße waren nackt.
Er sprang auf und verschloß die Tür hinter ihr.
„Ich konnte nicht schlafen . . ." Sie stand da, sah sich im Zimmer um und tat, als hätte sie die Pistole nicht bemerkt. „Geben Sie mir etwas zu trinken?"
Er ging an ihr vorbei zum runden Tisch, auf dem noch ein sauberes Wasserglas stand. „Ich habe noch Whisky."
„Wenn es nur Alkohol ist", sagte sie. „Ich fühle mich schrecklich."
Golder reichte ihr das halbgefüllte Glas. „Es ist kein Soda da", warnte er. „Trinken Sie langsam."
Sie lächelte wieder. Dann trank sie, ohne den Blick von ihm abzuwenden.
Sie stand dicht vor ihm und er roch ihr Parfüm, das herb war und verwirrend. Er betrachtete ihre schmalen, gebräunten Hände und ihr Haar, das im Lampenlicht glänzte. Es fiel ihm schwer, ruhig zu bleiben.
„Wollen Sie sich nicht setzen?" fragte er und ärgerte sich, daß seine Stimme heiser klang.
Er hatte nach ihrem Arm gefaßt und machte eine Handbewegung zum Sessel. Doch sie schüttelte den Kopf, sah ihn nur mit ihren großen Augen an. Ihre Lippen begannen zu beben.
Da nahm Robert Golder ihr das Glas aus der Hand und stellte es auf den Tisch. Er legte beide Arme um ihre Schultern und küßte sie. Und dann spürte er, wie sie ihn wiederküßte . . .

☆

Der Mond war rund und hell in dieser Nacht vom 15. auf den 16. Oktober 1939. Sein fahles Licht drang durch die Balkontüre und fiel über Golders Gesicht. Er erwachte. Zuerst lag er still, ohne zu wissen, wo er sich befand und was geschehen war. Die Luft im Zimmer war frisch und kühl, und unten, von der Via Veneto, kam das Geräusch eines vorüberfahrenden Kraftwagens. Das Geräusch brachte ihn in die Wirklichkeit zurück.
Er hob den Arm, öffnete die Augen und blickte auf seine Armbanduhr. Es war wenige Minuten nach zwei. Als er zum Fenster hinübersah, entdeckte er Tillas Schatten. Bewegungslos saß sie in dem Sessel bei dem runden Tisch. Ihm fiel die Pistole ein, die neben ihr auf dem Fensterbrett lag.
„Aufgewacht?" flüsterte ihre Stimme.
Er stützte sich auf die Ellenbogen.
Als sie sah, daß er nicht schlief, redete sie lauter. „Ich war unruhig. Ich wollte dich nicht stören ..."
Er tastete nach den Zigaretten auf dem Nachttisch, zündete sich eine an. „Setze dich zu mir", sagte er.
Sie erhob sich sofort, trat zu ihm und setzte sich neben ihn auf die Bettkante. Sie küßte ihn leicht auf den Mund und lachte leise.
„Ich bin glücklich, weißt du!"
„Konntest du deshalb nicht schlafen?"
„Das gibt es", antwortete sie ernsthaft. „Es macht so aufgeregt."
Er legte seine Hand um ihre Hüfte und rauchte schweigend.
Plötzlich fragte sie: „Können wir nicht fortfahren, Robert?"
„Warum sollen wir fortfahren?"
„Ich weiß es nicht ..." flüsterte sie. „Es wäre besser, wenn wir nicht hierblieben."
„Es geht nicht."
„Wir könnten nach Schweden reisen. Warst du schon einmal in Schweden?"
„Nein."

Sie wandte den Kopf zum Fenster und der Mond schien in ihr Gesicht.
„Es ist schön in Schweden. Ich wurde dort geboren ... Wir hätten viele Freunde, die uns helfen würden."
„Hör zu, Tilla ..." Er wartete, bis sie ihn ansah. „Ich kann nicht weggehen von hier. Später vielleicht ..."
„Warum kannst du nicht?" Ihre Stimme war auf einmal erregt. Sie nahm ihm die Zigarette aus der Hand. „Du willst nicht?"
„Nein, ich will nicht!" Er zog den Arm von ihr zurück und setzte sich auf. „Ich bin nicht zu meinem Vergnügen in Rom. Ich kann nicht einfach weglaufen!"
Tilla atmete den Rauch der Zigarette aus. „Was wird geschehen, wenn du es doch tust?"
Golder antwortete nicht sofort, dann sagte er entschlossen: „Nein, es geht nicht, Tilla."
Er stand auf, ging auf nackten Füßen zum Tisch und kam mit den Gläsern und der Flasche zurück. Vor ihr blieb er stehen. „Es gibt ein paar Leute in Deutschland, die mir vertrauen", sagte er. „Ich habe ihnen zu verdanken, daß ich frei bin — daß ich hier bin. Man wollte mich ins Konzentrationslager bringen. Ich war unbequem. Jene Leute haben mir zur Flucht verholfen und ich arbeite für sie. Kann ich sie jetzt verraten?"
In der Dunkelheit konnte er ihr Lächeln nicht sehen. Es war ein kleines, schmerzliches Lächeln. „Diese Leute benutzen dich, weil sie dich brauchen", sagte sie. „Du schuldest ihnen gar nichts!"
Golder hatte sich wieder zu ihr gesetzt. Er goß Whisky in die Gläser, reichte ihr eines. „Mag sein ... Aber ich habe eine Aufgabe hier."
„Welche Aufgabe?"
„Wir wollen einen Krieg verhindern!"
Tilla lehnte ihren Kopf an seine Schulter. „Ach Robert ..." Sie sagte es leise und traurig.

Golder trank, stellte das Glas auf den Nachttisch. Er glaubte plötzlich, daß er ihr nun vertrauen könnte und so begann er von dem Krieg zu sprechen, den Hitler in Polen begonnen hatte. Er redete von der Gefahr eines neuen Weltkrieges und von dem Unglück, das Hitler und Himmler dem deutschen Volk bringen würden. Er erzählte von seiner Arbeit als Journalist, von seiner Verfolgung durch die Gestapo, von seiner Flucht . . .

Tilla unterbrach ihn nicht. Sie hatte sich auf das Bett zurückgelegt und beobachtete schweigend den Mann, der da in der Dunkelheit vor ihr saß und den sie liebte. Sie wunderte sich darüber, wie leicht er ihr in die Falle gegangen war.

Doch Tilla wußte auch, daß sie die Falle nicht zuschnappen lassen würde!

☆

Der Modesalon „Ventura" war der Treffpunkt der exklusivsten Damen Roms. Er war der teuerste und anspruchsvollste Salon, zu dem nur ein gewichtiges Bankkonto oder ein großer, aristokratischer Titel führte.

Der Salon Ventura lag an der Piazza di Spagna. In ihm verkehrten und kauften die Damen von Bismarck und von Clemm, die der deutsche Außenminister, Joachim von Ribbentrop, eigens nach Rom beordert hatte, um sie dort für Deutschland „einen guten Eindruck" machen zu lassen.

Das war nicht immer leicht!

Wie sollte sich, zum Beispiel, eine deutsche Dame benehmen, wenn sie den Damen feindlicher Staaten begegnete? Auch die schwierige Gattin des französischen Botschafters, Francois Poncet, bezog ihre Kleider aus dem Salon Ventura und die schöne Engländerin, Lady Loraine, Frau des angelsächsischen Botschafters Percy Loraine, war dort ein oft gesehener Gast.

Während ihre Länder miteinander im Krieg lagen, führten diese Damen „ihren Krieg" um die neuesten und teuersten Modelle des Salons.

Es war ein erbitterter Krieg, der jedoch seine Reize hatte. Die Rechnungen wurden auf Umwegen von den Staatskassen bezahlt.
Graf Nikolaus Osterhage liebte die Atmosphäre dieses Salons.
Schwitzend, stets nach der letzten Mode gekleidet und die kurzen, dicken Finger voll Brillanten, pflegte er sich täglich einige Stunden dort aufzuhalten.
Er bewunderte die Frauen, beurteilte ihre Kleider und hörte ihren interessanten Gesprächen zu. Nicht selten wurden diese Gespräche von ihm zu ausführlichen Berichten ausgearbeitet und an das RSHA nach Berlin geschickt. Es war eine lohnende, lukrative Beschäftigung, für die Deutschen in Rom zu arbeiten.
Graf Osterhage war an diesem Morgen besonders guter Laune. Das Einglas im Auge, die gefalteten Handschuhe lässig in der Hand, betrat er den Salon. Draußen hatte die Sonne geschienen. Hier herrschte ein gedämpftes, warmes Licht. Ein dicker, kostbarer Teppich bedeckte den Boden, bequeme, geschmackvolle Sessel standen herum, und überall, an den Wänden, waren große Spiegel angebracht. Im Hintergrund, von einem schweren Vorhang geschützt, redeten ein paar Frauen erregt über Kleider.
„Ah, il Signor Conte!" Eine dürre Frau im dunklen Tailor-Kostüm lächelte ihm maliziös zu. „Guten Morgen, Herr Graf, schon so früh auf den Beinen?"
„Guten Morgen, meine Liebe." Der Graf nickte herablassend. „Schon wer Interessantes hier?"
„Leider nein, Herr Graf", antwortete die Dürre, die ein gutes, aber nicht akzentfreies Deutsch sprach. „Frau von Clemm war erst gestern hier . . ."
„Ich weiß, ich weiß . . ." Graf Osterhage wedelte ungeduldig mit den Handschuhen. Er trat näher, beugte sich vor und fragte gedämpft:
„Ist das dicke Gift schon aufgetaucht?"

Mit dem „dicken Gift“ war eine gewisse Frau Luise Brandt gemeint, blond, vollbusig und in mittleren Jahren. Frau Brandt war der Schrecken des Salons. Seit dem Tode ihres Mannes, der ihr ein unermeßliches Vermögen hinterlassen hatte, lebte sie in Italien. Kam sie nach Rom, so stieg sie nur im „Flora“ ab. Und diese Tatsache hatte sie dem Grafen Osterhage interessant gemacht...
Die Dürre hatte verächtlich die Mundwinkel herabgezogen. Ihr Gesichtsausdruck bewies Geringschätzung gegenüber dieser „gewöhnlichen Dame“.
„Da, hinter dem Vorhang ist sie“, sagte sie hochnäsig, ohne den Kopf zu wenden. „Sie probiert an.“
„Aha“, machte der Graf und ließ das Einglas gekonnt vom Auge fallen. Er grinste boshaft. „Das nenn' ich Perlen vor die Säue werfen!“
„Hi-hi-hi...“ Das Lachen der Dürren war freudlos und piepsend.
Ihre Katzenaugen verengten sich. „Wie waren der Herr Graf mit meinen letzten Informationen zufrieden?“
„Es ging, meine Liebe, es ging so...“
„Darf ich daran erinnern, daß mir der Herr Graf noch nichts dafür zukommen ließen?!“
„Natürlich, ja!“ Graf Osterhage schlug sich mit gut gespieltem Erschrecken vor die Stirn. „Ich werde es gleich nachher erledigen!“
Die Dürre wölbte die Lippen und sagte nichts.
„Was Neues?“ fragte der Graf. Seine kleinen, kalten Augen sahen die Frau lauernd an.
„Vielleicht... Eine gutaussehende Dame war kürzlich hier!“
„So, so...“
„Der Graf Ciano traf sich mit Percy Loraine.“
Graf Osterhage bemühte sich, ein gelangweiltes Gesicht zu machen, doch es gelang ihm nicht ganz. Mit seinen feuchten, dicken Händen strich er sich über den Bauch. „Was wurde gesprochen?“

„Ciano sagte zu Loraine: Haben Sie noch nicht verstanden, daß wir den Krieg gegen Sie niemals beginnen werden?" Die Dürre zeigte wieder ihr maliziöses Lächeln. „Das sagte er!"

„Wörtlich?"

„Wörtlich ... Ich habe es auswendig gelernt!"

Auf der Stirn des Grafen perlten sichtbar Schweißtropfen und der kleine Bart auf der Oberlippe zuckte nervös. „Wann war das?"

„Vor etwa sechs, acht Wochen."

„Wenn das wahr ist ..." murmelte Graf Osterhage. Einen Moment schloß er verzückt die Augen. Das war eine Nachricht — sofern sie stimmte, die sein Ansehen in Berlin verdoppeln würde, denn sie bewies den Verrat Italiens. Die Engländer hatten kürzlich ihre Flotte aus diesem Raum abgezogen ... Sollte das etwa darauf zurückzuführen sein?!

„Achtung, die Brandt!" zischte die Dürre warnend und trat schnell ein paar Schritte zurück.

Frau Luise Brandt war hinter dem Vorhang hervorgetreten. Sie stand dort, eingezwängt in ein giftgrünes, hochgeschlossenes Kleid, das blondgefärbte Haar kunstvoll aufgetürmt und mit einem strahlenden Leuchten im Gesicht. Alles an der Dame war gewaltig, ihre Hände, die Arme, die Beine, ihr Körper — und ihre Stimme!

„Mein lieber, lieber Graf!" rief sie dröhnend. Sie breitete die Arme aus und stürmte los.

Graf Osterhage war zusammengefahren. Mit einem erzwungenen Lächeln sah er ihr entgegen. Er verbeugte sich, küßte ihr die ringgeschmückte Hand. „Sie sehen einfach fabelhaft aus", versicherte er. „Noch schöner als im letzten Jahr!"

„Ist das Kleid nicht etwas zu giftig?" Verschämt drehte sie sich vor ihm einmal herum.

„Es macht Sie jung, Luise", murmelte er.

„Sie sind süß."

Der Graf dachte wohl, daß es jetzt genug sei. „Ich hörte, Sie wohnen wieder im Hotel ‚Flora', Luise", stellte er sachlich werdend fest.

☆

Hinter dem Grafen Osterhage, an der Wand des Modesalons Ventura, hing ein großer, hoher Spiegel. Luise Brandt betrachtete sich voll Abscheu in diesem Spiegel. Sie fand sich offenbar erschreckend plump und dick in dem giftgrünen Kleid, das sie angezogen hatte, denn sie äußerte plötzlich ihren Entschluß, das Kleid nicht zu kaufen.
Mit einer unwilligen Bewegung wandte sie sich ab, sah den Grafen an. Dann war ihr eingefallen, daß sie seine Frage nicht beantwortet hatte. „Ja, ich wohne im ‚Flora'."
Gleich darauf sagte sie weinerlich: „Ich finde das Kleid entsetzlich — einfach schrecklich ist es!"
Es bestand kein Zweifel, daß Graf Osterhage dasselbe dachte, doch er versicherte: „Es ist wundervoll, Luise, glauben Sie mir. Es macht Sie fabelhaft jung — und so schlank ..." Er schüttelte voll Verwunderung den Kopf. „Was machen Sie nur, daß Sie nie älter werden?"
Die gewaltige, unförmige Frau lächelte unsicher. Noch einmal blickte sie, an dem Grafen vorbei, in den Spiegel. Jetzt glaubte sie festzustellen, daß das Kleid doch nicht so schrecklich war.
„Wenn Sie meinen ...?"
Graf Nikolaus Osterhage verbeugte sich schweigend.
Wieder betrachtete sie sich im Spiegel, drehte sich nach rechts und links und war unentschlossen.
Der Graf beobachtete sie mit offensichtlicher Ungeduld. Er wußte genau, wie man reiche, einsame Frauen wie Luise Brandt behandeln mußte, doch im Augenblick war er nicht dazu aufgelegt. Er haßte diese ganze Angelegenheit.

„Kaufen Sie es, Luise“, drängte er. „Ich würde mich glücklich schätzen, Sie in diesem Kleid ausführen zu dürfen!“

Ihr Gesicht leuchtete auf. „Wirklich?“

Er nickte. „Wenn ich darf ... Eine kleine Autofahrt aufs Land?“

„Sie dürfen, mein lieber Graf!“

„Sie machen mich glücklich!“ Er faßte widerwillig nach ihrer fetten, ringgeschmückten Hand und küßte sie. „Um zwei?“

Sie flötete: „Ich werde Sie erwarten — in meinen Zimmern!“

„Luise!“ murmelte er leidenschaftlich und küßte wieder ihre Hand. Luise Brandt lächelte verheißungsvoll. Dann drehte sie sich um und schritt, sich in den gewaltigen Hüften wiegend, in den Hintergrund des Raumes zurück. Vor dem schweren Vorhang winkte sie ihm noch einmal zu. Endlich war sie verschwunden.

Der Graf atmete auf.

Lautlos hatte sich ihm die dürre Geschäftsführerin genähert. Sie kicherte boshaft. „Darf ich Herrn Graf gratulieren?“

Graf Osterhage grinste. „Sie dürfen, meine Liebe!“

Er winkte lässig mit der Hand. „Gehen wir in Ihr Büro.“

Die Dürre lächelte maliziös, sodaß man ihre etwas hervorstehenden, aber gepflegten Zähne sehen konnte. Sie ging dann voraus, zu einer Polstertür, die neben einem der großen Spiegel in der Wand eingelassen war. Sie ließ den Grafen in den kleinen, kostbar eingerichteten Büroraum eintreten und drückte hinter ihm die Türe wieder zu. Wortlos setzte sich Graf Osterhage in den Schreibtischsessel, zog ein Scheckbuch aus der Brusttasche und begann zu schreiben.

Als er fertig war, schob er den Scheck der Dürren zu, die abwartend vor ihm stand.

„Verbindlichen Dank“, sagte die Dürre. Sie faltete den Scheck zusammen und steckte ihn in ihre Handtasche, die auf einem Sessel lag. Sie lächelte. „Ich hoffe, Herr Graf

werden sich auch weiterhin meiner kleinen Indiskretionen bedienen ..."
Doch Graf Osterhage hatte nicht zugehört. „Ich wäre Ihnen sehr verbunden, wenn Sie mir für einige Minuten Ihren Telefonapparat zur Verfügung stellen würden." Er sah dabei grübelnd vor sich auf die polierte Schreibtischplatte.
„Selbstverständlich." Die Dürre verließ den Büroraum.
Graf Osterhage zündete sich umständlich eine Zigarre an, blies dann ein paar kunstvolle Ringe in die Luft. Dann griff er entschlossen zum Telefonhörer und wählte eine Nummer. Er wartete geduldig. Am anderen Ende meldete sich schließlich eine unwillige Männerstimme. „Ha?" fragte sie.
„Enrico?"
„Ja."
„Hier ist Osterhage." Jetzt sprach er ein holperiges Italienisch.
„Na und?"
Der Graf nahm die Zigarre aus dem Mund. „Ihr könnt Euch fertig machen", sagte er in den Hörer. „Die Dicke ist bis spätestens zwei Uhr fünfzehn aus ihren Zimmern. Ich werde dafür sorgen, daß sie nicht vor Neun zurück ist."
„Das wird reichen", antwortete Enricos Stimme.
„Und seid vorsichtig mit dem Anbringen des Mikrophons. Der Mann auf Vierhundertundzehn ist kein Idiot!"
„Wir auch nicht!" meinte die Stimme Enricos trocken ..."
„Wie heißt der Kerl?"
„Golder — Robert Golder", sagte Graf Osterhage und legte den Hörer auf die Gabel zurück.
Er schob seine schwere Zigarre zwischen die Lippen und grinste.
Er war sehr zufrieden mit diesem Vormittag.

*

Robert Golder hatte sich an diesem Morgen das Frühstück ins Zimmer bringen lassen. Jetzt saß er im Pyjama auf dem Bett und rauchte seine dritte Zigarette. Er fühlte sich müde. Aber es war eine angenehme, wohlige Müdigkeit, die alle Vorsätze und Sorgen verdrängte und nur einem Gedanken Platz machen wollte: Tilla!

Warm und grell schien am Morgen des 16. Oktober 1939 die Sonne durch die geöffnete Balkontüre und unten, auf der Via Vittorio Veneto, war der Lärm des erwachten Straßenverkehrs. Golder gähnte. Er drückte seinen Zigarettenrest in den Aschenbecher neben dem Telefon und blickte auf die Armbanduhr: Zehn Uhr und zehn Minuten!

Er sollte Wasser in die Wanne laufen lassen und sich baden. Er sollte sich rasieren und sich anziehen ...

Golder stand auf. Er hob die Arme, reckte sich und machte sich dann auf den Weg zum Baderaum. Als er am Tisch vorbeiging, sah er die Whiskyflasche. Er blieb stehen, goß sich etwas aus der Flasche in ein Glas und trank. Gerade als er im Begriff war, das Glas noch einmal nachzufüllen, schlug das Telefon an.

Es war der Portier des Hotels. „Scusi — Hier ist ein Signor Rossi, der sie sprechen will, Signore!"

„Schicken Sie ihn rauf zu mir", sagte Golder.

Er blieb auf dem Bett sitzen und wartete. Sein Glas schob er achtlos auf die Seite.

Nach einer Weile klopfte es an die Tür und Golder öffnete.

Rossi nickte als er hereinkam. „Buon giorno, Roberto!" Er hatte das ölige, schwarze Haar frisch gekämmt und sein gutmütiges Gesicht glänzte vor Schweiß.

Rossi blieb in der Mitte des Zimmers stehen. „Caro mio, es ist wichtig. Ich wollte nicht über das Telefon sprechen."

„Willst du etwas trinken?" Golder deutete zur Flasche auf den Tisch.

Der kräftige, dicke Mann schüttelte den Kopf. „Meine Frau

mag das nicht – schon am Morgen!" Er grinste. „Aber eine Zigarette kannst du mir geben."
Golder gab ihm die Zigarette, reichte ihm Feuer. „Also los, was gibt es?" fragte er dann.
„Ja ..." Rossi blies den Rauch durch die großen Nasenlöcher. „Ich habe es heute Morgen probiert. Zuerst auf der alten Wellenlänge, aber da war nichts. Dann fiel mir der Sender ein, der mal vor zwei Wochen durchkam. Erinnerst du dich?"
Golder nickte. „Weiter!"
„Nun, ich probierte es mal. Ich war selbst ganz erstaunt, als sie sich meldeten ... Ich gab ihnen also deine Frage durch und sie antworteten, sie würden zurückrufen."
Angelo Rossi machte hastig einen Zug an seiner Zigarette, ehe er weitersprach: „Nach einer halben Stunde kamen sie wieder. Sie gaben ein paar Gruppen für dich durch, die ich entschlüsselt habe."
Er zog einen Zettel aus der Tasche und reichte ihn Golder. Auf dem Papier stand:

„VON A AN C. – 9. 39 – – –
IN ORDNUNG MIT BLAUER HIMMEL –
NAMEN DER KONTAKTLEUTE – KRANZ UND BACHMAYER – HOTEL FLORA ROM – ZIMMER 411 UND 413 VORBESTELLT – RZL AB MORGEN WIEDER ZU ÜBLICHER ZEIT – ENDE"

Golder trat zum Aschenbecher. Er legte den Zettel hinein und zündete ihn mit dem Feuerzeug an.
Während er zusah, wie die Flamme das Papier verbrannte, hörte er Rossi sagen: „Die müssen in Berlin sehr vorsichtig sein. Die Leute vom RZL haben sie beinahe geschnappt!"
Die Flamme im Aschenbecher verlöschte. Golder zerdrückte die verkohlten Überreste des Papiers mit dem Zeigefinger.
„Auch du solltest etwas vorsichtiger sein", sagte Angelo Rossi hinter ihm. Er stand noch immer in der Mitte des Zimmers und er hielt den Kopf gesenkt.

„Wie meinst du das?" fragte Golder und wandte sich zu dem anderen um. Sein Gesicht hatte einen Ausdruck, als spürte er plötzlich ein unangenehmes Gefühl in der Magengegend.

„Ich meine das Mädchen, mit dem du gestern in der Hotelbar gesessen hast!"

Golder starrte ihn an. Er antwortete nicht. Aber es schien, als hätte Rossi die Gedanken des Freundes erraten. „Wir lassen dich nicht beobachten", sagte er jetzt, und man sah ihm an, wie unangenehm ihm das alles war. „Einer unserer Leute ist unten in der Halle beschäftigt", erklärte er. „Der hat dich mit ihr gesehen!"

„Und was ist dabei?" Robert Golder stieß es heftig hervor.

Rossi zuckte mit den Schultern. „Sie ist sehr schön . . ."

„Ich habe mich über sie erkundigt, du weißt es selbst, Angelo!" „Ja, ich weiß es", brummte Rossi.

„Sie ist unseren Leuten in Berlin unbekannt!"

„Was besagt das schon?!" Rossi schüttelte den Kopf. Er wollte etwas sagen, tat es dann aber nicht und seufzte: „Ich glaube, mir ist es jetzt egal, was meine Frau sagt, wenn ich nach Hause komme — gib mir was zu trinken, Roberto!"

Golder machte eine flüchtige Handbewegung zum Tisch. „Nimm dir, was du willst." Er setzte sich auf das Bett und zündete sich nervös eine Zigarette an. Er schien zu ahnen, daß Rossi mehr wußte, als er bisher gesagt hatte und er hatte Angst vor dem, was nun kommen würde.

Der dicke, schwarzhaarige Italiener hatte sich eine gute Portion Whisky in sein Glas gefüllt. Er trank bedächtig, in kurzen Abständen. Schließlich glaubte er die richtigen Worte gefunden zu haben. Er begann: „Deine junge, schöne Dame wurde gestern zufällig noch mit einem zweiten Mann gesehen . . ."

Rossi beobachtete Golder scharf. Er setzte das Glas an die Lippen, trank, sagte dann: „Dieser Gestapohund Osterhage . . ."

Golder unterbrach ihn auffahrend: „Wer sagt das?"
„Unser Mann da unten." Angelo Rossi deutete mit dem Finger auf den Boden vor sich. „Der Fahrstuhlboy erzählte ihm, daß sie den Osterhage in ihrem Zimmer getroffen habe."
Rossi machte ein paar Schritte und blieb vor Golder stehen. Er legte ihm seine schwere, breite Hand auf die Schulter. „Sei vorsichtig, Roberto — da stimmt etwas nicht!"
Golder blickte nicht auf. Er rauchte schweigend.
„Na", machte Rossi. „Dann werde ich mal wieder gehen . . ."
Er trank den Rest des Whiskys, stellte das Glas auf den Tisch und ging zur Türe. Hier drehte er sich nochmals um „Meine Frau läßt dir sagen, daß sie Paprikaschoten zu Mittag macht. Willst du kommen?"
Robert Golder schüttelte stumm den Kopf.
„Habe ich mir gedacht", brummte Rossi. „Na, vielleicht ein andermal . . ." Er öffnete die Türe und trat auf den Gang hinaus, in dem ein Staubsauger heulte.
Golder wartete, bis die Türe wieder geschlossen wurde. Dann stand er schwerfällig auf, ging in den Baderaum und ließ Wasser in die Wanne laufen.
Während er in der Wanne saß, überlegte er verzweifelt, was nun zu tun war. Er hatte Tilla bereits zuviel erzählt, obwohl ihn sein Instinkt vor ihr gewarnt hatte. Aber er hatte nicht darauf geachtet. Er mußte verrückt gewesen sein — total verrückt!
Oder war das Ganze doch nur ein Irrtum? Tilla mußte eine hervorragende Schauspielerin sein, wenn sie ein falsches Spiel mit ihm trieb!
Er dachte an die letzte Nacht, an ihre Worte — und daran, daß sie mit ihm nach Schweden fliehen wollte!
Golder kam schließlich zu dem Schluß, daß die Angelegenheit nicht so gefährlich war, wie sie im ersten Moment ausgesehen hatte. Doch bekräftigte er seine Absicht, von nun an besser aufzupassen.

Er könnte es Tilla verzeihen, sagte er später zu seinem Freund Rossi, wenn er herausfände, daß sie ihn bespitzelte — ihre ihm unter Umständen vorgespielte Liebe aber würde er ihr nie vergeben!

☆

Zur selben Zeit lag Tilla wieder einmal auf dem Balkon ihres Zimmers in der Sonne. Sie lag im Liegestuhl, eine große Sonnenbrille vor den Augen und die Campariflasche neben sich.

Tilla mochte über ihr Leben nachgedacht haben, das sie stets aufregend und großartig fand. Doch nun war noch etwas hinzugekommen:

Robert Golder: Golder hatte ihrem Leben sozusagen erst die Krone aufgesetzt. Man sah es ihr deutlich an: Die Liebe zu diesem Mann, den sie im Auftrage des RSHA-Chefs, Heydrichs, überwachen sollte, hatte Tilla verändert. Nicht mehr sie selbst war der Mittelpunkt der Welt — Robert Golder war es jetzt. Diese seltsame Verschiebung bestätigte nur ihre Vermutung, diesmal wirklich der „Großen Liebe" begegnet zu sein.

Alles wäre in Ordnung, hätte Robert nicht diese verrückte Idee von seiner „Verhinderung des zweiten Weltkrieges"! Er war also ein Idealist — einer von der Menschensorte, die sich und anderen das Leben schwer machten ...

Und damit war Tilla wieder bei ihrem Problem angelangt. Sie verstand das nicht. Sie war Agentin aus Abenteuerlust. Die Deutschen bezahlten sie gut und schickten sie nach Rom, wo man gut leben konnte. Hatte man keine Lust mehr, dann machte man Schluß und suchte sich eine andere Beschäftigung — in Schweden zum Beispiel! Man konnte heiraten und Kinder haben. Man konnte ein Haus bauen. Man konnte sich lieben, glücklich sein — so ungefähr dachte Tilla.

Robert Golder dachte anders. Er war eben das, was er war: Ein Idealist.
Sie trank von ihrem Campari und schüttelte dann sorgenvoll den Kopf. Das Leben schien kompliziert zu werden ...
Durch die offene Balkontüre hörte sie plötzlich das Rasseln des Telefons.
Tilla erhob sich, ging in das Zimmer und nahm den Hörer ab.
„Ich hoffe Sie nicht gestört zu haben, gentile Signora", hörte sie die Stimme des Portiers. „Aber da ist ein dringendes Gespräch für Sie!"
Tilla hatte sich neben dem Telefon aufs Bett gesetzt. Sie seufzte. „Geben Sie es mir ..."
Es knackte im Hörer, und dann fragte eine Männerstimme: „Sind Sie es, Gnädigste?" Es war Graf Nikolaus Osterhage. Tillas Gesicht bekam einen unwilligen Ausdruck. „Was wollen Sie?"
„Nur eine Kleinigkeit."
„Also?"
Man hörte ein leises, aufreizendes Lachen. „Warum so ungnädig, meine Teure?"
Sie reagierte nicht darauf, fragte wieder: „Also?"
„Na schön", knurrte die Stimme des Grafen. „Machen wir es kurz, Sie werden heute, nach dem Mittagessen, die Lust verspüren, an's Meer zu fahren. Sie werden dazu jenen Herrn, mit dem Sie sich gestern so angeregt in der Bar unterhielten, auffordern, Sie zu begleiten ... Haben Sie das verstanden?"
„Verstanden habe ich es", sagte Tilla wütend. „Noch mehr?"
„Ja." Der Graf lachte wieder. „Sie werden jenen Herrn nicht vor neun Uhr ins Hotel zurückbringen."
„Und wenn ich keine Lust dazu habe?"
„Sie haben Lust, Gnädigste, sie haben sie ..."
„Ach, nein?"
Die Stimme des Grafen Osterhage bekam einen gereizten

Unterton. „Jetzt hören Sie mal zu, Gnädigste", grunzte er. „Wenn Sie Schwierigkeiten machen wollen, dann werde ich mit dem Auftraggeber sprechen, klar?! Außerdem stehen mir Mittel zur Verfügung ..." Er sprach den Satz nicht zu Ende.
„Ist das eine Drohung?"
„Das ist eine Drohung", sagte der Graf. „Also, haben Sie Lust, mit dem Herrn an's Meer zu fahren — oder haben Sie keine Lust?"
Tilla biß sich auf die Unterlippe. Plötzlich fror sie in dem warmen Zimmer.
„Sehen Sie, Gnädigste", kam die Stimme des Grafen aus dem Hörer. „Sie haben Lust bekommen!"
Sie nahm den Hörer vom Ohr und knallte ihn auf die Gabel zurück. Dann stand sie auf und blickte voll Haß auf den Telefonapparat.
„Warte nur ab ... !" flüsterte sie.

☆

Es war zwölf Uhr, als Golder sein Zimmer verließ und vor der Türe mit der Nummer 411 stehenblieb. Der Lift war eben nach unten gefahren und der Gang war still und ohne Menschen.
Er klopfte.
Die Türe wurde sofort geöffnet und das runde Gesicht des Wohlgenährten lächelte ihm zu. „Treten Sie ein ..."
Golder ging an dem anderen vorbei ins Zimmer.
Der Wohlgenährte schloß die Türe. Seine Augen, hinter der schwarzen Hornbrille, verfolgten jede Bewegung, die Golder machte. Er sagte: „Wenn Sie sich setzen wollen ... Der andere Herr wird gleich erscheinen."
Golder nahm in einem der Sessel Platz, die vor dem Tisch, in der Mitte des Raumes, standen. Er bemerkte, daß dieses

Zimmer keinen Balkon hatte und auch anders, einfacher eingerichtet war, als die Zimmer auf der gegenüberliegenden Gangseite. Auf dem Tisch stand eine Flasche Vermouth-Dry und einige Gläser.

„Etwas zu trinken?“ fragte der Wohlgenährte.

Golder schüttelte den Kopf. „Sie sind hier als Unterhändler einer gewissen Opposition“, begann er. „Sie suchen Kontakt mit dem Vatikan.“

„So?“ Der Wohlgenährte stand noch bei der Türe.

„Sie sind Herr Kranz?“

Der Wohlgenährte verbeugte sich. „Doktor Kranz.“ Er lächelte plötzlich erleichtert und trat auf Golder zu, streckte seinen Arm vor.

„Herr Golder, nicht wahr?“

Golder war aufgestanden. Sie schüttelten sich die Hände.

Kranz machte mit dem Kopf eine Bewegung zur Wand. „Der Herr Geheimrat wird von einer großen Sorge befreit sein“, meinte er.

„Wir waren uns trotz allem nicht ganz sicher, ob Sie wirklich unser Mann sind!“

Man sah Golder an, daß ihm dieser Dr. Kranz nicht unsympathisch war. Noch bevor er etwas erwidern konnte, öffnete sich die Türe und der große, dünne Geheimrat kam herein.

„Darf ich vorstellen . . .“ Dr. Kranz wies auf Golder, dann auf den Dünnen. „Herr Golder, unser Mann — Herr Geheimrat Bachmayer.“

Sie standen nun alle drei vor dem Tisch und Bachmayer reichte Golder schweigend die Hand. Es war eine schlaffe, kraftlose Hand. Bachmayer wandte sich an Kranz. „Sie sind sehr sicher, Doktor“, murmelte er und hüstelte vorwurfsvoll. Er war noch immer mißtrauisch.

Golder sah seine blassen, dünnen Hände, seine polierten Fingernägel, das graue, peinlich gescheitelte Haar. Er kam

zu dem Entschluß, vorsichtig mit dem Geheimrat Bachmayer zu sein. Der Mann war ihm unangenehm.
Sie hatten sich gesetzt. Kranz öffnete die Vermouth-Flasche und schenkte die Gläser ein. Dabei sagte er. „Er ist unser Mann, Herr Geheimrat. Ich habe keine Zweifel!"
„So, so", machte Bachmayer und lächelte dünn.
Kranz stellte die Flasche auf den Tisch, hob sein Glas. „Herr Golder weiß bereits von unserer Mission ... Prost, meine Herren."
„Ach?" fragte Bachmayer, dann sagte er: „Prost!"
Golder sagte nichts. Sie tranken.
„Tja, mein Lieber", begann der Geheimrat wichtig. „Wie Sie wissen, sind wir hier, um ..." er zögerte einen Augenblick. „... um im Auftrag der auch Ihnen sicher bekannten Stellen, ein — hm, sagen wir Friedensgespräch zu führen."
„Das weiß ich." Golder ging die ganze Art dieses Mannes an die Nerven.
„Es war übrigens meine Idee", sagte Bachmayer selbstgefällig lächelnd.
„Ich schlug seinerzeit vor, über den Vatikan einen Kontakt zu den Feindmächten zu suchen — sozusagen, die Friedensfühler auszustrecken ... Wie finden Sie das?"
„Gut." Golder trank von seinem Vermouth. „Kommen wir jetzt zu den wichtigen Details?"
„Wie bitte?" fragte Bachmayer.
Golder schüttelte den Kopf. „Es ist im Augenblick unwichtig, wer die Idee zu dieser Aktion gehabt hat. In Ihrem und meinem Interesse ist es nötig, daß man keinen Verdacht schöpft. Jede Minute, die wir in diesem Zimmer gemeinsam verbringen, ist eine Gefahr." Er grinste über Bachmayers abweisendes Gesicht und fügte hinzu: „Also, was kann ich für Sie tun?"
„Vorläufig nichts", antwortete Bachmayer kühl. „Ich denke, daß unsere eigenen Beziehungen zum Vatikan ausreichend sein werden. Was glauben Sie, Doktor?"

„Ich hoffe es", antwortete Kranz, der sich offensichtlich nicht sehr wohl fühlte. „Wir sollten trotzdem die Unterstützung Herrn Golders nicht ausschlagen. Wir haben den Auftrag, zusammenzuarbeiten."
Golder stand auf. „Sie wissen, wo ich zu finden bin, meine Herren." Bachmayer nickte. So ruhig er konnte, sagte er: „Warten wir die nächsten Tage ab."
Die beiden erhoben sich und reichten Robert Golder die Hand.
In sein Zimmer zurückgekehrt, warf Golder sich auf das Bett, zündete sich eine Zigarette an und blies den Rauch gegen die Decke. Sein Gefühl sagte ihm, daß es Schwierigkeiten geben würde . .

☆

Nach dem Mittagessen hatte Golder einen Wagen gemietet und war mit Tilla nach Ostia, einem kleinen Ort an der Küste gefahren. Tilla war froh, daß er selbst diesen Vorschlag gemacht hatte. So war es ihr abgenommen worden, ihn unter einem Vorwand aus dem Hotel zu locken.

Jetzt lagen sie am Strand. Die Sonne brannte heiß und die Brandung rauschte gleichmäßig und einschläfernd. Sie waren allein. Tilla rollte sich zur Seite, stützte ihren Kopf auf die Hand und sah nachdenklich in Golders Gesicht.
Er hielt die Augen geschlossen. Ein paar Sandkörner klebten an seinen Lippen und sein dunkles Haar zeigte den ersten grauen Schimmer an den Schläfen.
Sie strich mit den Fingerspitzen darüber und küßte ihn auf den Mund. Er brummte unwillig.
Tilla setzte sich auf. Sie trug an diesem Tag einen hellen Badeanzug, der aus dem gleichen Wollstoff gemacht war, wie seine Badehose. Sie hatten die Sachen im Ort gekauft, als sie angekommen waren.

Es gab nur diese eine Farbe.
Am Horizont konnte man die Umrisse eines großen Schiffes auf dem Meer erkennen. Tilla beobachtete es, die Hand gegen die blendende Sonne über den Augen. Sie dachte daran, wie schön es wäre, mit Robert auf diesem Schiff zu sein und nach Schweden zu fahren. Sie seufzte.
Da bewegte sich Golder neben ihr. „Kummer?"
„Ein bißchen", sagte sie. Sie sah ihn nicht an.
„Ist es schlimm?"
„Nein." Sie schüttelte den Kopf. „Eigentlich nicht — eigentlich bin ich ganz glücklich." Sie drehte den Kopf zu ihm. „Sehr glücklich!"
Er sah sie an und sagte nichts.
„Liebst du mich?"
Er nickte. „Das ist es ja . . ."
Tilla lachte, beugte sich zu ihm und küßte ihn auf die Stirn. „Komm, wir gehen ins Wasser!" Mit einem Satz war sie auf den Beinen und rannte los, der Brandung entgegen.
Auch er war aufgestanden. Er folgte ihr nachdenklich.
Das Wasser war kalt und erfrischend. Er schwamm in kräftigen, weitausholenden Bewegungen, bis er sie eingeholt hatte.
„Großartig", rief Tilla ausgelassen neben ihm. Ihr Gesicht glänzte naß und die Haare lagen wie ein Helm um ihren Kopf.
„Weißt du was?"
„Nein."
„Ich liebe dich, Robert!"
Sie schwammen zurück, rannten zu ihrem Platz und warfen sich in den Sand.
Einige Stunden lagen sie still nebeneinander. Dann bat Golder:
„Sag das nochmal."
„Was?"
„Daß du mich liebst . . ."

„Ich liebe dich . . . Glaubst du mir nicht?"
„Ich weiß nicht", sagte er ohne die Augen zu öffnen. Dann: „Was wollte dieser Graf Osterhage von dir, Tilla?"
Ihre Stimme war leise und klang unsicher: „Du weißt es also!"
Er antwortete nicht, lag ruhig, wartete . . .
„Ich habe ihn da zum erstenmal gesehen", sagte Tilla. Sie überlegte krampfhaft, wieviel sie zugeben durfte. „Er war plötzlich in meinem Zimmer, als ich mich zum Essen umziehen wollte . . ." Sie schwieg wieder.
„Warum kam er in dein Zimmer?" Er sah sie noch immer nicht an. „Stellt er dir nach?"
„Ja", sagte sie und ihre Stimme klang wieder sicher. „Er wollte, daß ich ihn besuche. Er redete davon, daß er einen echten französischen Champagner habe . . . daß ich mich mit ihm nicht langweilen würde."
Robert Golder setzte sich auf. Er sah sie an. „Du hast ihn also nicht gekannt?"
„Nein", sagte sie aufrichtig. „Ich habe ihn nicht gekannt!" Sie schämte sich, als sie ihn erleichtert lächeln sah. Sie fragte schnell: „Hast du wirklich geglaubt, daß ich und dieser Mann . . . ?"
Golder legte sich in den Sand zurück. „Nein, Tilla, nicht das . . ."
„Sondern?"
Er überhörte scheinbar ihre Frage, faßte nach ihrer Hand. „Sag es, bitte, noch einmal!"
„Ich liebe dich, Robert."
Er sagte nichts mehr. Er glaubte ihr und war glücklich.

*

Die Halle des Hotels Flora war an diesem Nachmittag von nur wenigen Gästen besetzt. Warm und durch die schweren

Portieren gedämpft, drang die Sonne herein, malte große, helle Flecke auf den teppichbelegten Boden.
Filippo, der kleine, schwarzhaarige Barkellner, hatte sich in den dämmrigen Hintergrund seines Arbeitsfeldes zurückgezogen und rauchte heimlich eine Zigarette. Filippo hielt die Zigarette geübt in der linken, hohlen Hand und ganz gegen seine Gewohnheit, rauchte er hastig. Der kleine Barkellner war in tiefes Nachsinnen versunken ...
Filippo dachte darüber nach, was die drei Telefonarbeiter, die vor zwei Stunden in den oberen Stockwerken des Hotels verschwunden waren, die ganze Zeit dort oben machten. Sie hatten Werkzeuge, Drähte und eine schwere Ledertasche dabei gehabt. Dem Portier hatten sie erklärt, daß sie die Zuleitung auf dem Dachboden überprüfen müßten. Und der Portier hatte sich nicht gewundert. Doch Filippo wunderte sich. Er fand es seltsam, daß drei Männer über zwei Stunden eine Leitung prüften und er wußte, daß sie dazu keine schweren Werkzeuge, keine Drähte und keine schweren Ledertaschen brauchten.
Ob ich Angelo mal anrufe? überlegte er.
Angelo Rossi hatte ihm, Filippo, den Auftrag erteilt, in diesem Hotel die Augen offen zu halten — und das hatte Filippo getan! ... Erst gestern war ihm aufgefallen, daß dieser Graf Osterhage sich mit der schönen Deutschen im vierten Stock getroffen hatte. Jedermann in Rom wußte, daß der Graf für die Nazis arbeitete. Der große, schwarzhaarige Mann von Zimmer 410, Golder, galt als Feind der Nazis — aber er schien ein Freund der schönen Deutschen zu sein. Heute, nach dem Mittagessen, war der Graf gekommen und hatte die blonde, dicke Dame von Zimmer 412 abgeholt. Zehn Minuten später waren die schöne Deutsche und jener Golder mit einem Auto weggefahren — und genau fünfzehn Minuten danach hatten die drei Telefonarbeiter das Hotel betreten! Sollte es da eine Verbindung geben?

Filippo warf den Rest seiner Zigarette auf den Boden und trat mit dem Fuß darauf.
Er blickte sich um. In der Halle gab es nichts Neues. Die wenigen Gäste, die dort waren, schienen sich zu langweilen. Der Portier stand über sein Gästebuch gebeugt und prüfte die Eintragungen. Am Fenster, gleich neben der Bar, summte eine dicke Fliege und Ben, der Mixer, hockte zwischen seinen Flaschen und wehrte sich gegen einen Gähnkrampf ... Alles war, wie es sein mußte, zu dieser Tageszeit, fand Filippo — wenn nicht die drei Telefonarbeiter gewesen wären!
Filippo stand auf. Er rieb sich entschlossen das spitze Kinn und trat zur Bar. „Ich bin mal für ein paar Minuten weg", sagte er. Ben, der Mixer, hatte seinen Kampf aufgegeben. Er gähnte voll Hingabe, klappte dann seinen Mund zu und nickte gleichmütig.
Filippo schlenderte durch die Halle. Er wußte, daß er etwas unternehmen wollte. Doch was sollte er unternehmen? ...
Als er an den Telefonzellen vorbeiging, fiel ihm Rossi wieder ein. Er blieb stehen. Da sah er den verwunderten, mißbilligenden Blick des grauhaarigen Portiers auf sich gerichtet und beeilte sich, weiterzugehen. Er entschloß sich, erst einmal selbst nach den Telefonarbeitern zu sehen.
Filippo, der kleine Barkellner, konnte nicht ahnen, daß dieser Entschluß ihm den Tod bringen würde ...
Von einer Topfpalme vor den Augen des Portiers verborgen, war er in den Lift gehuscht. Der Junge, der ihn bediente, schüttelte den Kopf.
„Das darf ich nicht, Filippo."
„Mach schon, der Alte sieht nicht her."
Der Liftboy hatte offensichtlich Angst vor dem Portier, aber er wollte es auch mit Filippo nicht verderben — und Filippo stand dicht vor ihm!
Er schloß die Türen. „Wohin?"
„Zum Dachboden", sagte Filippo.
Der Fahrstuhl setzte sich in Bewegung. Mit leisem Brummen

stieg er von Stockwerk zu Stockwerk. Endlich, mit einem sanften Stoß, hielt er an.
Filippo nickte dem Jungen zu, legte seinen rechten Zeigefinger an die Lippen. Dann verließ er den Fahrstuhl.
„In Ordnung", flüsterte der Junge hinter ihm. Der Fahrstuhl bewegte sich wieder nach unten.
Das Dachgeschoß des Hotels lag im Halbdunkel. Es roch nach altem, trockenem Holz und nach der Wäsche, die zum Trocknen aufgehängt war. Eine drückende, unerträgliche Hitze trieb Filippo den Schweiß aus den Poren.
Er lauschte. Außer seinem Atem schien sich nichts zu regen ... Schnell und vorsichtig begann er seine Suche. Er prüfte die Zuleitungskabel des Fernsprechanschlusses. Auf ihnen lag dicker Staub. Auch zwischen der trockenen Wäsche hielt sich niemand versteckt.
Die drei Telefonarbeiter waren verschwunden!
Grübelnd setzte sich Filippo auf die rohe Holztreppe, die — am Ende des Dachbodens — zum vierten Stock hinabführte. Er war nun fest davon überzeugt, daß etwas nicht in Ordnung war. Doch wo konnten die drei Männer mit ihrem Werkzeug, den Drähten und der Ledertasche sein?
Wie merkwürdig das alles war. Ein Hotel, vollgefüllt mit Menschen — Menschen aller Nationen, Freunde, Feinde — und Freunde, die, genau besehen, Feinde waren! ... Die Deutsche und dieser Golder, die dicke, blonde Dame, die zwei anderen Deutschen, die erst gestern gekommen waren — der Graf!
Filippo ahnte, daß alle Fäden bei dem Grafen Osterhage zusammenliefen. Dann mußten aber auch die drei Telefonarbeiter zu diesem „Kombinationsrätsel" gehören — doch wie paßten sie hinein? ...
Er gab es auf, darüber nachzudenken. Er erhob sich und ging die Treppenstufen hinunter.
Der lange, teppichbelegte Gang des vierten Stockwerkes lag still und menschenleer. Filippo schloß lautlos die Türe zur

Bodentreppe. Einige Sekunden wartete er, dann schritt er langsam den Gang entlang, auf den Fahrstuhlschacht zu. Das Geräusch seiner Schritte wurde von dem dicken Läufer verschluckt.

Zuerst bemerkte er nichts, das ihn hätte mißtrauisch machen können. Doch dann, plötzlich, blieb er stehen und erstarrte. Vor ihm, die Zimmertüre mit der Nummer 410 stand eine Handbreit geöffnet — und hinter der Türe war das Gemurmel von Stimmen!

Filippo machte einen Schritt auf die Türe zu. Er stand nun so, daß er durch den Spalt einen Teil des Zimmers überblicken konnte. Was er sah, ließ ihn den Atem anhalten.

Den Mann aber, der nur wenige Meter von ihm entfernt, regungslos in der Türfüllung des nächsten Zimmers lehnte, hatte Filippo nicht gesehen.

Der Mann war groß und breitschultrig und er trug einen olivgrünen Arbeitskittel. Es war einer der drei geheimnisvollen Telefonarbeiter, die der kleine Barkellner suchte ...

Wie gebannt stand der kleine Barkellner Filippo vor der spaltbreit geöffneten Türe. Mit weit aufgerissenen Augen starrte er in das Zimmer, von dem fast jeder Hotelangestellte wußte, daß es schon seit langem von einem Gast namens Golder bewohnt war. Dieser Golder war mit der jungen, schönen Dame von „418" fortgefahren — und in seinem Zimmer erkannte Filippo jetzt zwei der drei Telefonarbeiter, die er gesucht hatte!

Die beiden Männer hatten den schweren Kleiderschrank von der Wand gerückt und den Teppich zurückgeschlagen. Sie bewegten sich schnell und vorsichtig und — auf Strümpfen! Während einer damit beschäftigt war, ein dünnes braunes Kabel mit einem Spezialinstrument unter die Bodenleiste zu verlegen, befestigte der andere ein kleines Kästchen, nicht größer als eine Zündholzschachtel, an der Rückwand des Schrankes. Deutlich erkannte Filippo das braune, dünne Kabel, das in das Metallkästchen endete.

Ein wissendes Lächeln überflog Filippos Gesicht. Das Kästchen war also ein Mikrophon, das die Geräusche im Zimmer aufnehmen und über das Kabel zu einem Abhörgerät leiten sollte . . . Doch wohin führte das Kabel?
Filippo beugte sich vor. Er bemerkte, daß der Draht über den Balkon kam. Dort lag er, noch unverlegt, auf dem Boden vor der Türe!
Als dann der kleine Barkellner lautlos von der Türe auf den dicken Läufer zurücktrat, um möglichst ungesehen jene unheimliche Stätte zu verlassen, war ihm sein Wissen nicht anzumerken. Er hatte den dritten Telefonarbeiter völlig vergessen, denn er zuckte heftig zusammen, als dieser unmittelbar vor ihm auftauchte.
Der Mann lehnte gelassen an der Türe mit der Nummer 408. Er hatte die Hände in den Taschen seines olivgrünen Arbeitskittels und er blickte Filippo an. Sein Gesicht war fleischig, brutal, seine Augen kalt und ausdruckslos.
Der Barkellner blieb einen Augenblick stehen, als zögerte er, an dem unheimlichen, vierschrötigen Kerl vorbeizugehen.
Der aber stand an der Türe und bewegte sich nicht. Filippo zog den Kopf zwischen die Schultern und versuchte ein Grinsen. Seine Situation war nicht sehr einfach. Zurück konnte er nicht. Der Gang hatte keine Hintertreppe und auf dem Dachboden war er rettungslos gefangen. Also mußte er doch an dem Kerl vorbei!
Er schob sich zur Wand, duckte sich und rannte los. Keuchend erreichte er die Treppe beim Fahrstuhlschacht, stolperte hinunter, blickte hastig zurück.
Der Mann war verschwunden . . .
Atemlos, nach Luft ringend, erreichte Filippo die Halle. Ohne sich um die Gäste und den erstaunten Portier zu kümmern, stürzte er zum Ausgang und auf die Straße.
Draußen, auf der Via Veneto, herrschte eine drückende Hitze. Bei dem Hotel „Excelsior“ saßen Gäste an kleinen runden Tischen und vor den Schaufenstern der Geschäfte waren die

Markisen heruntergelassen. Träge, in Gruppen, paarweise oder allein, bewegten sich die Menschen die Straße entlang. Niemand beachtete den kleinen Barkellner in der weißen Jacke, der sich erschöpft an eine Hauswand gelehnt hatte.
Filippo stand mit zitternden Knien an der Wand, tief in Gedanken versunken. Es gab wohl keinen Zweifel: Die Männer wußten, daß er alles gesehen hatte. Sie würden nicht tatenlos bleiben! Entweder waren sie jetzt dabei, die ganze Anlage wieder abzureißen — oder aber (und das war wahrscheinlicher!) sie würden versuchen, ihn, Filippo, zum Schweigen zu bringen!
Ängstlich blickte er zurück zum Eingang des Hotels und suchte die Straße nach den drei Männern ab. Doch sie waren nirgends zu entdecken.
Er mußte mit Angelo Rossi sprechen! Angelo wußte, was zu tun war. Bei Angelo war Sicherheit ...
Filippo stieß sich von der Hauswand ab und hastete weiter. Nach einigen hundert Metern bog er in eine schmale Nebenstraße ab. Die Häuser standen hoch und düster und es hielten sich nur wenig Menschen in der Straße auf. Er begann leise zu beten.
Hätte Filippo sich noch einmal umgesehen, dann wären ihm vielleicht die zwei Männer aufgefallen, die in größerem Abstand hinter ihm gingen. Die Männer trugen elegante, graue Anzüge und Sonnenbrillen vor den Augen.
Aber der kleine Filippo sah sich nicht mehr um. Er lief durch Straßen und Gassen, als wenn der Teufel hinter ihm her wäre, und stieß dabei den Leierkasten eines Bettlers um, so daß dieser laute Verwünschungen ausstieß. Die Angst mußte Filippo blind und gedankenlos gemacht haben. Endlich entdeckte er eine Telefonzelle. Die Zelle stand an einer düsteren Hausecke und sie war leer.
Filippo riß die schwere Eisentüre auf, trat hinein. Mit bebenden Fingern suchte er nach den passenden Münzen, wählte Angelos Nummer. Er lauschte auf das Rufzeichen und seine

Lippen bewegten sich im lautlosen Gebet. Endlich meldete sich eine Stimme: „Bei Rossi . . ."
Es war nicht Angelo, es war seine Frau.
„Wo ist Angelo?" stieß er heiser hervor.
„Wer spricht dort?" fragte die Frauenstimme.
„Filippo", keuchte er. „Wo ist . . ."
Und das waren die letzten Worte, die der kleine Barkellner aus dem Hotel Flora in seinem Leben sagte. Hinter ihm war die Türe geöffnet worden und einer der elegant gekleideten Männer hatte sich in die Zelle geschoben. Filippo starrte in stummem Entsetzen auf die schwere Pistole in der Hand des Mannes. Die Pistole hatte einen unförmigen Schalldämpfer vor der Mündung und sie zeigte genau auf seine Brust.
„Plop", machte die Pistole. Es klang wie der Schlag auf eine Kindertrommel.
Filippo taumelte. Der Hörer fiel aus seiner Hand, blieb baumelnd an der Wand hängen. Er versuchte die Arme zu heben und sich an die Wand zu stützen. Aber die Arme waren zu schwer geworden. Langsam rutschte er an der Zellenwand zum Boden hinab und blieb dort aufrecht sitzen. Sein Kopf schwankte hin und her und die Augen hielt er unnatürlich weit aufgerissen.
Der Mann mit der Sonnenbrille beugte sich zu ihm. Er preßte die Pistole sanft gegen Filippos blütenweiße Kellnerjacke und drückte noch einmal ab.
Der Kopf des kleinen Barkellners fiel nach vorne und blieb so hängen. Mit einer gleichmütigen Bewegung schob der Mann mit der Sonnenbrille seine Pistole ins Schulterhalfter zurück und verließ die Zelle.
Knarrend schloß sich hinter ihm die schwere Eisentüre.
Über dem Kopf des toten Filippo aber baumelte noch immer der Hörer des Telefonapparates. „Hallo, was ist denn? . . . Hallo! . . ." quakte es aus der Hörmuschel.

✡

Es war bereits nach Mitternacht, als Robert Golder und Tilla ins Hotel zurückkamen. Sie tranken einen Martini an der Bar und ließen sich dann mit dem Fahrstuhl zum vierten Stock hinauffahren. Golder brachte Tilla vor ihre Zimmertüre. Sie küßte ihn. „Ich bin sehr glücklich", flüsterte sie.
Er nickte. „Es war ein schöner Tag."
Sie küßte ihn noch einmal, dann gingen sie auseinander.
Während Golder zu seinem Zimmer zurückging, nahm er sich vor, sie später zu besuchen. Doch er war nicht ganz sicher, ob er den Mut dazu finden würde und er wünschte sich, daß sie ihm die Entscheidung abnehmen möchte. Er fand, daß es nicht so einfach war, eine Frau wie Tilla zu lieben.
Im Zimmer angekommen, nahm Golder die Whiskyflasche aus dem Schrank und schüttete sich von dem Getränk in ein Glas. Er setzte sich aufs Bett, trank und stellte das Glas auf dem Nachttisch ab. Dann nahm er den Hörer vom Telefon und ließ sich mit Rossi verbinden.
„Etwas besonderes gewesen?" fragte er.
„Ich weiß nicht." Rossis Stimme klang trotz der späten Stunde hellwach. „Irgendetwas muß heute in deinem Hotel passiert sein ..."
Unwillkürlich blickte Golder sich im Zimmer um. „Was?"
„Keine Ahnung", brummte Rossi. Dann: „Ich glaube, wir reden besser nicht am Telefon, Roberto."
„Gut ... Wann sehen wir uns?"
„Morgen", sagte Rossis Stimme. „Ich komme vorbei!" Er unterbrach die Verbindung.
Nachdenklich legte Golder den Hörer auf die Gabel. Er trank von seinem Whisky, zündete sich eine Zigarette an. Als er aufstand und zum Tisch hinübergehen wollte, bemerkte er, daß die Türe des Kleiderschranks aufgegangen war. Er drückte die Türe zu, wartete — langsam schwang sie wieder zurück.

Wie seltsam! Er hatte die Türe sonst immer nur zugedrückt. Von selbst war sie noch nie aufgegangen. Er zuckte mit den Schultern, schloß die Schranktüre und drehte den Schlüssel herum.

Im Sessel sitzend, das Glas in der Hand und die Zigarette zwischen den Lippen, dachte er an die beiden Deutschen, Dr. Kranz und Bachmayer, die die Zimmer ihm gegenüber bewohnten. Die beiden waren gekommen, um hier in Rom einen Kontakt mit den Engländern und Franzosen aufzunehmen. Sie waren demnach die bevollmächtigten Vertreter einer deutschen Opposition, die es sich zum Ziel gemacht hatte, Hitler zu stürzen! Das ahnte Golder — denn nur ein in Vorbereitung befindlicher Regimewechsel konnte die Engländer veranlassen, sich mit den Deutschen an einen Verhandlungstisch zu setzen.

Er wunderte sich über Bachmayer. Der Mann war ein schlechter Partner. Kranz war in Ordnung — Bachmayer aber . . . Er schüttelte den Kopf. Warum hatten sie in Deutschland keinen besseren Mann für diese gefährliche Aufgabe ausgesucht?

Jetzt versuchten die beiden, über den Vatikan, an die richtigen Leute heranzukommen. Bachmayer wollte die Ehre für sich allein! Nur darum ging es ihm — nicht um den Frieden, der gerettet werden sollte!

Zornig warf Golder die Zigarette in den Aschenbecher und stand auf. Er ging ein paarmal im Zimmer herum, lehnte sich dann mit dem Rücken gegen die Türe. Die beiden hatten den ausdrücklichen Befehl erhalten, mit ihm zusammenzuarbeiten und doch fand der Herr Geheimrat Bachmayer, daß das nicht . . .

Seltsam! fuhr es Robert Golder plötzlich wieder durch den Kopf. Er vergaß Bachmayer und Kranz und starrte den Schrank an, der ihm gegenüber an der Wand stand.

Irgend etwas stimmte nicht mit diesem Schrank — aber was war es?

Warum öffnete sich auf einmal eine Schranktüre, wenn man sie nicht abschloß? . . .
Er schloß die Augen, drückte die Schranktüre fest zu und machte sie dann weit auf . . . Nein, es war sonst nichts Verdächtiges zu bemerken.
Der Schrank stand da, wie er immer gestanden hatte: Eine Handbreit von der linken Zimmerecke und auf der rechten Seite genau mit dem Teppich abschließend. Und doch . . . !
Robert Golder lebte ein Leben, das seinen Instinkt geschärft hatte und das ihn zu jeder Stunde mißtrauisch sein ließ. Er brachte es jetzt nicht mehr fertig, seine Gedanken von diesem Schrank abzuwenden. Er mußte herausfinden, was mit ihm geschehen war!
Golder trat langsam zu dem schweren, dunkellackierten Schrank. Er drehte den Schlüssel der linken Türe herum und sah zu, wie sie zurückpendelte. Er probierte es nocheinmal. Dann faßte er nach dem Schlüssel und bewegte die Schranktüre hin und her.
Gestern noch hatte die Türe geklemmt. Sie hatte ein schleifendes Geräusch gemacht, wenn er sie zudrückte. Nun ließ sie sich lautlos schließen. Also war der Schrank bewegt worden — er mußte bewegt worden sein!
Golder trat etwas zur Seite und schob seine Hand hinter die rückwärtige Kante des Schranks. Mit aller Kraft versuchte er ihn nach vorne zu ziehen. Es gelang ihm nicht.
Er ging zum Sessel zurück, zündete sich eine neue Zigarette an und setzte sich.
Zwei starke Männer, so mußte man folgern, waren nötig, um den schweren Schrank zu bewegen. Warum aber hatten sich zwei — oder sogar mehr — Männer die Mühe gemacht, den Schrank während seiner Abwesenheit zu rücken?
Er erhob sich, ging wieder zu dem Schrank, drückte seinen Arm gewaltsam zwischen ihn und die tapezierte Zimmerwand. Seine Fingerspitzen stießen gegen einen kleinen Gegenstand, der dort befestigt war.

Vorsichtig zog er den Arm zurück und lächelte dünn.
Das war es also!
Mit dem brennenden, vorgehaltenen Feuerzeug lehnte er sich neben der Schmalseite des Schrankes an die Wand und blickte hinter ihn. Deutlich erkannte er nun das zündholzschachtelgroße Spezialmikrophon und ein braunes, dünnes Kabel, das von dem Mikrophon zur Bodenleiste hinunterführte.
Robert Golder trat zurück. Er schob das Feuerzeug in seine Hosentasche. Sein Mund war plötzlich wie ausgetrocknet und in seinem Hirn jagten sich die Gedanken.
Was konnte das bedeuten? Hatte Rossi vielleicht schon davon gewußt, als er vorhin am Telefon andeutete, daß hier „im Hotel etwas geschehen sei?" Wer konnte das Mikrophon angebracht haben — und wohin führte das Kabel?
Das alte, quälende Mißtrauen überfiel Golder. Tilla war ihm eingefallen ...
Er atmete den Rauch seiner Zigarette tief ein, stieß ihn langsam von sich. Wo endete der Draht — in Tillas Zimmer?
Auf den Knien rutschend, begann er nach dem dünnen, braunen Kabel zu suchen. Schließlich entdeckte er es zwischen Wandleiste und Boden eingeklemmt. Es verlief rechts vom Schrank zur Zimmerecke und von dort zur Balkontüre.
Golder trat auf den Balkon hinaus. Unten, auf der Via Veneto, war es still geworden. Am Nachthimmel flimmerten Myriaden ferner Welten und der halbe Mond warf ein fahles, schwaches Licht ...
Sich flach auf den Bauch legend, suchte Golder weiter. Im flackernden Schein seines Feuerzeuges fand er das braune Kabel wieder. Es lag gut getarnt zwischen den Ritzen des Mauerwerks und es führte nach rechts, zum angrenzenden Balkon.
Rechts von seinem Zimmer wohnte auch Tilla!
Er verließ den Balkon.
Im Glas auf dem Nachttisch war noch ein Rest Whisky. Er

trank ihn und wollte sich noch einmal einschenken. Doch die Flasche war leer.
Die Zeiger seiner Armbanduhr wiesen auf zwanzig Minuten vor eins.
Einen Augenblick sah er gedankenvoll zur Türe, dann hatte er sich entschlossen. Er ging aus dem Zimmer, schloß es ab und steckte den Schlüssel in seine äußere Jackentasche.
Auf dem Gang war niemand zu sehen. Alle Türen waren zu und aus den Zimmern drang kein Laut.
Vor Tillas Zimmertür blieb er stehen und klopfte. Keine Antwort ... Er klopfte lauter.
„Die Türe ist auf", rief ihre Stimme jetzt. An ihrem merkwürdig dumpfen Klang war zu erkennen, daß sie im Baderaum war. Er trat ein, drückte die Türe hinter sich zu.
Das Zimmer lag im Halbdunkel. Die kleine Nachttischlampe neben dem Bett verbreitete einen warmen, müden Schein und durch die angelehnte Tür des Baderaumes fiel ein schmaler Lichtstreifen auf den Teppich.
„Robert?" fragte ihre Stimme im Raum nebenan.
„Ja", sagte er.
Sie lachte und von der Wanne kam Wasserplätschern. „Die ganze Zeit habe ich gewartet, ob du kommst. Dann bin ich ins Wasser gegangen."
Er sagte: „Das macht nichts ..." Dabei sah er sich prüfend im Zimmer um. Er überlegte, wo sie das Aufnahmegerät — oder war es nur ein kleiner Lautsprecher mit einem Verstärkerteil? — versteckt haben konnte ...
Über dem breiten, aufgeschlagenen Bett lag das Kleid, das sie am Nachmittag getragen hatte. Ihre Badetasche stand auf dem Stuhl neben der Türe und die weißen, hochhackigen Schuhe sah er unordentlich auf dem Boden liegen, so wie sie sie von den Füßen gestreift hatte.
„Möchtest du etwas trinken?" fragte sie aus dem Baderaum.
„Was hast du denn da?" Er war zum Schrank getreten und betrachtete ihn aufmerksam. Dieser Schrank war leichter,

niedriger und stand auf hohen Beinen. Ein Kabel führte nicht zu ihm.
„Auf dem Tisch steht Campari und Soda", beantwortete sie seine Frage.
„Und im Schränkchen am Bett ist eine Flasche Whisky."
Wieder plätscherte es aus der Wanne, dann fügte sie hinzu: „Ich habe ihn erst heute morgen gekauft — für dich!"
Er blickte zum Nachtschränkchen hinüber. Dort lag ihre weiße Handtasche und daneben standen ein paar kleine Flaschen, Nagellack, Gesichtswasser und auch ein aufgedrehter Lippenstift ...
„Du sagst ja gar nichts!" Ihre Stimme klang enttäuscht.
„Doch ..." Er ging zu dem Nachtschränkchen, öffnete es und fand eine Flasche „Black and White" zwischen sechs noch nicht angebrochenen Campari-Flaschen.
„Du bist ein Engel", sagte er.
Ihre Stimme aus dem Baderaum klang zufrieden: „Na also!"
Golder stellte die Flasche neben ihre Handtasche und ging durch die offene Glastüre auf den Balkon hinaus. Er trat sofort zu der Mauerseite, die in der Richtung seines Zimmers lag und tastete sie zentimeterweise mit den Fingerspitzen ab. Er fand nichts. Zur Türe zurückgekehrt, bückte er sich und leuchtete mit seinem Feuerzeug unter die Holzschwelle. Auch dort gab es kein Kabel!
Als er sich aufrichtete, stand Tilla, in ein riesiges blaues Badetuch gewickelt, neben dem Bett und sah ihm zu. Ihr schönes Gesicht zeigte keine Verwunderung. Es war nachdenklich.
„Noch immer mißtrauisch?" fragte sie leise.
Es war ihm nicht sehr wohl. Er wußte jetzt, daß das Kabel nicht in ihrem Zimmer endete und er war erleichtert darüber — doch er fürchtete sich vor Erklärungen.
Er spielte mit dem Feuerzeug und grinste verlegen. „Überhaupt nicht mißtrauisch", sagte er. „Ich hatte nur etwas verloren!"
„Hast du es gefunden?"

Ihre Stimme klang nicht sehr überzeugend. Eine gewisse Ungläubigkeit klang in ihr mit. Er kam sich jetzt dumm und lächerlich vor.
„Nein", brummte er ärgerlich. „Ich habe es nicht gefunden!"
„Gib mir was zu trinken, Liebling!" Sie lächelte schon wieder.
In dem großen Badetuch wirkte sie klein, verloren und hilfsbedürftig. Quer über ihrer Brust leuchtete in weißen Buchstaben: „HOTEL — FLORA — ROMA."
Golder nahm zwei Gläser vom Tisch und ging mit ihnen zum Bett, auf das Tilla sich gesetzt hatte. Sich neben sie setzend, sagte er:
„Eigentlich trinken wir zuviel!"
Sie nickte ernsthaft. „Bestimmt! ... Aber wer trinkt nicht in Rom?"
„Der Papst!" Er stellte die Gläser neben sich auf den Nachtschrank und öffnete die Flasche.
Sie lachte, dann wurde sie ernst. „Ich bin katholisch", sagte sie. „Ist das nicht komisch?"
„Warum?"
„Ich weiß es nicht ... Ich finde, es paßt nicht zu mir!"
Golder füllte Whisky in die Gläser.
„Ob er ein guter Mensch ist, der Papst?" fragte sie leise.
Er sah sie einen Augenblick nachdenklich an. Wie oft schon war er zu später Stunde, manchmal sogar erst gegen Morgen, allein oder mit Rossi, an der Piazza San Pietro vorbeigekommen, wo in einem Fenster, hoch über den Kolonnaden, noch einsam ein Licht brannte — das Arbeitszimmer des Papstes.
Er nickte überzeugt. „Er ist gut!"
„Du kennst ihn, nicht wahr?"
„Ich habe ihn ein paarmal gesehen." Er zuckte mit den Schultern. „Ich glaube nicht, daß ich ihn gut kenne ..."
„Komm", sagte sie. „Trinken wir einen!" Sie wollte das Thema beenden.
Golder stellte die Flasche, die er noch in der Hand hatte,

auf den Nachttisch. Er stieß dabei gegen ihre weiße Handtasche. Ehe er es verhindern konnte, fiel die Tasche mit einem dumpfen Schlag auf den Boden und öffnete sich. Aus ihr ragte der gerippte, mattglänzende Kolben einer „Mauser 38"!

Er bückte sich und drückte den Verschluß der Tasche zu. Als er sie aufhob und auf den Nachttisch zurücklegte, sah er, daß Tilla ihn genau beobachtet hatte.

Seinen Whisky in der Hand, wandte er sich zu ihr.

Sie lächelte, hob ihr Glas und das Badetuch glitt ihr von der Schulter.

„Trinken wir auf Schweden, Robert!"

„Vielleicht später einmal", murmelte er.

Sie tranken. Er sah sie an.

Er dachte verwundert: Sie ist schön wie ein Engel und ich liebe sie — einen Engel mit einer automatischen Mauser 38 in der Handtasche!

*

In dieser Nacht vom 16. auf den 17. Oktober 1939 erhielt der Graf Nikolaus Osterhage in seiner Luxuswohnung im vornehmsten Viertel Roms, Parioli, einen bedeutsamen Telefonanruf.

Der Graf hatte diesen Anruf erwartet. Gekleidet in einen himmelblauen Seidenmantel, einen gelben Schal um den Hals und in roten Samtpantoffeln, hatte er geduldig vor dem weißen Fernsprecher seines Salons gesessen. Er hatte Sherry getrunken, schwere Importen geraucht und dazu echte Wiener Pralinen geknabbert.

Graf Osterhage liebte Pralinen. Er ließ sie sich aus Österreich schicken — vier Pfund im Monat.

Die zierliche, kostbare Rokoko-Uhr auf dem Kamin des Salons hatte zwölf silberhelle Töne von sich gegeben und noch immer wartete der Graf.

Die Uhr schlug halb eins . . . Sie schlug eins! Der Graf schob sich mit spitzen Fingern eine neue Praline in den Mund. Er genoß sie mit geschlossenen Augen, wischte sich dann den Bart mit einem Seidentuch ab und griff nach kurzem Zögern zur nächsten Zigarre.
In diesem Augenblick schrillte das Telefon.
Graf Osterhage schob die Zigarre in ihre Glasröhre zurück. Er verkorkte die Röhre und legte sie in die flache Holzkiste, die vor ihm stand. Endlich griff er zum Hörer.
„Hier ist Enrico", brummte eine Männerstimme mißmutig in sein Ohr.
„Hat es geklappt?" fragte der Graf. Er redete italienisch mit Leidenschaft und wußte dabei nicht, wie schlecht er sprach.
„Hm . . ." machte Enricos Stimme, dann grunzte sie undeutlich.
„Rede lauter!" Der Graf schrie es wütend in die Sprechmuschel.
„Nur ruhig — nur ruhig . . . Ich vertrag das nicht, wenn man mich anschreit!"
Graf Nikolaus Osterhage atmete tief, fragte dann gelassen: „Also?"
„Na ja, wir haben das Mikrophon eingebaut . . ."
„Dann ist ja alles in Ordnung!"
„Kommt darauf an . . ."
„Wieso?"
„Da war einer, der hat uns gesehen — einer von den Kellnern."
„Und?" Der Graf schob sich eine Praline in den Mund.
„Wir haben ihn umgelegt."
„Wo?"
„Nicht im Hotel, natürlich. In einer Telefonzelle, weiter weg. Er wollte gerade jemanden anrufen."
„Ausgezeichnet", sagte der Graf.
„Meinen Sie!" knurrte die Stimme. „Und was ist, wenn sie herumfragen in dem Hotel?"

Der Graf machte zunächst ein nachdenkliches Gesicht. Dann sagte er:
„Ich werde mich darum kümmern, Enrico ... Wo ist die Leiche?"
„Ist das ein Witz?" knurrte die Stimme. „Wo kann sie sein — bei der Polizei natürlich! Die waren gleich da ..."
„Sehr gut", murmelte der Graf.
„Find ich nicht!"
Graf Osterhage schnaufte verächtlich. „Was du findest oder nicht findest, ist nicht interessant, Enrico. Überlasse das Denken mir. Du hast einen Wasserkopf!"
Sehr zufrieden legte er den Hörer auf die Telefongabel zurück. Er nahm wieder eine der Glasröhren aus der flachen Holzkiste, öffnete sie, ließ die Zigarre in seine Hand fallen und schob sie sich zwischen die Zähne. Dann zündete er sie an und erhob sich.
In seinem großen, kostbar eingerichteten Salon auf und ab gehend, überlegte er einige Minuten. Schließlich trat er wieder zum Schreibtisch. Er suchte nach dem Briefpapier, das seinen vollen Namen und eine in Gold gedruckte Krone aufwies. Als er es gefunden hatte, setzte er sich und begann einen Brief zu schreiben.
Graf Nikolaus Osterhage, der Vertrauensmann des Reichssicherheitshauptamtes in Berlin, verfügte über die besten Beziehungen in Italien. Er schrieb seinen Brief an den Freund des Reichsführers SS und obersten Chef der italienischen Geheimpolizei, an den Signore Bocchini!

☆

Einige Tage vergingen. Am 22. Oktober 1939, um 21 Uhr, war die Leiche des kleinen Barkellners Filippo auf Verlangen der italienischen Geheimpolizei von der Polizia Scientifica (Kriminalpolizei) ausgeliefert worden. Zwei Tage ruhte sie

als „salma politica“ in einem für diese Zwecke angefertigten Tiefkühlraum, im Keller der Geheimpolizei.
Danach begrub man sie ohne Aufsehen.
Im Hotel Flora wurde ein neuer Barkellner angestellt. Barkellner gab es genug in Rom.
Tilla und Robert Golder hatten sich täglich getroffen. Golder hatte das Mikrophonkabel unauffällig durchschnitten und trank von da an mit Tilla wieder in seinem Zimmer Whisky.
Tilla befand sich in einer verzweifelten Lage. Der endgültige Termin für einen ersten Bericht an das RSHA rückte unaufschiebbar näher.
Auf der einen Seite drängte jener Graf Osterhage in unangenehmer Weise, auf der anderen Seite aber stand es für sie fest, daß sie Golder nicht verraten würde.
Und da kam Tilla unversehens der Zufall zu Hilfe.
Es war an einem späten Mittwochnachmittag und Tilla lag im Liegestuhl auf Golders Balkon. Er war nach dem Mittagessen in die Stadt gegangen und er hatte gesagt, daß er bald zurückkommen würde.
Jetzt war es fünf ...
Tilla hatte die achte Zigarette geraucht, den vierten Campari getrunken — Robert Golder war noch nicht zurückgekommen.
Der Himmel über Rom lag hinter einem dünnen Dunstschleier an diesem Herbsttag. Kraftlos und messinggelb stand die Sonne über der Kuppel der Peterskirche und der Wind, der vom Meer kam, trieb Staub und Papierreste durch die Via Veneto.
Tilla hob fröstelnd die Schultern. Dies war der erste kühlere Tag, den sie hier erlebte. Sie trug ein resedagrünes, gewagt ausgeschnittenes Sommerkleid, das sie erst am Morgen gekauft hatte und mit dem sie Golder überraschen wollte. Er liebte gewagte Ausschnitte.
Das Zimmermädchen hatte ihr die Türe aufgeschlossen, nachdem sie es mit einem Geldschein bestochen hatte. Es war ein

sehr junges Zimmermädchen mit großen Mandelaugen gewesen, selbst verliebt und voll Verständnis ...

Tilla setzte sich und zündete sich eine neue Zigarette an. Dann schlug sie das Buch auf, das sie auf Golders Nachttisch gefunden hatte und versuchte zu lesen.

Aus dem Vorwort des Buches hatte Tilla entnommen, daß sie es „in der vorliegenden Arbeit" mit einem „Standardwerk des Nationalsozialismus" zu tun hatte. Der Verfasser hieß Alfred Rosenberg, der Titel des Buches: „Der Mythus des 20. Jahrhunderts". Eine stinklangweilige Angelegenheit, fand Tilla, und sie wunderte sich, warum gerade Robert Golder so etwas neben sein Bett legte. Ganz vorn in dem Buch war auch ein Bild dieses Herrn Rosenberg. Nach Tillas Meinung war das Bild das einzig Bemerkenswerte jenes Standardwerkes. Alfred Rosenberg war ein gut aussehender Mann!

Sie blätterte gelangweilt, trank Campari, blätterte weiter. Manchmal fand sie Seiten, deren Nummern mit Bleistiftstrichen angekreuzt waren. Hinten, auf dem Buchdeckel, sah sie zwei Zahlenkolonnen in Golders Handschrift. Alle Zahlen der ersten Reihe waren ein- und zweistellig. Die Zahlen der zweiten Reihe begannen bei 27 und endeten mit 701. Beide Kolonnen standen nebeneinander ...

Tilla versank in tiefes Grübeln. Was sie hier in der Hand hielt, war das nicht ein Code-Buch jenes Geheimsenders „RZL", von dem Heydrich am letzten Abend in Berlin gesprochen hatte? RZL sendete zwischen Berlin und Rom und Heydrich hatte geahnt, daß Robert Golder mit diesem Sender in Verbindung stand!

Tilla klappte das Buch zu und betrachtete es mit einem überlegenen Lächeln.

Sie stand auf, ging ins Zimmer und legte das Buch an seinen Platz zurück. Wieder auf dem Balkon, setzte sie sich in den Liegestuhl und schloß die Augen.

Sie war stolz auf ihre Entdeckung, doch sie hatte beschlossen, daß sie ihr und Roberts Geheimnis bleiben sollte! ...

Hinter Tilla im Zimmer waren Geräusche. Die Türe wurde geöffnet und Schritte kamen herein. Schritte mehrerer Menschen!

Sie legte sich flach in den Stuhl zurück, bewegte sich nicht. Sie lauschte.

Jetzt wurde die Türe geschlossen. Robert Golders Stimme sagte:

„Nehmen Sie Platz, meine Herren!"

Die Stühle am runden Tisch, neben der Balkontüre, wurden gerückt.

„Einen Whisky, Herr Dr. Kranz?"

„Gerne", antwortete der Mann, den Golder mit Kranz angesprochen hatte.

„Und Sie, Herr Geheimrat?"

„Nein, danke ..." Die Stimme dieses Geheimrats klang feindlich, fand Tilla.

Man hörte Gläser klirren, dann das Glucksen des Getränks, das aus der Flasche gegossen wurde.

„Ah ..." machte die Stimme von Kranz. „Das tut gut!"

Einige Zeit blieb es still, dann begann die schnarrende Stimme des Geheimrats: „Tja — also, wir geben zu ..." Zögern.

Dann Kranz: „... daß wir nicht weitergekommen sind!"

Golder: „So, so ..."

Geheimrat: „Tja ..."

Kranz: „Es ist nicht so einfach. Man scheint sehr mißtrauisch zu sein, im Vatikan. Man hat uns nicht einmal angehört!"

Geheimrat: „Es ist unerhört — einfach un-er-hört!"

Golder: „Hm ..."

Kranz: „Wir haben Sie um Entschuldigung zu bitten, Herr Golder."

Golder: „Nicht nötig — aber was haben Sie jetzt vor?"

Geheimrat: „Diese Leute vom Vatikan! ... Unerhört!"

Kranz: „Wir sind nicht weitergekommen. Wir werden so nie zum Ziel gelangen ... Wir schlagen vor, daß Sie, Herr Golder, die Angelegenheit in die Hand nehmen."
Golder: „Sie meinen, daß ich Sie und Geheimrat Bachmayer mit den ausschlaggebenden Leuten zusammenbringe?"
Kranz: „Genau das."
Golder: „Das wird — nun, nachdem ihre Versuche bereits im Vatikan bekannt sind — nicht so einfach sein!"
Kranz: „Es tut uns aufrichtig leid, Herr Golder ..."
Geheimrat: „Ha! — Beschweren werde ich mich, jawoll! Ich werde denen einmal meine Meinung sagen — dem Papst persönlich! Eine Schweinerei ist das!"
Golder: „Sie werden besser gar nichts sagen."
Geheimrat: „Wie meinen Sie das?"
Golder, ärgerlich: „Die Angelegenheit ist genug verfahren."
Geheimrat, auffahrend: „Herr Golder ... !"
Kranz: „Bitte, bitte, meine Herren ... !"
Einige Zeit war Schweigen, dann:
Kranz: „Was werden Sie unternehmen, Herr Golder?"
Golder: „Ich nehme an, daß Sie schriftliche Vollmachten haben ..."
Geheimrat: „Haben wir ... General Oster, Beck, Canaris — was sie wollen! Das ist es ja, was mich ..."
Golder, unterbrechend: „Wir wollen keine Namen nennen ... !"
Kranz: „Sie haben recht, wir müssen vorsichtig sein."
Golder: „Noch etwas zu trinken, Doktor Kranz?"
Kranz: „Bitte, ja ... Wie gesagt, wir sind in der Lage, uns auszuweisen. Wir haben jede Vollmacht unserer Gruppe und den strikten Auftrag, dem Botschafter Englands am Vatikan, Lord Osborne, unsere Angebote zu unterbreiten. Es liegen konkrete Pläne vor, nach denen wir den Engländern den Zeitpunkt des Tages X bereits nennen können — vorausgesetzt, daß sie auf unsere Bedingungen eingehen."
Geheimrat: „Sie werden darauf eingehen, mein lieber Doktor.

Die warten nur darauf, daß einer kommt und das nationalsozialistische Regime pulverisiert ... Und wir werden es pulverisieren, jawohl, meine Herren!"
Ein kurzes Schweigen.
Kranz: „Wie lange werden Sie brauchen, Herr Golder?"
Golder: „Zwei, drei Tage ..."
Kranz: „Dann müssen Sie ausgezeichnete Beziehungen haben."
Golder: „Es geht ... Ich schlage vor, wir warten ab, bis ich soweit bin."
Kranz: „Natürlich ..."
Geheimrat: „Tja, dann können wir uns ja verabschieden."
Stühle wurden zurückgeschoben, Schritte ...
Golders Stimme: „Also, ich werde Sie bis spätestens zum Samstag unterrichten."
Schritte der Männer zur Türe. Die Türe wurde geöffnet, dann wieder geschlossen. Golder kam ins Zimmer zurück, öffnete den Schrank, schloß ihn wieder, verließ das Zimmer.
Tilla war aufgesprungen. Mit angehaltenem Atem lehnte sie an der Balkontüre und lauschte. Golder drehte den Schlüssel nicht herum. Seine Schritte entfernten sich in der Richtung ihres Zimmers ...
Sie huschte zur Türe, drückte lautlos die Klinke und trat auf den Gang hinaus. Golder stand, mit dem Rücken zu ihr, vor ihrem Zimmer. Er klopfte.
Schnell schloß sie seine Zimmertüre und ging über den dicken, weichen Läufer auf ihn zu. Sie lächelte strahlend.
„Hallo, Liebling", sagte sie leise, als sie dicht hinter ihm stand.
Golder fuhr verwirrt herum, erkannte sie und lachte sein seltenes, jungenhaftes Lachen. „Tilla!"
Er trug einen dunkelblauen Maßanzug, schwarze Schuhe und eine silbergraue Krawatte. Er küßte ihr die Hand.
„Wo warst du?" fragte er dann und seine Stimme war ohne Mißtrauen.

„In der Bar. Du bist an mir vorbeigelaufen."
Er schüttelte den Kopf. „Ich scheine alt zu werden", sagte er. „Ich habe mich auch in der Bar nach dir umgesehen!"
Tilla lächelte wieder. „Mein großer, alter, blinder Liebling!"
Sie nahm seinen Arm und schmiegte sich an ihn. „Führst du mich zum Essen?"
Nebeneinander gingen sie den Gang hinauf, blieben vor dem Liftschacht stehen. Er drückte auf den Klingelknopf bei der Glastüre.
Sie sah sich schnell um. Der Gang war leer. „Küß mich, Robert", flüsterte sie.
Sie küßten sich, bis das Rasseln des Lifts sie aufschreckte. Robert Golder drückte dem Liftboy ein paar Münzen in die Hand und der Junge grinste verständnisvoll.
Leise brummend bewegte sich der Fahrstuhl nach unten.
Tilla hatte Golders Arm nicht losgelassen. Sie dachte an das Gespräch, das sie in seinem Zimmer belauscht hatte: Zwei Männer einer deutschen Oppositionsgruppe versuchten über den Vatikan mit dem englischen Botschafter Osborne zu verhandeln. Das war eine Bombe für das RSHA!
Tilla war glücklich. Sie wußte jetzt, was sie in ihrem Bericht schreiben sollte. Den Namen Golder brauchte sie dabei nicht einmal zu erwähnen ...

Die Balkontüre zum Salon der Luxuswohnung des Grafen Nikolaus Osterhage stand weit geöffnet und unten, auf der Straße, riß ein scharfer, kalter Morgenwind an den Palmen und bewegte sie hin und her. Auch im vornehmsten Stadtviertel Roms, Parioli, war es Herbst geworden ...
Graf Osterhage, bekleidet mit farbenfrohen, echt englischen Bermuda-Shorts und roten Samtpantoffeln, verrichtete keuchend und mißmutig seine morgendlichen Gymnastikübungen. Zwanzig Kniebeugen, zehn Rumpfbeugen und ein Dauerlauf auf der Stelle, zusammen zehn Minuten. Der Graf haßte diese Turnerei, und doch zwang er sich dazu. Wer

Gymnastik treibt, lebt länger! Auf seinem vor Anstrengung geröteten Gesicht glänzten Schweißperlen, die Barthaare auf der Oberlippe waren gesträubt und die Hose war ihm unter den wohlgerundeten Bauch gerutscht.

„... acht — neun — zehn", schnaufte der Graf. Er richtete sich auf und zog die Hose über den Bauch. Sein Atem ging pfeifend. Jetzt noch den Dauerlauf, dann hatte er es hinter sich. Er preßte voll Abscheu die Lippen zusammen und begann zu laufen ...

Die alte, kostbare Rokoko-Uhr auf dem Kamin machte acht silberhelle Schläge. Ein kleiner, dürrer Mann im schwarzen, feierlichen Anzug war lautlos in den Salon getreten und näherte sich dem Grafen. Sein bleiches, faltiges Gesicht blieb ausdruckslos.

„Good morning, Sir", sagte der dürre Mann.

„Guten Morgen, Jones", keuchte der Graf, ohne seinen Lauf vor der offenen Balkontüre zu unterbrechen.

Jones, der Sekretär, Diener und Koch, hielt abwartend den himmelblauen Seidenmantel seines Herrn über dem Arm. Er war ein richtiger Engländer, so echt wie die Bermuda-Shorts des Grafen. Ohne diesen englischen Kammerdiener hätte sich Nikolaus Osterhage nur als halber Mensch gefühlt — und außerdem war Jones eine Perle. Seine Steaks waren die besten der Ewigen Stadt, seine Verschwiegenheit berühmt, seine Treue sprichwörtlich und seine Cocktails hatten sogar den Chef der italienischen Geheimpolizei, Bocchini, zu lauten Beifallsäußerungen hingerissen. Das war Jones, ein Kammerdiener, wie er sein soll — abgesehen von seiner vielleicht etwas zu freundschaftlichen Beziehung zum Secret-Service. Doch davon wußte Graf Osterhage nichts.

„Es ist acht Uhr fünf, Sir."

„Danke, Jones." Der Graf hörte auf zu laufen. Er atmete heftig und flach.

„Die Post?" stieß er hervor, während Jones ihm in den Morgenmantel half. „Noch nicht da?"

„Nein, Sir."
Der Graf tupfte sich mit einem Seidentuch den Schweiß von der Stirn. Er ging ein paarmal im Salon auf und ab. Jones schloß geräuschlos die Balkontüren, blieb dann abwartend stehen.
„Noch etwas, Jones?"
„Der Kaffee, Sir — darf ich ihn hereinbringen?"
„Ah, sehr gut", murmelte der Graf und blieb stehen. Er strich sich mit den kurzen, dicken Fingern das Bärtchen glatt. Sein Atem ging nun wieder ruhiger. „Bringen Sie den Kaffee, Jones."
„Sehr wohl, Sir." Jones machte eine seiner kleinen, gut abgezirkelten Verbeugungen. Schon diese Verbeugungen waren seine Bezahlung wert. An der Türe blieb Jones stehen. „Da ist noch etwas, Sir."
„So", fragte der Graf, dessen Stimmung sich durch die Unterhaltung mit seinem vorzüglichen Diener erheblich gebessert hatte.
„Eine Dame hat sich angemeldet. Sie beliebt um acht Uhr dreißig hier vorzusprechen."
„Welche Dame?"
Jones Gesicht veränderte sich nicht. „Eine Dame, die ihren Namen nicht nennen wollte, Sir. Sie bat mich, Ihnen, Sir, zu bestellen, daß sie einen Bericht zu übergeben hätte. Sie versicherte, daß Sie Bescheid wüßten, Sir."
„So", sagte der Graf. „Einen Bericht — so, so! . . ."
„Jawohl, Sir."
Der Graf nickte. „Es ist gut, Jones. Führen Sie die Dame herein, wenn sie kommt."
„Sehr wohl, Sir."
Jones verließ das Zimmer. Der Graf faltete die Hände über dem Bauch und starrte nachdenklich vor sich auf den Teppich. Schließlich begann er zu grinsen . . .
Der widerspenstige, hübsche Vogel aus dem Hotel Flora war also doch noch artig geworden! Man mußte sie nur

fest am Zügel halten, diese kleinen, abenteuerlustigen Mädchen. Da war keine, die ihm, Nikolaus Osterhage, nicht gefügig geworden war. Auch jene Tilla würde ihm noch einmal aus der Hand fressen! Er strich sein schütteres Haar zurück und überlegte, ob er sich vor dem Frühstück ankleiden sollte. Er glaubte, daß es nicht nötig sei.

Nach einer Weile öffnete Jones die Tür zum Salon und schob den Teewagen herein.

Schnell, mit sparsamen Bewegungen, deckte er den Tisch beim Kamin. Er legte zwei Gedecke auf.

Im Zimmer verbreitete sich der würzige Duft von Kaffee und Toast und vor den Fenstern begann eine fahle Morgensonne gegen den Nebel zu kämpfen. Graf Nikolaus Osterhage trank stehend ein halbes Glas Orangensaft mit einem kleinen Schuß Gin. „Sie ist eine hübsche, kleine Katze, Jones", sagte er leutselig.

Jones lächelte schwach. Seine Erziehung verbot ihm, darauf zu antworten.

„Wir werden sie in der nächsten Zeit wohl öfter sehen!" Der Graf grinste vielsagend.

Jones schwieg.

Die Uhr auf dem Kamin gab einen hellen Schlag von sich. Jones ging hinaus, um die Eier vom Feuer zu nehmen.

Als er wieder in den Salon kam, meldete er: „Die Dame, die Sie zu sprechen wünscht, ist eben eingetroffen, Sir." In seinem faltigen Gesicht hatte sich etwas verändert. Sogar Jones war von der Schönheit der Dame beeindruckt worden.

Tilla wartete hinter dem Diener in der Türe. Sie trug ein hellgraues Wollkostüm, einen schwarzen, breitrandigen Hut und schwarze moderne Schuhe. Ihre dunkelbraunen, mandelförmigen Augen betrachteten etwas erstaunt den Grafen, der im Morgenmantel und mit roten Samtpantoffeln auf sie zutrat.

„Ich bin entzückt, meine liebe, gnädigste ..." Der kleine, dicke Mann war vor ihr stehen geblieben und küßte ihre

Hand. Jones, der Diener, stand schweigend und mit gesenktem Kopf dabei. Sein Herr und die Dame hatten ihm den Rückzug versperrt.
„Haben Sie schon gefrühstückt, Gnädigste?" Graf Osterhage hatte Tillas Hand nicht losgelassen. Er führte sie in den Salon und zum Kaffeetisch.
„Danke." Tilla zog mit einiger Anstrengung ihre Hand zurück.
„Ich möchte nichts essen", sagte sie. Der Diener hatte inzwischen das Zimmer verlassen und Tilla überlegte krampfhaft, wo sie dem faltigen Gesicht dieses Menschen schon einmal begegnet war. Irgendwo mußte sie den Diener gesehen haben! Vielleicht war es nur ein ferner, kurzer Augenblick gewesen — doch nicht unbedeutend.
„Aber eine Tasse Kaffee werden Sie mir nicht ausschlagen?" unterbrach die Stimme des Grafen ihre Gedanken. „Setzen Sie sich. Jones macht den besten Kaffee Roms!"
Sie antwortete: „Ja, wenn es sein muß . . ."
Und sie setzte sich und dachte: Jones heißt er. Hier ein ungewöhnlicher Name, ein englischer Name. Seltsam, ein Engländer im Dienst eines Vertrauensmannes des Reichssicherheitshauptamtes!?
Graf Osterhage füllte ihre Tasse aus der silbernen Kaffeekanne.
Der Diamant an seiner Hand funkelte im Sonnenlicht, das durch die Fenster kam, und von der Tasse stieg dünner, kräuselnder Dampf auf.
Tilla öffnete die Handtasche auf ihrem Schoß. Sie hielt sie so, daß der Mann vor ihr nicht hineinsehen konnte.
„Ich habe den Bericht fertig." Sie legte ein verschlossenes Kuvert neben ihr Gedeck und schloß die Tasche.
Der Graf hatte sich ein Stück Toast mit Butter und englischem Jam in den Mund geschoben und kaute genußvoll. Dann schluckte er, tupfte mit der Serviette gegen seine Lippen und sagte aufgeräumt: „Na, endlich." Er griff nach

dem Umschlag und hielt ihn zwischen Daumen und Zeigefinger. „Morgen schon ist das in Berlin!"
Tilla trank von ihrem Kaffee. Es war wirklich ein guter Kaffee, stark, aromatisch und mit einem leichten, fremdartigen Beigeschmack. Dieser Jones verstand seine Arbeit! Ob er jetzt vor der Türe stand und horchte?
„Sie gestatten doch", sagte Graf Osterhage und riß den Umschlag auf. Er entfaltete zwei engbeschriebene Briefbogen, schob sich ein neues Stück Toast zwischen die Zähne und begann kauend den Bericht zu lesen.
Tilla trank wieder von dem Kaffee.
Der Graf hatte aufgehört zu kauen. „Donnerwetter", murmelte er.
„Donnerwetter!" Er starrte die junge, schöne Frau fast entsetzt an, erinnerte sich an den Bissen in seinem Mund und würgte ihn hinunter. Er goß den Rest seines Kaffees nach und atmete schwer.
„Das — das ist doch nicht Ihr Ernst?"
Tilla betrachtete ihn belustigt. „Meine Berichte sind nicht zum Spaß geschrieben", bemerkte sie. Sie machte einen zufriedenen Eindruck.
„Aber ich bitte Sie ... Friedensverhandlungen mit dem Feind!? Das gibt es doch nicht — das ist unmöglich, Gnädigste!"
Tilla zündete sich eine Zigarette an. Schließlich war es nicht ihre Aufgabe, sich mit dem Grafen Osterhage zu langweilen.
Der Graf las weiter, blickte wieder auf. „Doktor Kranz und Geheimrat Bachmayer wohnen im Hotel Flora?"
„Habe ich undeutlich geschrieben?"
„Nein, nein ..." Der Graf sah jetzt aus wie ein kranker, verzweifelter Seehund. „Kranz und Bachmayer sind doch bewährte Leute", murmelte er.
„Ich kenne sie — und General Oster ... Nein, das kann ich nicht nach Berlin schicken!"
„Dann werfen Sie das Zeug weg", sagte Tilla und stand auf.

„Ich muß jetzt gehen."
Als sie die Hand zur Türklinke ausstreckte, war der Graf neben ihr.
„Bleiben Sie, Gnädigste!"
Sie blickte ihn spöttisch an. Er hatte sich gefaßt und seine Augen waren kalt und gefährlich. Seine Hand lag auf ihrem Arm.
„Sie haben kein Recht, mich festzuhalten."
„Das stimmt." Der Graf nickte. „Aber ich bin verpflichtet, Ihre Angaben zu überprüfen!" Jetzt grinste er anzüglich.
Tilla sagte mit schmalen Lippen: „Machen Sie das. Überprüfen Sie. Gehen Sie ins Hotel Flora und fragen Sie Bachmayer und fragen Sie Kranz. Sie sind so vertrauenerweckend und anziehend, daß man Ihnen alles erzählen wird — Sie Vertrauensmann! So, und jetzt nehmen Sie Ihre Finger von meinem Arm, Dicker."
Er zuckte zusammen, als hätte sie ihm ins Gesicht geschlagen. In ihrem Gesicht spiegelte sich Genugtuung.
„Werden Sie nicht unverschämt", zischte er. „Ich warne Sie . . ."
Tilla lächelte. „Lassen Sie mich jetzt gehen?"
„Nein", sagte der Graf tonlos. Es klang wie ein Stöhnen und sein Gesicht war weiß vor Erregung. Er trat dicht an sie heran. „Du verdammte, kleine . . ."
Weiter kam er nicht. Sie hatte ihm schnell und kräftig ins Gesicht geschlagen. Während er sie losließ und zurücktaumelte, riß sie die Türe auf.
Vor der Türe aber stand Jones, der vorzügliche englische Diener.
Jones machte einen betroffenen, schuldbewußten Eindruck. Niemand sagte etwas. Der Graf sah Jones an, sah Tilla an und biß sich auf die Lippen. Tilla sah Jones an. Jones hielt den Kopf gesenkt.
Endlich sagte Tilla: „Ihr Herr wünscht, daß Sie mich hinausbegleiten, Jones."

„Sehr wohl, Madame." Er machte seine Verbeugung. Sie war lahm.
Tilla ging an dem Diener vorbei in den Gang hinaus. Jones schloß geräuschlos die Türe zum Salon und folgte ihr. Er öffnete die Wohnungstüre und verbeugte sich noch einmal.
„Auf Wiedersehen, Jones", sagte Tilla und lächelte ihn an.
Jones lächelte zurück und schwieg ...
Einige Wochen vorher hatte Tilla in Berlin die Bilder bekannter Feindagenten betrachtet. Walter Schellenberg, der Chef des Amtes VI im RSHA, hatte sie ihr gezeigt. Jones war auch dabeigewesen. Auf dem Bild in Berlin hatte er gelächelt — wie eben, als sie sich von ihm verabschiedete!
Am Abend dieses Tages, als Tilla sich für das Abendessen mit Robert Golder umkleidete, schlug das Telefon in ihrem Hotelzimmer an. Sie warf das Kleid auf das Bett und nahm den Hörer ab. Auf ihrer Uhr war es halb sieben.
„Graf Osterhage wünscht Madame zu sprechen", sagte die Stimme des Portiers.
„Sagen Sie ihm, daß ich nicht da bin."
Sie legte den Hörer zurück und begann sich wieder mit dem Kleid zu beschäftigen. Sie hatte es am Nachmittag gekauft und es hatte ihr letztes Geld geschluckt. Ein meergrünes Seidenkleid mit zwei Goldknöpfen vorne, keinen Gürtel, keine Falten, keine Schleifen — an den Seiten eine Handbreit geschlitzt.
Wieder rasselte das Telefon.
Einige Zeit ließ sie es rasseln, dann konnte sie es nicht mehr länger ertragen.
„Es tut mir leid, Madame, aber Graf Osterhage ruft immer wieder an."
Die Stimme des Portiers klang müde und schuldbewußt.
„Also, dann geben Sie ihn mir." Sie seufzte.
„Vielen Dank, Madame!"
Es knackte, dann: „Hallo, Gnädigste?"
Seine Stimmung mußte sich offenbar gebessert haben.

„Was wollen Sie?" fragte sie und tat gelangweilt.
Doch der Graf nahm sich Zeit. „Ich glaube, daß ich mich bei Ihnen entschuldigen muß. Ich habe mir erlaubt, Ihnen ein paar Rosen zu schicken."
„Ist das alles?" fragte sie.
„Hm — nein. Ich habe Ihren Bericht abgeschickt, ohne Kommentar."
„Ach?" machte sie spöttisch.
„Wollen wir essen gehen?"
„Nein."
Er brummte. „Hab ich mir denken können. Warum mögen Sie mich nicht ...?"
„Noch etwas?"
„Ja ... Was hat Golder mit der Angelegenheit zu tun?"
Einen Augenblick schloß sie die Augen und ihre Hand umkrampfte den Hörer, daß die Fingerknöchel weiß hervortraten. Es dauerte nur einige Sekunden, dann antwortete sie:
„Gar nichts. Mit ihm scheint nicht viel los zu sein ... Wieso?"
„Ich weiß nicht", knurrte die Stimme des Grafen zurück. „Nur so eine Annahme. Sie hatten ihn mit keinem Wort erwähnt."
„So, hab ich nicht?"
„Übrigens muß ich Ihnen Geld übergeben — vom Auftraggeber!"
Tilla lächelte. Damit war die Geldfrage gelöst. Das Leben war großartig! Sie sagte: „Ich hole es mir morgen früh ab."
„Das wäre alles, Gnädigste", meinte Graf Nikolaus Osterhage. „Es sei denn, Sie würden doch noch mit mir ..."
„Nein, ich werde nicht", unterbrach sie. „Wo ist Jones, ihr Diener?"
„In der Küche — aber ..."
„Bestellen Sie ihm einen schönen Gruß." Tilla legte den Hörer auf die Telefongabel zurück und lachte leise.

*

Berlin, die Reichshauptstadt des Dritten Reiches, erlebte die letzten warmen Herbsttage des Jahres 1939. Die alten Bäume in den Straßen und die Wälder am Stadtrand begannen kahl zu werden, die Nächte wurden kalt, die Frühstunden brachten dichten, feuchten Nebel.

Heinrich Himmler, Reichsführer SS, hatte wieder einmal seinen „schlechten Tag". Schon am frühen Morgen saß er mißmutig und höchst ungnädig in seinem Amtszimmer hinter dem Schreibtisch.

Doch er war ehrgeizig und er hatte Kraft genug, all die Positionen, die man ihm oder die er sich aufgeladen hatte, zu erfüllen. Er war sogar bereit, sein Arbeitspensum noch zu erhöhen und hätte es nicht überlebt, seinem Führer eine Enttäuschung zu bereiten. Aber ein zu hart gekochtes, kaltes Ei, ein nachlässig zubereiteter Kräutertee und schlecht schmeckendes Brot konnten ihn aus der Fassung bringen. Er empfand sie als persönliche Beleidigung. Auch der Nebel gehörte dazu.

Manchmal sprach Himmler auch von seiner Sehnsucht nach stillen Tälern und Wäldern, nach Kuhglocken und Landgeruch. Er war auf dem Lande aufgewachsen, als Sohn eines ehrgeizigen strengen Lehrers und seiner zänkischen Frau, der Tochter eines savoyanischen Gemüsehändlers. Die Mutter war häßlich, mit schmalen Lippen und kalten Augen, der Vater pedantisch und hart. Er, der kleine Himmler, wurde oft geschlagen.

Sein Vater brachte es weit. Sein Ehrgeiz und das Geld seiner Frau machten ihn schließlich zum Prinzenerzieher am bayerischen Hof.

Heinrich, der Sohn dieses ehrbaren Lehrerehepaares, war natürlich katholisch getauft worden. Heinrich Himmlers Taufpate: Der Erzbischof von Bamberg!

Eine geachtete Familie, ein vielversprechender Sohn. Doch der Sohn lernte es, seinen Vater zu hassen und die Mutter zu verachten. Er mußte die Landwirtschaft studieren, so wollten es die Eltern. Also studierte er Landwirtschaft. Er war ein Romantiker und träumte viel. Er begann Bücher zu lesen, die seine Gefühle verwirrten und ihn unglücklich machten.

Als er heiratete, war er ein junger, unscheinbarer Mann mit abgeschlossener Landwirtschaftsausbildung und verworrenen Idealen. Er versuchte sich im Anbau von Gemüsen und in der Hühnerzucht und wurde Mitglied der „Reichskriegsflagge". Erst durch die Begegnung mit Hitler, den er bereits vor der „Machtergreifung" kennenlernte, wurden alle seine Fähigkeiten, seine durcheinandergebrachten Gefühle und sein maßloser Ehrgeiz in eine Bahn gelenkt, die ihn zu dem gemacht hatten, was er jetzt war: Heinrich Himmler, der eiskalte, gefürchtete Chef der Konzentrationslager, Chef der SS, Chef der Polizei und Schatten des Führers.

Wenn Himmler Magenkrämpfe hatte, dann saß er allein und bewegungslos hinter dem Schreibtisch seines großen Arbeitszimmers und auf seiner Stirn, unter dem kurzgeschnittenen Haar, konnte man die Schweißperlen sehen. Damit die Schmerzen nachließen, mußte ihm sein finnischer Leibarzt, der rundliche Dr. Kersten, ein Pulver geben.

Himmler studierte an diesem Morgen die Akten über den Aufbau neuer Konzentrationslager in Polen. Die Angelegenheit wurde planmäßig vorangetrieben und auch die Versuche mit neuen Gaskammern waren befriedigend. Keine Möglichkeit, sich zu ärgern!

Himmler schob die Akten mit einer unwilligen Bewegung zur Seite und machte ein nachdenkliches Gesicht. Müller? ... Der Chef der Gestapo war gestern nach München abgereist. Schellenberg? ... Nein, das war nicht der richtige Mann jetzt. Heydrich? ...

Er zögerte. Da war doch etwas gewesen, das Heydrich in seinem gestrigen Vortrag nicht erwähnt hatte?! ...

Er trommelte mit den Fingern auf die Schreibtischkante. Plötzlich griff er zum Telefonhörer. „Obergruppenführer

Heydrich sofort zu mir!" sagte er scharf. Er legte den Hörer zurück. Dann trommelte er wieder auf die Holzkante vor sich.

Als Reinhard Heydrich den Raum betrat, kauerte Himmler mit verkniffenem Gesicht hinter seinem großen Schreibtisch. Vor dem Fenster schien die Herbstsonne und der Himmel war klar und stahlblau. Heydrich blieb schweigend vor dem Tisch seines Vorgesetzten stehen. Er gehörte zu den Menschen, die instinktiv eine Gefahr wittern, und er war vorbereitet.

„Gut!" stieß Himmler hervor. Er blinzelte. Mit einer kraftlosen Handbewegung deutete er auf den Sessel vor dem Schreibtisch.

Heydrich setzte sich. Groß, schlank und angespannt, wirkte er wie eine sprungbereite Raubkatze. Sein Gesicht mit den eng zusammenstehenden, blauen Augen blieb glatt. Seine Uniform war Maßarbeit, das Lederzeug und die Stiefel glänzten. Er war ein gutaussehender Mann, dieser Reinhard Heydrich. Er wußte es.

Sie belauerten sich, schweigend, geduldig.

Schließlich blickte Himmler zum Fenster hinüber. Er sagte leise:

„Wie war das eigentlich mit dem Grabstein Ihrer Großmutter?"

Er lächelte dünn.

„Oder war es Ihre Urgroßmutter, Heydrich?"

Heydrich antwortete: „Sie hieß Sarah." Er hatte sich nicht bewegt. In seine Augen war ein gefährliches Glitzern gekommen.

„Sie haben den Stein verschwinden lassen, wie ich hörte." Himmler sah ihn wieder an.

„Ist er verschwunden, Reichsführer?"

„Er ist wieder da", sagte Himmler. „Aber der Name Sarah nicht mehr ... Ein jüdischer Name!"

Heydrich zog grinsend die Oberlippe von den Zähnen. „Hat

denn mal der Name Sarah auf dem Stein gestanden, Reichsführer?"
Himmler betrachtete seinen besten SS-General nachdenklich. Er erinnerte sich in diesem Augenblick, daß er auch der gefährlichste war. „Vergessen wir es, Heydrich", murmelte er.
Heydrich lehnte sich in den Sessel zurück. Nicht einen Augenblick ließ er seinen Chef unbeobachtet. Er hätte nun zurückschlagen können, aber er unterließ es. Er wartete auf eine bessere Gelegenheit.
Himmler schloß die Augen, als wartete er auf einen Gegenangriff.
Als er nicht kam, machte er die Augen wieder auf. „Was Neues aus Rom?"
Heydrich betrachtete aufmerksam seine wohlgeformten Fingernägel.
„Das dürften Sie doch besser wissen, Reichsführer."
„Wieso?" Mit hochgezogenen Brauen beugte sich Himmler vor.
„Der Chef der italienischen Polizei", begann Heydrich und blickte Himmler erstaunt tuend an, „Exzellenz Bocchini, ist der nicht ein guter Freund von Ihnen?"
„Hm", machte Himmler. Diese Wendung paßte ihm nicht.
„Erst vor ein paar Wochen schickten Sie ihm ein Stück alter Baumrinde, wie ich hörte ..."
Himmler reckte sich im Sessel. Über seiner Nasenwurzel erschien eine tiefe Falte. „Es war ein Stück der Wotanseiche", belehrte er streng. „Ich habe sie suchen und ausgraben lassen und als Zeichen meiner Verbundenheit ..."
„Bocchini hat Ihre Wotanseiche jedenfalls zum Feuerholz seines Kamins legen lassen", unterbrach ihn Heydrich bedächtig. „Man erzählte mir, daß er angenommen habe, Sie hätten sich einen kleinen Spaß machen wollen, Reichsführer."
Himmlers Gesicht war grau geworden. Er sagte nichts. Er zitterte und seine Hände umkrampften die Sessellehnen.

„Aber sonst ist er ein fähiger Mann, dieser Bocchini", redete Heydrich weiter. Seine Stimme war sanft. „Er versucht, in deutschem Sinne Ordnung zu schaffen, der Bedauernswerte!"
Himmler sagte gepreßt: „Unser heimlicher Bundesgenosse im Süden — pah! ... Ein sündhaftes, verkommenes und ungermanisches Gesindel!" Er atmete erregt. „Die Wotanseiche — beim Feuerholz!"
Sie schwiegen wieder, Heydrich entspannt, Himmler damit beschäftigt, seiner Erregung Herr zu werden. Er erweckte den Eindruck, als ob ihm jede Lust an weiteren Sticheleien vergangen sei. Er erhob sich, ging im Raum auf und ab.
„Ich wünsche einen Bericht über die Schwarze Kapelle!" sagte Himmler endlich.
Heydrich stand auf. Darauf war er vorbereitet gewesen. Er lehnte sich gegen die Schreibtischkante. „Ich habe jetzt genug Material zusammen, um Canaris ans Messer zu liefern ... !" begann er und fügte hinzu: „ ... Wenn wir es für richtig halten!"
„So?" fragte Himmler. Er war am Fenster stehengeblieben und starrte zur Straße hinab.
„Zwei Männer — ein gewisser Bachmayer und ein Doktor Kranz — befinden sich zur Zeit in Rom, um über den Vatikan mit den Engländern zusammenzukommen. Die beiden sind Canarisleute. Canaris hat sie dorthin geschickt ..."
Er wartete auf Himmlers Gegenfrage, doch Himmler blieb stumm. So redete er weiter: „Kranz und Bachmayer sind nur die Kuriere einer Oppositionsgruppe. Es ist eine Gruppe, die wir schon seit einiger Zeit beobachtet haben. Wir können beweisen, daß Canaris einer ihrer Köpfe ist — General Oster und Dohnany gehören dazu ..."
Himmler wandte sich heftig vom Fenster ab. „Das Ziel der Leute?"
„Den Sturz des Führers, Vernichtung der nationalsozialistischen Führerschaft, kein Krieg über Polen hinaus und des-

halb Friedensverhandlungen mit England und Frankreich!"
„Die Kerle sind ja verrückt!" Heinrich Himmler bemerkte das voll Verwunderung. Er war zu erstaunt, um zornig zu werden.
„Total verrückt", wiederholte er. „Woher stammen die Unterlagen?"
„Die letzten kamen aus Rom, über unseren Vertrauensmann."
„Und dieser Journalist — wie war der Name?"
„Golder", sagte Heydrich.
„Richtig, der Golder — hat der etwas damit zu tun?"
„Ich nehme es an." Heydrich zuckte mit den Schultern. „Beweisen könnte ich es aber nicht."
„War er nicht der Mann mit den Vatikanverbindungen?"
Jetzt nickte Heydrich anerkennend. „Sie haben ein gutes Gedächtnis, Reichsführer! Golder wird von unserer besten Agentin beschattet."
„Hm", machte Himmler wieder. Er trat zum Schreibtisch zurück und setzte sich. Er schüttelte den Kopf. „Da haben wir also zwei Friedenstauben in Rom und hier eine Oppositionsgruppe mit staatsfeindlichen Absichten. Wir haben einen Abwehrgeneral, der gefährliche Freunde im Ausland hat und einen unliebsamen Journalisten vor unserer Polizei rettet. Was sagen Sie dazu, Heydrich?"
Heydrich sagte nicht viel. Er war vorsichtig. „Nun ja ..." meinte er gedehnt und ließ sich wieder in den Sessel fallen. Er stellte sich grübelnd.
Himmler legte den Kopf zur Seite und nahm den Zwicker von der Nase. „Der Führer ..." begann er und brach ab. Er schien müde und unsicher. „Der Führer ist bereits überlastet." Heydrich betrachtete nun eingehend seine Stiefelspitzen. „Man muß ihn ja nicht unbedingt mit dieser Angelegenheit behelligen — nicht im augenblicklichen Stadium!"
„Hm . . ." Himmler setzte den Zwicker auf die Nase. Er

fühlte sich erleichtert, doch er zögerte noch. Er selbst war bereits entschlossen, von sich aus nichts zu unternehmen. Schließlich konnte man nie wissen — und einen Fürsprecher am Vatikan darf man auch nicht unterschätzen!
Heydrich sagte: „Man könnte überlegen, ob man nicht Bocchini auf die Leute in Rom aufmerksam machen soll."
„Eine ausgezeichnete Idee!"
„Bocchini müßte sie ganz unauffällig überwachen lassen."
„Ganz meiner Meinung!" Himmler beugte sich vor. „Sie werden das veranlassen, Heydrich." Himmler atmete erleichtert auf. Der Vorschlag; Bocchini, den italienischen Polizei-Chef, einzuspannen, war wirklich gut. Hitler liebte keine Einmischung auf italienischem Boden. Bocchini war nicht nur ein Ausweg, er war auch eine Rückendeckung — wenn der Führer etwas erfahren sollte!
„Natürlich werde ich unsere Agentin nicht zurückziehen."
Heydrich seufzte, dann sagte er: „Man soll Friedenstauben nie die Flügel beschneiden — aber man soll gut auf sie aufpassen!"
Sie grinsten sich an. Es war, als hätten sie sich selten so gut verstanden wie an diesem schönen Herbstmorgen.

☆

Über dem Meer wurden Herbststürme gemeldet. In Rom regnete es. Der Wind war kalt und trieb den Regen durch die Straßen.
Es war Samstag.
Als Robert Golder den alten Renaissance-Palast des Jesuitenpaters Tacchi-Venturi am Piazza del Gesù verließ, überfiel ihn wieder dieses unangenehme Gefühl, verfolgt zu werden.
Langsam, den Mantelkragen hochgeschlagen und die Hände in den Taschen, überquerte er den kleinen Platz. Ohne sich

auch nur umzusehen, bog er in eine Seitenstraße ein und blieb dann vor der Auslage eines Antiquitätenladens stehen. Hinter ihm, in einem Abflußloch, gurgelte das Wasser. Einige Straßenpassanten gingen vorbei, irgendwo aus den Fenstern, über dem Geschäft, schlug dumpf eine Uhr. Er zündete sich eine Zigarette an und wartete. Auf der gegenüberliegenden Straßenseite stand ein junger Mann. Golder beobachtete ihn in der Glasscheibe des Ladens. Der Mann trug ein schwarzes dünnes Bärtchen auf der Oberlippe und er hatte seinen Hut aus der Stirn geschoben. Er war der einzige Mensch, der sich seit einigen Minuten in seiner Nähe aufhielt.
Golder blieb einen Augenblick stehen. Der junge Mann gegenüber blickte jetzt auf seine Armbanduhr, schüttelte den Kopf und begann die Straße hinaufzuschlendern. Er drehte sich nicht um.
Golder lief in der entgegengesetzten Richtung. Mit ein paar schnellen Schritten erreichte er wieder die Straßenmündung, überquerte noch einmal den Platz und ging dann zum nächsten Taxistand.
Die Taxis standen bei der Piazza Venezia, drei vorsintflutliche, verbeulte, giftgrün gestrichene Autos. Der Fahrer des ersten Fahrzeuges schlief. Er war ein kleiner, stämmiger Mann mit wirren, schwarzen Locken und einem roten Halstuch, das nicht mehr sauber war. Sein Kopf lag zurückgelehnt auf dem Polster. Er schnarchte mit offenem Mund.
Golder öffnete den Verschlag zum Rücksitz und kletterte hinein. Er zog die Türe heftig hinter sich zu und der Fahrer erwachte mit einem widerwilligen Grunzen.
„Hotel Flora", sagte Golder.
„Muß das sein?" fragte der Fahrer und gähnte. Er schien keine Anlagen zum guten Geschäftsmann zu besitzen.
Golder sagte ungeduldig: „Ich habe nicht viel Zeit, Mann!"
„Also, dann wollen wir mal." Der Fahrer betätigte den Anlasser und der Motor begann keuchend und schnaufend zu arbeiten.

Golder ließ sich aufatmend in das harte Polster zurückfallen. Über ihm, auf dem Blechdach des Wagens, trommelte der Regen. Er dachte an den jungen Mann mit dem Bärtchen. Er überlegte, ob er ihn schon einmal gesehen hatte, doch er konnte sich nicht erinnern. Schon am Morgen, als er das Hotel verlassen hatte, war in ihm dies unbestimmte Gefühl gewesen, daß sie hinter ihm her waren. Er kannte das. Es erinnerte ihn an Frankfurt, aber hier fühlte er sich nicht so hilflos. Der Wagen hatte sich mit einem gewaltigen Satz in Bewegung gesetzt. Während er in einer großen Schleife über den Platz rollte, blickte Golder sich um. Durch das Rückfenster konnte er beobachten, wie ein zweites Taxi losfuhr und schnell näherkam. Der Regen hatte etwas nachgelassen.

„Fahren Sie schneller", sagte Golder. Er legte seine Hand auf die Schulter des Fahrers.

„Ich weiß nicht", brummte der Mann. „Er verträgt's schlecht, wissen Sie." Er fuhr aber doch schneller.

Das andere Taxi blieb in gleichem Abstand hinter ihnen. Es war zu weit entfernt, um das Gesicht seiner Insassen zu erkennen.

Konnte das noch ein Zufall sein? Der Mann mit dem Bärtchen, das unangenehme Gefühl, der Wagen, der hinter ihnen fuhr – eine dumme Einbildung. – Und doch ahnte er, daß es keine Einbildung war. Er mußte das herausfinden.

„Hören Sie", sagte Golder jetzt und beugte sich zu dem Fahrer vor. „Da hinter uns fährt ein Kollege von Ihnen. In seinem Auto sitzt ein Freund von mir, der mich sprechen will. Ich will ihn aber nicht sprechen, haben wir uns verstanden?"

Der Fahrer nickte. Er beobachtete das andere Taxi im Rückspiegel.

„Un amico, eh?"

„Ich zahle Ihnen den doppelten Fahrpreis", schlug Golder vor.

„Werden Sie es schaffen?"
„Madonna mia", grinste der Fahrer. „Nichts leichter als das!" Er bog so unvermittelt und scharf in eine Nebenstraße ein, daß Golder gegen die Seitenwand geschleudert wurde.
„Ich war nämlich mal Rennfahrer", bemerkte der Mann stolz. Er gab sich ehrliche Mühe, das andere Fahrzeug abzuschütteln. Golder hielt sich krampfhaft am Polster des Vordersitzes fest, während sein Fahrer bewies, daß er ein Künstler war.
Der Motor keuchte, die Reifen quietschten und das alte Fahrzeug schlitterte und schwankte über die regennassen Straßen. Fußgänger sprangen entsetzt zur Seite, hoben drohend die Fäuste, eine alte Frau ließ kreischend ihren Eierkorb fallen und der Verkehrspolizist auf der Piazza Colonna war von den Kunststücken des wildgewordenen Autos so hingerissen, daß er zu pfeifen vergaß, obwohl er die Trillerpfeife zwischen den Zähnen hielt.
Golder blickte zurück. Das andere Taxi fuhr noch immer hinter ihnen. Entweder war der Besitzer auch ein Rennfahrer, oder er besaß den besseren Motor.
„Wir werden ihn nicht los", sagte Golder. „Es ist sinnlos."
Der Mann vor ihm am Steuer nickte trübsinnig. Er steuerte zur Hauptstraße zurück und fuhr langsamer. „Ich hab eine Idee", erklärte er.
„Welche?"
„Aspetta un momento", sagte der Mann und hielt an. Er stieg aus, grinste Golder an und schlenderte dann gemächlich durch den Regen auf das andere Taxi zu, das etwa fünfzig Meter weiter am Straßenrand wartete. Golder beobachtete, wie er dem Fahrer des zweiten Taxis zuwinkte. Nun kletterte auch der Kollege aus seinem verbeulten Fahrzeug und sie trafen sich zu einem kurzen Gespräch auf der Straße. Dann ging jeder zu seinem Taxi zurück und stieg wieder ein.
„Ihren Freund sind Sie los, Signore", sagte der Fahrer, als er weiterfuhr.

„Mein Kollege erzählte eben, daß sein Anlasser plötzlich kaputt gegangen ist."
Golder unterdrückte ein Lachen. „Da muß ich Ihrem Kollegen wohl einen neuen Anlasser kaufen?"
„Das dachte sich mein Kollege auch", meinte der Fahrer ernst. „Er hat nämlich vier hungrige Kinder zu Hause, Signor — und seine Frau ist lungenkrank."
„Schon gut, schon gut ..." Golder sah, daß der andere Wagen am Straßenrand stehengeblieben war. Der Fahrer und sein Fahrgast standen davor und gestikulierten wild.
Golder pfiff leise durch die Zähne. Der Mann, der dort schimpfend auf der Straße stand, war noch jung. Er trug ein schmales Bärtchen auf der Oberlippe und er hatte den Hut aus der Stirn geschoben ...

☆

Golder betrat die Halle des Hotel Flora. Die vergoldeten Zeiger der Uhr über dem Eingang zum Speisesaal zeigten auf wenige Minuten nach eins und an den Tischen des Saales drängten sich die Gäste zum Mittagessen.
Tilla war nicht im Hotel. Sie hatte einen Brief beim Portier hinterlassen:

> „Ohne Dich ist es schrecklich einsam, Liebling. Habe bis zwölf auf Dich gewartet. Warte bei „Orlando" weiter. Komm bald, wenn Du mich nüchtern haben willst.
>
> T."

„Orlando" war eine düstere Kneipe, etwa zehn Minuten vom Hotel entfernt. Man aß dort ausgezeichnet, wußte Golder. Außerdem machten sie da die schwersten Martinis.
Er wäre gerne sofort zu „Orlando" gegangen, aber es war

Samstag. Oben, in ihren Zimmern, warteten Kranz und Bachmayer, die ihm „A" aus Deutschland geschickt hatte.
Golder schob Tillas Brief in die Tasche seines grauen Anzuges und ging zum Lift. Er ließ sich in den vierten Stock hinauffahren und ging dann durch den leeren Gang zu der Zimmertüre des Dr. Kranz. Er klopfte an die Türe mit der Nummer 413 und von drinnen hörte er Kranz' Stimme: „Wer ist da?"
Golder antwortete nicht. Er wartete bis die Türe aufgeschlossen wurde. „Ah, Sie sind's", sagte Kranz und lächelte. Sein rundes, fleischiges Gesicht sah müde und unausgeschlafen aus. „Kommen Sie herein, Golder!" Im Zimmer, am runden Tisch, saß Bachmayer. Auch er schien schlecht geschlafen zu haben. Er wirkte noch dürrer und größer und unter seinen Augen lagen dunkle Schatten.
Golder nickte ihm zu und Bachmayer nickte zurück. Sie gaben sich nicht die Hand. Sie mochten sich nicht und sie arbeiteten nur zusammen, weil „A" es so wollte.
„Nun", Kranz deutete auf den Sessel. „Was gibt es Neues?"
„Danke." Golder blieb stehen. „Es ist alles soweit in Ordnung. Am Montag treffen wir uns in der Stadt, bei der Piazza del Gesú. Jeder von uns geht allein hin. Wir treffen uns um elf Uhr . . ."
„Ich bin kein Indianer!" Geheimrat Bachmayer stieß verächtlich die Luft durch die Nase. Er bestimmte: „Natürlich fahren wir zusammen hin . . . Lächerlich!"
Golder sah ihn nicht an. Er sprach mit Kranz. „Sorgen Sie bitte dafür, daß Sie sicher sind, nicht verfolgt zu werden. Seit heute weiß ich, daß ich beobachtet werde. Ich habe Grund anzunehmen . . ."
Bachmayer unterbrach ihn. „Sie scheinen mir ein bißchen zuviel Phantasie zu entwickeln, junger Mann. Es ist möglich, daß man Sie verfolgt — warum nicht. Aber wir, Doktor Kranz und ich . . ."

„Ich habe Grund anzunehmen", begann Golder noch einmal und lauter, „daß meine Beobachtung mit Ihrer Mission etwas zu tun hat".
Kranz stand so, daß Bachmayer sein Gesicht nicht sehen konnte. Er grinste Golder zu. „Wir werden aufpassen", sagte er. Bachmayer schnaubte wütend, doch sagte er nichts.
„Mit wem werden Sie uns zusammenbringen?!" fragte Kranz.
„Pater Tacchi-Venturi. Er ist der Geschichtsschreiber des Jesuitenordens."
„Die SS der Kirche!" bemerkte Bachmayer. „Eine vorbildliche Organisation, das."
Golder sah ihn an. „Ein schlechter Vergleich. Übrigens sind Sie hier in Rom."
„Sie brauchen mich nicht darauf aufmerksam zu machen!"
Kranz hatte sie beobachtet. Er fragte schnell: „Und der Jesuitenpater, wird der uns mit den Engländern zusammenbringen?"
„Pater Venturi will sich mit Ihnen unterhalten", antwortete Golder ausweichend. „Der richtige Mann wäre Lord Osborne."
Kranz nickte. „Wir wissen das."
„Das wäre alles", sagte Golder. „Haben Sie noch irgendeine Frage?"
„Nein", knurrte Bachmayer.
Kranz schüttelte den Kopf. „Wir werden um elf Uhr auf Sie warten, Herr Golder."
Golder nickte ihm zu und trat zur Türe. Er drehte sich um.
„Vielleicht wäre es ratsam, wenn Sie so ab und zu einmal Ihre Zimmer auf eventuelle Abhöranlagen durchsuchen würden. Die Mikrophone sind sehr klein und lassen sich gut hinter Gardinenleisten oder Schränken verbergen."
„Mikrophone?" fragte Bachmayer lahm. Beide, er und Kranz starrten unwillkürlich zur Gardinenleiste über dem Fenster.

Kranz räusperte sich. „Glauben Sie das wirklich, Herr Golder?"
„Es ist vorgekommen", sagte Golder und grinste. Er ging hinaus und zog die Türe hinter sich ins Schloß.
Als er den Gang zum Lift zurückging, begann er einen Schlager zu pfeifen, den das kleine Orchester bei „Orlando" oft spielte. Er dachte dabei an Tilla.

☆

„Orlando" war eine Art Osteria, in einer düsteren Seitengasse am Ende der Via Vittorio Veneto. Ein großer, dunkler Raum mit Nischen und Winkeln, Chianti-Flaschen an den Wänden und getrockneten Sägefischen und anderen Ungeheuern an der Decke. In einem Winkel bearbeiteten vier Musiker ihre Instrumente. An einem barähnlichen Verschlag, der mit Chrom- und Nickelteilen verziert war, langweilten sich ein paar Touristen. Im Raum, an den kleinen Tischen, wurde gegessen und getrunken. Man aß viel bei Orlando. Noch mehr wurde getrunken.
Tilla saß an einem Tisch, nahe dem Orchester. Sie trug das meergrüne, an den Beinen etwas geschlitzte Kleid und eine Kette aus dicken, schwarzen Glasperlen um den Hals. Ihre Augen schimmerten bereits vom Martini und sie sah reizend aus. Er suchte sich einen Weg zwischen den Tischen und stand dann hinter ihr, ohne daß sie ihn bemerkt hatte. Ihr gegenüber saß ein Jüngling, der ununterbrochen auf sie einredete. Golder hörte, daß es sich um Komplimente handelte und darum, daß der Jüngling sie wiedersehen wollte.
Tilla schien das Gerede Spaß zu machen. Sie lächelte selig, hielt ihr Glas in der Hand und wiegte sich leicht im Takt der Musik. Das Orchester spielte gerade das Lied vom Marinaio, einen beliebten Seemanns-Schlager. Golder setzte sich neben sie.

Tilla sah ihn an und lachte leise und glücklich. Sie trank den Rest ihres Martinis und stellte das Glas auf den Tisch. Der Jüngling redete noch immer.
„Ist der Knabe nicht lustig?" fragte sie. „Was redet er nur dauernd?"
Der Jüngling schwieg plötzlich. Er hatte begriffen, daß man ihn nicht ernst nahm. Er machte ein gekränktes Gesicht.
Golder sagte: „Er will dich wiedersehen. Er meint, daß du die schönste Frau bist, die in Italien herumläuft."
Sie hatte ihm nachdenklich zugehört, dann sah sie den Jüngling an.
„Ich liebe diese temperamentvollen Knaben, Robert."
„Aber er ist nicht besonders schön." Golder grinste. „Er hat Pickel im Gesicht!"
Sie beugte sich etwas vor, um besser sehen zu können. „Das stimmt", stellte sie fest. „Pickel hat er — aber er hat Temperament!"
Der Jüngling blickte sie unsicher an, dann Golder. Obwohl er kein Wort der Unterhaltung verstanden hatte, spürte er instinktiv, daß man sich über ihn lustig gemacht hatte. Mit rotem Gesicht sprang er auf, machte vor Tilla eine eckige, mißlungene Verbeugung und entfernte sich eilig.
Sie lächelte schwach. „Der Arme", sagte sie. „Wir hätten uns besser benehmen sollen." Dann legte sie den Kopf an seine Schulter.
„Und was machen wir jetzt?"
Golder sah das Mädchen, das auf ihn zukam, um die Bestellung entgegenzunehmen. Er sagte: „Wir essen etwas."
Er bestellte das Essen und Tilla ließ ihren Kopf an seiner Schulter liegen.
„Wünschen Sie etwas zu trinken?" fragte das Mädchen und warf einen verwunderten Blick auf Tilla. Man sah ihr an, daß sie aus der Campagna kam.
„Martini", sagte Tilla.

Golder nickte. „Aber erst nach dem Essen!"
„Na, schön", murmelte Tilla an seiner Schulter. „Weißt du schon das Neueste?"
„Nein."
„Ich bin schrecklich in dich verliebt, Robert! . . ."
Das Mädchen zog sich zurück. Es schüttelte sanft den Kopf.
Als das Mädchen fortgegangen war, fragte Tilla: „Was machen wir am Wochenende?"
„Wir könnten wegfahren."
„Es regnet."
„Es wird schon aufhören."
„Wohin?"
„Irgendwohin — an die Küste."
„Gut, fahren wir weg", sagte Tilla. „Fahren wir gleich nach dem Essen."
Das Essen war gut wie immer bei Orlando. Sie tranken ihren Martini und bestellten Kaffee. Der Kaffee war heiß und stark und sie beeilten sich nicht.
Als sie endlich das Lokal verließen, hatte es aufgehört zu regnen und die Sonne drängte sich durch die Wolken. Sie gingen zu Fuß zum Hotel zurück. Auf der Via Veneto sah Golder den jungen Mann mit dem Bärtchen wieder. Er stand vor der Auslage eines Geschäftes und rauchte eine Zigarette.

☆

Kranz und Bachmayer saßen in der Hotelhalle und tranken Rotwein. Sie standen auf, als Golder mit Tilla an ihnen vorbei zum Lift ging. Sie verbeugten sich und starrten Tilla an.
„Warum hast du nicht mit deinen Freunden gesprochen?" fragte Tilla im Lift.
„Sie sind nicht meine Freunde", antwortete er. Er war wütend, daß die beiden sich so auffällig benahmen.

Während er mit Tilla über den Gang zu ihrem Zimmer ging, fiel ihm etwas ein. Er blieb stehen. „Ich warte in meinem Zimmer auf dich", sagte er. „Ich muß nochmal telefonieren."

Sie küßte ihn schnell und ging dann weiter.

In seinem Zimmer schloß er die Türe ab und prüfte den Draht zum versteckten Mikrophon, den er unauffällig zerschnitten hatte. Man hatte ihn noch nicht wieder repariert.

Auf dem Bett sitzend, nahm er den Hörer vom Telefon und ließ sich mit der Nummer Angelo Rossi, dem Import-Exportkaufmann und Funker des Geheimsenders „RZL" verbinden. Das Mikrophon in seinem Zimmer machte es unwahrscheinlich, daß man auch die Leitung des Telefons angezapft haben könnte. Außerdem mußte er dieses Risiko auf sich nehmen.

Er wartete und hörte das Knacken im Hörer. Endlich kam Rossis Stimme. „Bist du es, Roberto?"

„Ja ... Hör genau zu, Angelo ..." Er schloß die Augen und überlegte einen Moment. „Seit heute morgen habe ich ein paar Freunde", begann er. „Sie sind sehr besorgt um mich und ich kenne nicht ihre Absicht."

„Wer?" fragte Angelos Stimme.

„Oh, irgendwelche Freunde."

„Verstehe!"

„Ich fahre heute an die Küste, Richtung Ostia. Ein Freund wartet unten vor dem Hotel auf mich ... Was meinst du, Angelo?"

Rossi antwortete, ohne nachzudenken: „Schöne Gegend! Da gibt es einen Weg am Meer, geht rechts ab von dem Transformatorenhaus, ein paar Kilometer vor Ostia. Den Weg mußt du fahren, Roberto. Du hast den schönsten Blick da."

„In Ordnung."

„Noch etwas?" fragte Rossi am anderen Ende.

„Wir können uns später darüber unterhalten, Angelo."

„Natürlich ..." Rossi lachte glucksend. „Grüß deine Freunde von mir. Ich freue mich, sie kennenzulernen. Ciao."
Golder legte den Hörer zurück und zündete sich eine Zigarette an. Er atmete den Rauch tief ein, griff wieder nach dem Telefon. Beim Portier bat er um einen Leihwagen.
„Das wird nicht so einfach sein", meinte der Portier. „Heute ist Samstag und zudem ..."
„Sie werden das schon schaffen", sagte Golder zuversichtlich und hängte ab.
Er suchte ein Glas und holte die Whiskyflasche aus dem Schrank. Nachdem er das Glas halb ausgetrunken hatte, erschien Tilla. Sie hatte sich einen hellen, leichten Mantel angezogen und trug einen kleinen Lederkoffer in der Hand.
„Noch nicht gepackt, Liebling?" fragte sie.
Er drückte ihr das Glas in die Hand, zog seinen Koffer vom Schrank herunter und holte sein Rasierzeug aus dem Baderaum. Er brauchte keine drei Minuten, dann war er fertig.
Tilla trank den Rest des Whiskys und stellte das Glas auf den Tisch. „Nicht schlecht, der Whisky", sagte sie anerkennend. „Auch die Martinis bei Orlando sind gut — aber es geht nichts über Campari!"
Im Badezimmer, so, daß sie es nicht sehen sollte, schnallte Golder das Schulterhalfter mit der schweren Armeepistole um, die er von Angelo Rossi bekommen hatte. Als er die Jacke wieder anzog, lehnte Tilla am Türrahmen.
„Brauchst du denn sowas, wenn du mit mir fortfährst?" Ihre Augen waren groß und erschrocken.
„Nur so", brummte er. „Man kann nie wissen ..."
Sie zuckte mit den Schultern und ging ins Zimmer zurück. „Gehen wir."
Er trug beide Koffer und sie schloß die Türe ab. Ihre Handtasche hing an einem Lederriemen von ihrer Schulter.
Es war die gleiche Handtasche in der Golder vor einigen

Tagen eine Mauser 38 entdeckt hatte. Jetzt mußte er lachen.
Sie sah ihn an.
„Ich dachte daran, daß auch du nicht unbewaffnet bist", erklärte er mit einem kleinen Grinsen. „Sind wir nicht ein nettes Paar?!"
Sie sah von ihm fort. Sie lachte nicht ...
Robert Golder hatte sich nicht geirrt. Der Portier hatte doch noch einen Leihwagen bekommen und draußen auf der Straße schien die Sonne. Ein Page trug die Koffer zum Wagen und wünschte „Buon viaggio." Golder drückte ihm ein paar Münzen in die Hand.
Drüben, auf der anderen Seite der Straße, stand der junge Mann mit dem Bärtchen. Er hatte eine Zeitung gelesen, faltete sie jetzt sorgsam zusammen und schlenderte zu einer schwarzen Limousine, die ein Stück weiter unten, am Straßenrand, stand.
Während Golder den Leihwagen langsam anrollen ließ, sah er, daß der junge Mann mit einem anderen Mann redete, der in der Limousine saß. Der andere Mann stieg aus und der junge Mann mit dem Bärtchen warf sich hinter das Steuer. Er fuhr sofort los und hielt sich etwa zwanzig Meter hinter dem Leihwagen.
Golder kümmerte sich nicht weiter um die schwarze Limousine. Er fuhr in westlicher Richtung aus der Stadt und über die breite, gut ausgebaute Straße nach Ostia.
Tilla hatte sich an Golders Schulter gelehnt. „Glücklich?" fragte sie schläfrig.
„Hm — ja ..." Er blickte in den Rückspiegel, in dem die schwarze Limousine immer kleiner wurde. Der Abstand hatte sich immer mehr vergrößert.
„Ich habe das Badezeug mitgenommen, Robert. Glaubst du, daß das Wasser sehr kalt ist?"
„Nicht so schlimm." Er gab mehr Gas. Er hatte einen Plan und wollte die Sache hinter sich bringen. Mit Ros-

sis Hilfe konnte er seinen Verfolger loswerden. Ungesehen würde er dann am Montagmorgen in die Stadt zurückkommen. Blieben noch Kranz und Bachmayer, auf die wohl der andere Mann — der zuerst in der Limousine gesessen hatte — aufpaßte. Wenn es Rossi gelang, auch diesen Mann abzuhängen, dann würde niemand wissen, daß der ehemalige Journalist Golder sich mit einem Doktor Kranz und einem Geheimrat Bachmayer im Renaissance-Palast des Jesuitenpaters Tacchi-Venturi getroffen hatte!
Neben ihm murmelte Tilla: „Ich bin sehr — sehr glücklich ..."
Wenige Minuten später war sie eingeschlafen.
Gegen vier Uhr erreichte Golder das kleine Transformatorenhaus. Es stand allein, rechts neben der Straße, und vor ihm führte ein schmaler, steiniger Weg in die Hügel hinein Vorsichtig, um Tilla nicht zu wecken, bog er auf den Weg ein und fuhr langsam weiter. Hier hatte es nicht geregnet. Im Spiegel sah er die Staubwolke, die die Räder des Wagens aufwirbelten. Weit hinter der Staubwolke glitzerte die schwarze Limousine im Sonnenlicht. Nach wenigen Minuten hatten sie den Strand vor sich, der sich hell und ungleichmäßig am Wasser entlangzog. Rechts von ihm mündete ein breiter Fluß ins Meer, links lag Ostia.
Der Weg stieg unvermittelt steil an. Er mußte zurückschalten. Dann kam ein hoher Geröllhaufen und eine scharfe Linkskurve — und da stand die gedrungene, kraftvolle Gestalt Angelo Rossis.
Rossi hielt eine Zigarette zwischen den Lippen und winkte. Am Wegrand wartete sein Alfa-Romeo, von dem man die Schilder abmontiert hatte, und in dem Alfa-Romeo saßen zwei Männer.
Golder hielt seinen Wagen neben Rossi an. „Er muß in zwei, drei Minuten hier sein", sagte er. „Eine schwarze Limousine, ein Mann!"
Rossi nickte. „Kleinigkeit!" Er winkte den Männern zu, die

im Wagen saßen. Die Männer stiegen aus. Sie hielten Maschinenpistolen in den Händen.
Tilla war aufgewacht. Sie bewegte sich nicht, nur ihre Augen hatte sie geöffnet. „Wer ist das, Robert?" Sie zeigte keine Angst, nicht einmal Erstaunen.
„Meine Freunde", sagte Golder nur.
Rossi sagte: „Du mußt weiterfahren, Roberto. Wenn er dich weiter unten nicht wieder auftauchen sieht, bleibt er vielleicht stehen!"
Golder schaltete und fuhr langsam an.
„Fahr zum Meer hinunter und warte dort", rief Rossi hinter ihm.
Langsam ließ Golder den Wagen zum Strand hinunterrollen. Er sah die schwarze Limousine die Steigung hinaufgleiten und hinter dem Geröllberg verschwinden. Da hielt er an.
Er horchte mit angehaltenem Atem. Neben ihm, steif und unbewegt, lauschte Tilla. Kein Schuß fiel. Vom Meer kam das Rauschen der Brandung und Tillas Atem war leise und schnell.
„Hinter wem seid ihr her?" fragte sie endlich. Sie sprach leise.
Golder zuckte mit den Schultern. „Ich werde verfolgt. Ich habe es heute Morgen gemerkt."
Sie sah ihn hastig von der Seite an. „Das schwarze Auto?"
„Ja."
„Ach Robert . . ." Sie seufzte. „Das alles ist so schrecklich", flüsterte sie.
Golder antwortete nicht. Er blickte zum Geröllhügel hinauf und horchte. Noch immer blieb es ruhig. Wahrscheinlich war es gut gegangen. Dann hörte man das Brummen eines Automotors und sah Rossis Alfa-Romeo hinter dem Hügel hervorkommen. Hinter ihm fuhr die schwarze Limousine.
Die beiden Fahrzeuge rollten den Weg zum Meer hinab. Dicht vor Golder, der ausgestiegen war, blieben sie stehen. Am Steuer der Limousine saß Rossi. Seine beiden Männer

warteten auf dem Vordersitz des Alfa-Romeo. Als Golder an ihnen vorbeiging, erkannte er den jungen Mann mit dem Bärtchen, der gut verschnürt und bewußtlos auf dem Rücksitz lag. In seinem Mund steckte ein Knebel.
Auch Angelo Rossi war jetzt ausgestiegen. Er hockte auf dem Trittbrett der Limousine und machte ein tiefbesorgtes Gesicht.
„Setz dich, Roberto", sagte er zu Golder.
Golder setzte sich neben ihn und nahm eine von den Zigaretten, die Rossi aus der Tasche gezogen hatte. Sie sprachen nicht, bis ihre Zigaretten brannten.
„Gute Arbeit", bemerkte Golder.
Rossi kratzte sich den Hinterkopf. „Er ist ein Anfänger. Ich hab nur gewunken, und da ist er stehengeblieben. Eugenio kam von hinten und knallte ihm seine Spritze an den Kopf. Er war sofort weg."
„Wer ist der Mann?"
„Das ist es ja", brummte Rossi. „Von der Polizei ist er. Hat seinen Ausweis in der Tasche. Gehört zu den Schweinen von der politischen Abteilung, der CS ... Bocchini, verstehst du?"
Golder warf die Zigarette fort. „Ich versteh das nicht ganz, Roberto. Wie kommen die auf dich?"
„Keine Ahnung", murmelte Golder. Er blickte zu seinem Wagen hinüber, in dem Tilla sich eben eine Zigarette anzündete.
Rossi hatte ihn beobachtet. „Sie ist sehr hübsch, die Kleine", sagte er bedächtig.
„Und du denkst falsch", antwortete Golder. „Du bist ein Idiot, Angelo!"
Rossi stöhnte verzweifelt. „Na gut, bin ich ein Idiot. Was weiß sie?"
„Gar nichts!"
„Ha-ha-ha!" machte Rossi, doch sein Gesicht blieb ernst.
„Sie kann kombinieren, das kann sie. Sie ist nicht dumm. Ist sie dumm?"

„Nein!"
„Also?!"
„Unsinn." Golder schüttelte den Kopf. „Die Nazis wollten mich ins KZ sperren und einer von ihnen hat mir geholfen. Dann sind ein paar Sachen passiert, hier in Rom. Den Sender haben sie auch noch nicht entdeckt. Da haben sie mal bei Bocchini angefragt ... Nun, und da kamen sie eben auf mich."
Rossi schob sich eine neue Zigarette zwischen die Lippen. „Möglich", gab er unwillig zu. „Aber paß auf deine Kleine auf, Roberto. Die ist mir zu hübsch. Frauen, die so aussehen, sind immer gefährlich!"
„Ich paß schon auf."
„Und was machen wir mit dem Anfänger?" Er grinste. „Meine Leute wollen ihn ins Wasser schmeißen ..."
Golder stand auf. „Legt ihn irgendwohin, wo er nicht vor Montag gefunden wird. Hat er dein Gesicht gesehen, Angelo?"
„Nicht genau — zu wenig Zeit!"
Golder nickte befriedigt. „Da ist noch ein zweiter Mann — oder auch mehrere, die sich beim Flora herumdrücken. Sie sollen wahrscheinlich auf zwei Deutsche aufpassen, die ich zu Pater Venturi bringen muß."
Er beschrieb Kranz und Bachmayer genau und Angelo Rossi hörte aufmerksam zu.
„Vielleicht kannst du es einrichten, daß die beiden Deutschen unbemerkt zur Piazza del Gesù kommen?" fragte Golder.
Rossi kratzte sich wieder den Hinterkopf. „Ich denke schon." Jetzt hatte auch er sich erhoben.
Golder schlug dem kräftigen, schwarzhaarigen Italiener freundschaftlich auf die Schulter. „Sonst etwas?"
„Nein ... Sie senden jetzt jeden dritten Tag aus Berlin. Nur die üblichen Kennzeichen und so — nichts Wichtiges!"

„Ruf mich an, wenn es dringend ist", sagte Golder. Er reichte Rossi die Hand. „Aber sei vorsichtig am Telefon!"
„Sei selber vorsichtig!" knurrte Rossi.
Golder ging zu seinem Wagen zurück, setzte sich hinter das Steuer, ließ den Motor an. Er wendete und fuhr langsam an den beiden anderen Fahrzeugen vorbei, zurück zur Hauptstraße nach Ostia.
Tilla sprach bis zum Transformatorenhaus kein Wort. Golder bemerkte, daß sie ihn von der Seite beobachtete. Er dachte an Rossis Anspielung, doch er konnte nicht glauben, daß Tilla ihn verraten würde. Er wollte es nicht glauben!
Da war das Transformatorenhaus und Tilla sagte: „Dein Freund traut mir nicht."
„Unsinn!" Er bog in die Hauptstraße ein und fuhr schneller. Dieses Mädchen hatte einen guten Instinkt!
„Doch!" sagte sie bestimmt und nach einer Pause: „Und du?" ...
Er antwortete nicht sofort. Vor ihnen lag Ostia, eine antike Hafenstadt, in deren Nähe der Tiber in das Meer mündet. Kleine, helle Häuser, Pinien, gepflegte Gärten und riesige Hotels, die um diese Jahreszeit nur wenige Gäste beherbergten.
Golder fuhr langsamer. „Ich glaube, daß du mich nicht verraten wirst, Tilla", antwortete er jetzt. „Doch ich weiß auch, daß du mir nicht immer die Wahrheit sagst." Er sah sie nicht an.
„Ja." Sie legte die Hand auf seinen Oberschenkel. „Ich würde dich nie verraten, Robert!"
„Und — das andere?"
Tilla zog ihre Hand zurück. „Es stimmt", sagte sie leise. „Ich habe dich belogen."
Er blickte starr auf die Straße vor sich. „Warum trägst du diese Schußwaffe mit dir herum?"
Sie schwieg ...
Sie fuhren durch Ostia hindurch und dann nach rechts auf

der breiten Straße, die am Wasser entlangführt. Links von ihnen leuchtete tiefblau das Meer, rechts ragten blendend weiße Hotelfassaden.
Darüber hing, gleich einer riesigen Messingscheibe, die Oktobersonne.
Es war wie auf einer Kitschpostkarte.
Golder bremste vor der Auffahrt eines der Hotels und stellte den Motor ab. Er beachtete nicht den Portier, der auf der Treppe erschien, und nicht die Pagen, die heranstürzten. Er wendete sich langsam um und sah das Mädchen an, das mit gesenktem Kopf neben ihm saß.
„Hast du Vertrauen zu mir?" fragte er.
Sie nickte, ohne ihn anzusehen.
Er legte seine Hand auf ihre Schulter. „Wir bleiben hier bis zum Montag morgen, Tilla. Bis dahin hast du Zeit, mir die Wahrheit zu sagen!"

☆

Robert Golder verbrachte mit Tilla zwei großartige Tage.
Sie badeten und das Wasser war erträglich. Beim ersten Abendessen lernten sie ein sympathisches Ehepaar kennen, mit dem sie bis Mitternacht auf der Terrasse saßen und tranken.
Am Sonntag mittag hatte Tilla sich eine Geschichte ausgedacht, die sie Golder erzählte. Es war eine Geschichte, die der Wahrheit nahe kam und die so überzeugend war, daß er sie glaubte. Tilla sprach von ihrer Tätigkeit als Agentin beim RSHA, Berlin. Sie schilderte Heydrich und ihr Zusammentreffen mit ihm. Heydrich hätte sie nach Rom geschickt, um die Damen von Clemm und von Bismarck sowie andere Vertraute des deutschen Außenministeriums zu überwachen, behauptete sie. Der Modesalon „Ventura" sei ein Treffpunkt der großen Welt (sie hatte einige Klatschgeschichten über diesen Salon gehört!), in dem auch die deutschen Damen

verkehrten. Seit Wochen warte sie nun auf ihre Anstellung dort, die von Berlin vorbereitet würde.
„Und jener Graf Osterhage, der dich in deinem Zimmer besuchte?" fragte Golder. „War das ein Zufall?"
Tilla erschrak. Den Grafen hatte sie vergessen, in ihre Geschichte einzubauen. Sie hätte nun einfach nicken können, doch dazu war sie zu klug. Wenn Golder ihr auch heute glauben würde — dieser Graf würde ihn einmal wieder mißtrauisch machen. Als „Zufall" war er eine Fehlkonstruktion.
„Graf Nikolaus Osterhage ist ein Verbindungsmann Heydrichs", gab sie zu. „Von ihm erhalte ich meine Anordnungen und an ihn liefere ich die Berichte. Er gibt mir auch das Geld, das ich brauche."
Golder hatte sie scharf beobachtet.
Er spürte, daß sie nicht log, und er fand sich mit den Tatsachen ab. Er konnte nicht ahnen, daß er trotzdem nicht die ganze Wahrheit erfahren hatte . . .
Das sympathische Ehepaar war am Sonntag morgen abgereist und so verbrachten sie den Nachmittag und Abend allein. Sie waren nicht traurig darüber . . .
Am frühen Morgen des Montag, es war der 28. Oktober 1939, fuhren sie nach Rom zurück. Einige Minuten vor elf kamen sie an der Piazza del Gesù an. Vor dem alten Bau des Jesuitenordens, neben der antiken Klosterkirche, stieg Golder aus dem Wagen.
„Ich habe hier zu tun", erklärte er Tilla. „Fahr den Wagen zum Hotel. Ich komme nach."
Sie lächelte ihm durch das Fenster zu und nickte. „Essen wir zusammen?"
„Ich weiß es noch nicht."
„Ich sitze bei Orlando und warte auf dich", sagte sie und fuhr los.
Golder blickte dem Wagen nach, bis er verschwunden war, dann trat er durch die Gitterpforte zum Eingang des alten Palastes. Er hob den schweren Eisenring, der an der Eingangs-

türe befestigt war und klopfte. Ein schlanker Jesuit im schwarzen Habit und mit einem glatten, jungenhaften Gesicht öffnete ihm. Der Kleriker hatte kluge, graue Augen und er lächelte, als er Golder erkannte.
„Die Herren sind noch nicht da", sagte der Jesuit.
Golder trat an ihm vobei in den Vorhof, in dem ein Springbrunnen plätscherte. „Es ist besser, wenn ich hier warte", meinte er.
Der junge Kleriker lächelte schweigend und ging fort.
Aus dem Hintergrund, zwischen Säulen und grünem Rankengewirr, drang das leise Spielen einer Orgel. Die Morgensonne warf lange Schatten über die Steinplatten des Hofes und am Himmel zogen kleine, weiße Wolkenbälle.
Golder setzte sich auf eine Steinbank und wartete. Sein Blick blieb wie zufällig an einer Stelle der Wand innerhalb des Säulenganges hängen, an dem in verwitterten Lettern der Wahlspruch der Jesuiten prangte:

„Omnia ad maiorem Dei gloriam"

Nach wenigen Minuten kam der Jesuit zurück. „Die Herren sind angekommen", meldete er. Er mußte durch ein Fenster den Platz beobachtet haben.
Golder stand auf. Er sah Angelo Rossi, der als erster durch die Türe in den Hof trat. Hinter ihm erschienen Doktor Kranz und Geheimrat Bachmayer. Die beiden Männer machten einen verstörten Eindruck.
Kranz erkannte Golder. Er seufzte erleichtert. „Na, Gott sei Dank!"
Rossi grinste. „Da waren zwei hinter uns her", erklärte er. „Wir mußten ein paar Kunststückchen machen."
Kranz deutete auf Rossi. Er sagte: „Der Mann stand vor dem Hotel, als wir rauskamen. Er sagte, er sei der Taxifahrer ... Wir dachten schon, daß man uns entführen wollte."
„Ich werde mich beschweren", erklärte Bachmayer düster. „So laß ich mich nicht behandeln ..."
„Aber Sie wurden doch verfolgt?" fragte Golder.

Kranz nickte. „Ich glaube ja. Es ging alles so schnell . . .“
Der Jesuit mit dem glatten Gesicht trat heran. „Ich werde Ihre Ankunft melden, meine Herren.“ Sein Deutsch war akzentfrei.
Kranz und Bachmayer blickten ihm nach, wie er zwischen den Säulen verschwand.
Rossi flüsterte Golder zu: „Ich verschwinde, Roberto. Wir sehen uns morgen . . .“ Auf Zehenspitzen zog er sich zur Türe zurück. Das Orgelspiel im Hintergrund brach ab und das Plätschern des Springbrunnens schien lauter zu werden. Zwischen den Säulen erschien ein alter, kleiner und gebeugter Mann, der in einen einfachen schwarzen Habit gehüllt war. Sein Haar war dünn und weiß und sein Bart reichte ihm bis auf die Brust hinab. Der Mann blieb stehen und hob den Kopf. Seine Augen waren stahlblau und hart.
Das war Pater Tacchi-Venturi S. J., der Geschichtsschreiber des Jesuitenordens!
Schnell, mit durchgedrückten Knien, dürr und steif, näherte sich Bachmayer dem weißhaarigen, gebeugten Jesuitenpater. Geheimrat Bachmayer war sehr von seiner eigenen Wichtigkeit durchdrungen. Man sah ihm an, daß er sich als der Mann fühlte, auf den es ankam!
Der kleine, beleibte Doktor Kranz schritt neben Golder. Er sagte nichts, doch seine klugen Augen hinter der Hornbrille beobachteten Bachmayer mißmutig.
Der Springbrunnen plätscherte und ein paar Wolken hatten sich vor die Sonne geschoben. Der Vorhof des alten Renaissance-Palastes wirkte plötzlich düster und kalt.
Pater Tacchi-Venturi stand noch immer zwischen den grünüberrankten Steinsäulen; ein kleiner, alter, müder Mann, Geschichtsschreiber des Jesuitenordens, abgeklärt und weiß — und doch von rücksichtsloser Härte, wenn das nötig war.
Bachmayer war nun vor ihm stehengeblieben. Er machte eine eckige Verbeugung. „Geheimrat Bachmayer“, schnarrte er. „Es ist mir eine große . . . äh . . .“ Er stockte, als er be-

merkte, daß der Jesuit ihn nicht beachtete. Er hatte das unbestimmte Gefühl, sich falsch benommen zu haben.
Pater Tacchi-Venturi lächelte Golder zu, der nun mit Kranz herangetreten war. Er reichte ihm seine kleine, harte Hand.
„Die Herren wollten mich sprechen? . . ." Seine Stimme war kräftig, klar und hell.
„Monsignore . . ." Golder sprach sein langsames, gewähltes Italienisch. „Geheimrat Bachmayer und Doktor Kranz, hier, haben Sie um eine Audienz ersucht. Sie sind dankbar, daß Sie sie ihnen gewährt haben. Die Herren sprechen nur ungenügend die Landessprache. Wenn es Ihnen recht ist, Monsignore, werde ich übersetzen."
Pater Tacchi-Venturi nickte. „Es ist mir lieb", sagte er. Er wandte sich um und machte eine sparsame, einladende Handbewegung.
Sie gingen an den Säulen vorbei und an der mit Ranken überwucherten Wand des Gebäudes entlang, zu einer hohen, doppelflügeligen Türe.
Der junge Kleriker mit dem glatten Gesicht, der sie angemeldet hatte, stand schweigend neben der Türe. Lautlos und wie zufällig schien er dort aufgetaucht zu sein. Golder erinnerte sich, daß dieser Mann fließend die deutsche Sprache beherrschte.
Hinter der Flügeltüre befand sich ein dämmriger Raum. An der Wand hing ein großes Gemälde, das Ignatius von Loyola, den aus Spanien stammenden Gründer des Jesuitenordens, darstellte, und von der Decke hing ein schwerer, siebenarmiger Leuchter herab. Um einen großen Tisch, in der Mitte, standen Stühle mit hohen, steifen Lehnen, überzogen mit blauem Samt. Ein süßlich modriger Geruch war im Raum.
„Bitte", sagte Pater Tacchi-Venturi und machte wieder eine Handbewegung. Er deutete auf die Stühle, dann setzte er sich. Kranz und Bachmayer nahmen ihm gegenüber Platz. Golder setzte sich zwischen sie und den Jesuiten. Er begann sofort zu sprechen.

„Herr Geheimrat Bachmayer und Herr Doktor Kranz kommen, wie Sie wissen, Monsignore, aus Deutschland. Sie sind die Vertreter einer kleinen, doch einflußreichen Oppositionsgruppe und sie haben einen ganz bestimmten Auftrag, der sie zu Ihnen führt ..."
Bachmayer rutschte unruhig auf der Kante seines Stuhles. „Sagen Sie bitte, daß wir allein verhandeln wollen", unterbrach er Golder. Er starrte dabei den jungen Kleriker an, der sich hinter dem alten Jesuitenpater aufgestellt hatte.
Der junge Geistliche sah Bachmayer an. Sein glattes, intelligentes Gesicht blieb unbewegt.
Ehe Golder etwas sagen konnte, sprach Pater Tacchi-Venturi. Er hatte sich vorgebeugt. „Die Herren befinden sich hier in einem Haus der Kirche", bemerkte er sachlich. „Die Herren werden sich damit abfinden, daß wir tun, was wir für richtig halten."
Golder übersetzte das. Er tat es nicht ohne Verwunderung. Also verstand auch Pater Tacchi-Venturi Deutsch ...
Bachmayers Gesicht hatte sich gerötet. „In diesem Falle können wir nicht verhandeln", sagte er gepreßt. „Wir müssen vorsichtig sein — nicht, daß ich damit sagen will ..."
„Aber Sie sagen es!" fuhr Golder auf. Er war zornig auf diesen Mann, der aus Eitelkeit und Geltungssucht die ganze Aktion aufs Spiel setzte.
„Wir werden weiterverhandeln!" Die Stimme des Dr. Kranz klang ruhig und bestimmt. Er blickte zu Bachmayer. Bachmayer senkte den Kopf.
„Bitte, Herr Golder, machen Sie weiter", sagte Kranz.
Golder nickte. „Die beiden Herren haben den Auftrag, festzustellen, ob sich hier in Rom Kräfte finden lassen, die die Arbeit ihrer Gruppe unterstützen könnten", redete Golder vorsichtig weiter. Er fügte hinzu: „Gleichgesinnte Kräfte des Auslandes, Monsignore — Kräfte, die ihrem Wunsch, einen zweiten Weltkrieg zu verhindern, entgegenkämen ..."
Jetzt lächelte der Jesuitenpater. Es war ein kleines, schwaches

Lächeln. „Ich glaube, verstanden zu haben." Er nickte, dann: „Wie haben sich die Herren das vorgestellt?"
Golder übersetzte.
„Ich antworte nicht darauf", erklärte Bachmayer gekränkt. „Ich lehne jede Verantwortung ab!"
Wieder begann Kranz zu sprechen: „Wir suchen eine Verbindung mit den Engländern. Unsere Absicht ist es, über den Frieden zu verhandeln. Wir bieten etwas — und haben Bedingungen. Wir wissen, daß es schwierig werden wird, aber wir sind überzeugt, daß sich ein Weg finden läßt."
Mit über der Brust gefalteten Händen wartete Pater Tacchi-Venturi, bis Golder übersetzt hatte. Der Jesuit sah dabei Kranz nachdenklich an. Dann nickte er. „Ich habe von Ihnen gehört, Herr Doktor Kranz. Die Gruppe, die Sie vertreten, kenne ich zwar nicht, aber ich glaube, daß ich Ihnen helfen kann ..."
Pater Tacchi-Venturi erhob sich und der junge Kleriker hinter ihm trat zur Türe. „Ich werden Ihren Wunsch dem Monsignore Leiber, im Vatikan, vortragen, meine Herren."
Auch Golder, Kranz und Bachmayer waren aufgestanden.
Der alte, weißhaarige Jesuit senkte schweigend den Kopf und verließ den Raum. Seine Schritte verklangen im Vorhof, wo der Springbrunnen plätscherte.
Neben Golder verließ Kranz den dämmrigen Raum. Einige Schritte hinter ihnen folgte Bachmayer.
Als sie an dem Springbrunnen vorbeigingen, fragte Kranz: „Wer ist Dr. Leiber?"
Golder antwortete halblaut: „Der Beichtvater des Papstes im Vatikan. Einer der einflußreichsten Männer dort."
Kranz lächelte. „Na also!" murmelte er zufrieden.
Der junge Geistliche mit dem glatten Gesicht öffnete ihnen die Pforte des Vorhofes. Er nickte Golder zu und sagte in akzentfreiem Deutsch:
„Ich wünsche Ihnen viel Glück!"

✡

An diesem Nachmittag wurde Graf Nikolaus Osterhage, Heydrichs Verbindungsmann in Rom, von Enrico, seiner „rechten Hand“, besucht.
Enrico war ein großer, breitschultriger Mann, kräftig und reizbar wie ein Stier und auch so schwerfällig. Sein Gesicht war flach, mit kleinen Augen und niedriger Stirn, seine Kleidung nachlässig. Er liebte es, seine Fingernägel abzukauen und verachtete Wasser und Seife. Seine Freunde nannten ihn „Enrico, der Stier“ und er hörte es gern.
Enrico drückte seinen breiten, kurzen Zeigefinger auf den Klingelknopf der Luxuswohnung des Grafen Osterhage. Er drückte solange, bis die Türe geöffnet wurde.
An der Türe stand der Diener Jones, das faltige Gesicht voll Abscheu. „Sie wünschen?“
„Mit dir red ich nicht“, grunzte Enrico. „Ich will den Conte sprechen.“ Typen wie dieser Jones machten Enrico wild.
„Ich weiß nicht, ob der Herr Graf ...“, begann Jones, die spärlichen Augenbrauen hochgezogen.
Doch das war Enrico zu viel. Wortlos und mit gesenktem Kopf marschierte er in die Wohnung hinein. Er schob den Diener zur Seite und drückte mit dem Absatz die Türe hinter sich zu. „Los, du Fliege, wo ist der Conte?!“
Jones lehnte an der Wand und hatte schmale Augen. Er kannte Enrico offenbar nicht, dem es verboten war, in dieser Wohnung zu erscheinen, doch er schätzte ihn richtig ein: Ein Gorilla ohne Hirn!
Für Jones war das eine Angelegenheit, der er gewachsen war. Als er gerade mit dem rechten Fuß weit ausholte, um dem Gorilla einen kräftigen Tritt in den Bauch zu versetzen, trat Graf Nikolaus Osterhage aus der Türe des Salons.
„Jones ...“ Der Graf brach ab, erkannte Enrico und schüttelte ungehalten den Kopf. „Was suchst du hier? Habe ich euch nicht gesagt, daß ihr nicht herkommen sollt?!“
Enrico grinste. „Immer ruhig“, brummte er, „immer ruhig“ ...

„Was willst du?"
„Mit Ihnen sprechen. Es ist wichtig."
„Also?" Der Graf strich sich den Bart und der Diamant an seinem Finger blitzte auf.
„Schicken Sie erst diese Krähe weg", grunzte Enrico.
Der Graf überlegte.
„Soll ich ihn hinausbefördern, Sir?" fragte der Diener Jones höflich. Er hätte es sicher mit Freude getan.
Graf Osterhage schüttelte den Kopf. „Komm mit, Enrico", sagte er.
Er ging in den Salon zurück und Enrico folgte ihm, nachdem er vor Jones voll Verachtung ausgespuckt hatte.
Im Salon stand Zigarrenrauch wie dicker Nebel. Auf dem Schreibtisch lagen Papiere herum und aus dem Radio am Fenster klang gedämpfte klassische Musik.
Der Graf schloß die Türe. „Was gibt es?"
Enrico hatte sich umgesehen. „Feiner Laden, das!" stellte er fest.
Der Graf lächelte nachsichtig.
„Ja", sagte Enrico und rieb sich das schlechtrasierte Kinn. „Ich wollte Sie nämlich nicht anrufen . . ."
Der Graf war zum Schreibtisch gegangen. Er hob den Kopf. „Warum?"
„Ja, das ist nämlich so", begann Enrico. „Da ist so einiges passiert, wissen Sie, und die anderen, die sind ein bißchen nervös geworden . . . Ja, und da hab ich gedacht, es ist besser, wenn sie nicht zuhören, was ich mit Ihnen rede!"
„Was ist passiert?"
Enrico rieb sich noch einmal das Kinn. Dann sagte er bedächtig: „Die Leute von Bocchini sind nämlich hinter dem Golder her!"
Der Graf hatte sich eine Zigarre angezündet. „Ist das alles?"
„Nein", brummte Enrico. „Jetzt gehts erst los!" Er machte ein paar Schritte auf den Schreibtisch zu und streckte die Hand aus. „Sie können mir ruhig auch eine geben!"

Graf Osterhage griff mechanisch nach einer seiner kostbaren Importen und reichte sie Enrico. Er grübelte darüber nach, warum der italienische Polizeichef, Bocchini, Golder überwachen ließ. Ob die Deutschen dahinter steckten? Wahrscheinlich — aber warum? Hatte man in Berlin kein Vertrauen mehr zu ihm? Das wäre ein Grund, sich Sorgen zu machen! . . .

Enrico hatte die Spitze seiner Zigarre abgebissen, sie angezündet und hielt sie nun qualmend im Mundwinkel. „Da waren zwei Geheimpolizisten," redete er weiter. „Einer war hinter Golder her, der andere hinter den beiden Deutschen, die im Hotel Flora wohnen. Den, der hinter Golder her war, hat man heute morgen gefunden . . ."

„Tot?"

Enrico schüttelte den Kopf. „Ich erzähls schon. Also, er war nicht tot. Er lag in seinem Auto, auf einem Parkplatz. Irgend jemand hatte ihm auf den Kopf geschlagen und ihn zu einem Paket gemacht."

„Und der andere?"

„Der paßte auf, den ganzen Samstag und den Sonntag und heute morgen — und dann waren die beiden Deutschen plötzlich verschwunden . . ."

„Und ihr — was habt ihr gemacht?"

Enrico nahm die Zigarre aus dem Mund. „Wir haben auch aufgepaßt. Aber nur ich hab was gesehen! Heute Morgen, um elf, sind der Golder und die beiden Deutschen zur Piazza del Gesù gefahren und sie alle sind in das alte Haus, in dem die Jesuiten sind, gegangen . . ."

„Und?"

„Was und? Meinen Sie, die hätten mich da reingelassen?"

„Nein", sagte Graf Osterhage bedächtig. „Dich bestimmt nicht!"

Enrico blinzelte mißtrauisch. Ob sich der andere etwa über ihn lustig machen wollte?

„Noch mehr?" Der Graf legte seine Zigarre behutsam auf

den Rand des Aschenbechers. Er hatte genug von Enrico. Er mußte jetzt nachdenken.
„Dieser Golder muß das Mikrophon entdeckt haben, das wir bei ihm eingebaut haben!" sagte Enrico. Graf Osterhage biß sich wütend auf die Unterlippe.
Enrico fügte hinzu: „Ich hab gestern nachgesehen, als er weg war. Er hatte das Kabel zerschnitten. Die Jungs haben es wieder zusammengeflickt."
„Gut", murmelte der Graf. Die Sache war also klar: Kranz und Bachmayer hatten sich im Palazzo der Jesuiten an der Piazza del Gesù mit Golder getroffen. Und übrigens, hatte nicht jene Tilla, die widerspenstige Agentin, die Berlin auf Golder angesetzt hatte, etwas von geheimen Verhandlungsversuchen mit den Engländern berichtet? Hier war der Beweis! Und Berlin hatte Bocchini auf die Deutschen aufmerksam gemacht . . . Die Deutschen aber hatten die Bocchini-Leute abgeschüttelt und auch Golder war ihnen entwischt. Nur er allein, Graf Osterhage, wußte, was heute morgen um elf geschehen war!
Der Graf lächelte selbstgefällig. Das RSHA würde ihm für seinen nächsten Bericht dankbar sein. Kombination und Glück — was für ein Segen für die Deutschen, daß sie den Grafen Osterhage hatten! Bocchini war eine lächerliche Null . . .
Enrico beobachtete seinen Chef. Er stieß dabei dicke Qualmwolken von sich und machte ein erwartungsvolles Gesicht.
„Was sagen Sie nun?" grunzte er, als ihm das Schweigen zu lang wurde.
Der Graf sagte: „Großartig!"
„Mein ich auch", erklärte Enrico. „Dafür krieg ich aber was!"
„Hm . . .", machte der Graf. Er zahlte nur ungern.
Enrico streckte wortlos die Hand aus.
„Muß es denn jetzt gleich sein?" Graf Osterhage blickte düster.
„Ich hab nicht viel da . . ." begann er.

„Für mich reichts ...“ Enrico hielt noch immer die Hand hin.
„Oder ich geh zu denen von der Polizei — die zahlen auch gut für sowas!“
Der Graf seufzte. Er öffnete die Lade seines Schreibtisches und nahm daraus ein Bündel Banknoten. Er zog ein paar Scheine aus dem Bündel und drückte sie in Enricos Hand.
„Hab ich doch gewußt“, sagte Enrico und grinste. Er schob das Geld in die Tasche seiner alten, ausgebeulten Hose. Grinsend streckte er wieder den Arm aus. „Da Sie 's grad in der Hand haben — mir und den Jungs sind Sie noch den letzten Monat schuldig!“
Der Graf zögerte. Mit schmalen Lippen begann er den Rest der Scheine in drei gleiche Päckchen auf die Schreibtischplatte zu verteilen. In deutscher Sprache knurrte er dazu: „Immer Geld, Geld, Geld — keine Spur von Vaterlandsliebe!“

☆

Die Herbstsonne war kraftlos und matt hinter der riesigen Kuppel von San Pietro versunken. Auf den Straßen wirbelte ein kühler Wind den Staub auf und spielte mit alten Papierresten, und von den Türmen der Dome und den Kirchen der fast zweitausend Klöster, Kollegs und religiösen Institute Roms schlugen Glocken die siebte Abendstunde.
In der Halle des Hotel Flora brannten die Kronleuchter. Langsam füllte sich der Speisesaal mit Menschen, die froh waren, zur Abwechslung wieder essen zu können. Der Portier machte wie immer sein gelangweiltes Gesicht und der Barmixer gähnte ungeniert zwischen seinen Flaschen.
Tilla trank den dritten Campari. Sie saß allein in der Bar. Sie spielte mit einer Zigarette, die einfach nicht aufrecht auf der Tischplatte stehen bleiben wollte, und wartete auf Golder.

Golder war zu einem Freund gegangen, zu diesem Angelo Rossi!
Es war Tilla längst bekannt, daß Rossi ein Import-Exportgeschäft betrieb, doch konnte man bei ihrem Scharfsinn annehmen, daß sie in diesem Unternehmen nur eine Tarnung erblickte.
Rossi war ein Mann der „Gegenseite", ein gefährlicher Mann. Man sah ihr die Unruhe an, die sie immer befiel, wenn Golder nicht bei ihr war.
Die Zigarette blieb nicht stehen. Sie schob sie entschlossen zwischen die Lippen und zündete sie an.
Der Barmixer neben ihr beugte sich über seine Theke und nickte ihr zu. Mit dem Kopf machte er eine Bewegung zur Halle. Dort war Golder aufgetaucht, der im hellen Mantel und ohne Hut durch die Halle zum Lift ging. Sie wartete, bis die Flügeltüren sich geschlossen hatten, dann stand sie auf.
„Buona notte, Signora", sagte der Barmixer und machte eine kleine Verbeugung. Er blickte der jungen, dunkelhaarigen Frau nach und seufzte wehmütig.
Als Tilla den Lift erreicht hatte, war dieser bereits wieder zum Erdgeschoß herabgesunken. Seine Türen öffneten sich rasselnd und Kranz und Bachmayer traten heraus.
„Ah!" entfuhr es Bachmayer bewundernd. Beide verbeugten sich und starrten sie an, bis sich die Türen wieder geschlossen hatten.
Der Fahrstuhljunge grinste schadenfroh.
Im vierten Stock verließ Tilla den Lift und ging über den Gang zu Golders Zimmertüre. Sie klopfte.
„Ja?" hörte sie seine Stimme.
Sie öffnete die Türe und trat ein.
Im Zimmer brannten alle Lichter. Golder kniete neben dem Schrank und hatte sein Taschenmesser in der Hand. Er trug noch den Mantel und er hatte den Kopf zu ihr gewandt.
„Schließ die Türe ab", sagte er.

Sie drehte den Schlüssel herum. „Was machst du denn da, Liebling?"
Golder stieß ein warnendes Zischen aus. Er legte den Finger an die Lippen.
Tilla verstand sofort und nickte. Golder beugte sich vor und zog mit der Messerspitze einen dünnen Draht unter der Bodenleiste hervor. Er durchschnitt den Draht und schob ihn wieder unter die Leiste zurück. Er sagte: „So, das hätten wir!"
Dann stand er auf.
„Was bedeutet das, Robert?"
„Weißt du das wirklich nicht?" fragte er. Er zog den Mantel aus und warf ihn über das Bett.
Sie küßte ihn und fragte: „Warum gerade ich?" Ihre Stimme klang nicht gerade überzeugend.
„Weil du aus dem Metier kommst!" Golders Stimme war bitter. „Das da war ein Draht, der zu einem kleinen Mikrophon führt. Das Mikrophon ist hinter meinem Schrank befestigt und der Draht führt zu einem Abhörgerät. Nicht sehr schwer zu begreifen, oder?"
„Ach so ..." Sie sah von ihm fort. „Und da dachtest du ..."
Er zog sie an sich. „Ich dachte gar nichts, Tilla! Vergessen wir es."
Tilla stand dicht vor ihm, das Kinn auf seine Schulter gelegt. Sie blickte zum Fenster, vor dem der Abend war und sie dachte dabei an das Telefongespräch, das sie am Nachmittag mit dem Grafen Osterhage gehabt hatte. Der Graf hatte sie nämlich beauftragt, herauszubekommen, warum sich Golder, Kranz und Bachmayer beim Padre Tacchi-Venturi getroffen hatten. Es war ein Auftrag, gegen den sie sich nicht wehren konnte und er hatte es sie zum erstenmal klar erkennen lassen, daß es kein Entrinnen für sie gab. Sie würde Golder verraten — den Mann, der ihre große Liebe war. Heute oder später, es gab keinen Ausweg. Oder doch? ...

„Was hast du?“ fragte er.
Sie trat zurück. „Ich habe nachgedacht . . .“ Sie unterbrach sich, fragte schnell: „Hast du etwas zu trinken für mich?“
„Wir haben noch nicht gegessen.“
„Ich habe keinen Hunger, Liebling. Gib mir etwas zu trinken!“
Sie setzte sich in den Sessel, der beim Fenster stand. Das alles war ein böses Spiel. Es war ein Spiel, in dem sie die Trümpfe hatte und das er verlieren mußte.
„Warum liebe ich dich eigentlich?“ murmelte sie.
Er war zum Schrank getreten und hatte eine Flasche herausgenommen. Während er dann zwei Gläser füllte, lachte er leise. Er trat zu ihr und reichte ihr eines der Gläser. Es war halb mit Whisky gefüllt, purem Whisky.
Das war seine Antwort — ein Lachen! Tilla betrachtete ihn, das Glas in der Hand. „Auf eine bessere Zeit“, sagte sie.
„Ist sie so schlecht?“ fragte er.
Sie tranken.
Das Zeug brannte wie Feuer in ihrem leeren Magen, und sie spürte gleich darauf, daß es sie benommen machte. Es war nicht unangenehm.
„Robert?“
„Ja?“ Er saß jetzt zwei, drei Schritte von ihr getrennt auf dem Bett und sah sie an.
„Ist das nicht sehr gefährlich — was du hier tust?“
„Was denn?“
Sie trank wieder und machte die Augen dabei zu. Dann hielt sie den Atem an, bis die Flüssigkeit unten war.
„Ich weiß ja ungefähr, was du machst“, sagte sie danach. „Und ich habe dir erzählt, was ich mache — ungefähr . . . Robert, wollen wir das Ganze nicht einfach liegen und stehen lassen und verschwinden?“
Er sah sie noch immer an. Er antwortete nicht.
Tilla stellte ihr Glas auf den Tisch vor sich. Sie legte sich zurück, legte den Kopf an das Rückpolster des Sessels und

blickte zur Zimmerdecke. „Wir haben noch Zeit", sagte sie, als spräche sie zu sich selbst. „Noch ist hier kein Krieg! Ich könnte Pässe besorgen . . ."

„Nein, Tilla!" Golder hatte hart, fast feindlich geantwortet. Er sprang vom Bett und ging im Zimmer auf und ab. Er sagte: „Es gibt keinen Krieg mehr — hier nicht, nirgendwo. Es darf keinen Krieg geben!"

„Und das glaubst du wirklich?" Sie sah ihn an.

„Ja", stieß er hervor. „Ich glaube es wirklich!" Vor ihr blieb er stehen. „Es leben Millionen vernünftiger Menschen auf dieser Erde. Niemand von ihnen will den Krieg, niemand! Und gegen sie stehen eine Handvoll Männer, die ihn wollen. Sollte es nicht möglich sein, diese wenigen Männer daran zu hindern?!"

Tilla antwortete: „Nein!"

Einen Augenblick noch blickte er Tilla an, dann aber wandte er sich ab, schritt zum Bett zurück und setzte sich.

Sie schwiegen.

Tilla sah zu ihm hin. „Robert!" flüsterte sie zärtlich.

„Du hast ja recht!" Seine Stimme klang gequält, hoffnungslos. Er fühlte eine große, dumpfe Traurigkeit. Der Drang, ihr zu vertrauen, ließ ihn jede Vorsicht vergessen.

„Heute morgen war ich mit zwei Männern bei einem Jesuitenpater", begann er, den Kopf in die Hände gestützt. „Die beiden kommen aus Deutschland. Sie gehören einer Oppositionsgruppe an, die Hitler und das Naziregime stürzen will und sich verpflichtet fühlt, den Krieg zu verhindern. Wir haben verhandelt und man sagte uns zu, daß wir mit der Unterstützung des Vatikans rechnen können . . ." Er schwieg unvermittelt.

Tilla trank den Rest ihres Whiskys. Sie schämte sich, wie einfach es war, schlecht zu sein. Man brauchte nur zuzuhören!

Und dann tat sie etwas, das sie nie vorher getan hatte. Sie warnte ihn.

„Du solltest mir das nicht erzählen, Robert!"
Er nickte, den Kopf noch immer in die Hände gestützt. „Ich weiß", murmelte er. „Ich habe daran gedacht."
Sie spielte mit ihrem leeren Glas. „Und warum? ..."
Golder zuckte müde mit den Schultern. „Vielleicht, weil ich dir glauben will — vielleicht, weil ich zerstören will ... Ich weiß es nicht. Ich habe jetzt gelernt, daß die Menschen, auch du, die das Gute wollen, nicht selbstlos sind. Ich ..." Er stockte hilflos, hob den Kopf und sah sie an.
Sein Gesicht wirkte alt und müde. Tilla stand auf und ging zu ihm, setzte sich neben ihn. „Laß uns fortgehen, bitte, Robert!"
Sie hatte sich an ihn gelehnt.
Golder schüttelte stumm den Kopf.
„Gut", sagte Tilla entschlossen. „Dann muß ich jetzt auf dich aufpassen!"
Sein Lächeln war schwach. Er hatte die Bedeutung ihrer Worte nicht verstanden ...

☆

Pater Tacchi-Venturi S. J. hatte seine Zusage eingehalten. Vier Tage später, am 1. November 1939, wurden Bachmayer, Kranz und Golder von Dr. Leiber, dem einflußreichen Beichtvater des Papstes, im Vatikan empfangen.
Monsignore Dr. Leiber, ein weiser alter Herr, redete nicht viel. Er hörte sich den Wunsch seiner Besucher an, stellte ein paar Fragen und versprach dann, beim Abschied, ein erstes Gespräch der drei Deutschen mit dem englischen Botschafter am Vatikan, Lord Osborne, zu vermitteln.

Dieses Gespräch fand eine Woche nach dem Treffen mit Dr. Leiber statt. Als Verhandlungsort wurde ein kleines Kloster in der Via Porta Latina, nahe der alten Via Appia, gewählt. Golder, Dr. Kranz und Geheimrat Bachmayer trafen in Rossis Wagen pünktlich vor der schmalen Klosterpforte ein. Sie wurden sofort eingelassen. Lord Osborne wartete bereits ...

Sir D'Arzy Godolphin Osborne war ein hagerer, unauffällig, doch gut gekleideter Mann mit ergrauten Schläfen. Er liebte es, sich gelangweilt zu geben, die Welt von oben zu betrachten und seine Pfeife dazu zu rauchen. Er war darin so geübt und hatte es so erfolgreich praktiziert, daß er sich bereits wirklich zu langweilen begann. Und da lebte er nun auf dieser Welt, auf der man Fuchsjagden, Teegesellschaften und einige andere Gesellschaftsspiele erfunden hatte — aus Langeweile.

Er selbst stand jedoch über diesen Dingen. Er rauchte, er trank einen Whisky ab und zu, er ging spazieren und stellte Betrachtungen an. Den Rest seiner Zeit widmete er seinen sechs Jagdhunden und den Amtsgeschäften in der Botschaft. Das war Sir Osborne, ein müder, gepflegter, nicht unsympathischer Lord. Ein guter Engländer.

Im Augenblick wartete Lord Osborne auf der untersten Steinstufe eines pavillonartigen Gebäudes, das im Garten des Klosters stand. Über Rom lag die Abenddämmerung und ein kühler Wind, der vom Meer kam, bewegte die Äste der mächtigen Zedern über ihm. Oben, vom Parco Giannicolò her, blinkte bereits das Licht des Leuchtturms in Gelb, Rot und Grün. Lord Osborne hatte sich leicht winterlich gekleidet. Es war die Zeit, wo man auch in Rom von den warmen Nächten Abschied genommen hatte und sich auf den kommenden Winter vorbereitete.

Mit geübter, etwas steifer Hand zog Lord Osborne die goldene Taschenuhr aus der Weste und ließ ihren Deckel aufspringen.

5 Uhr und zweiunddreißig Minuten!

Mit gerunzelter Stirn steckte er die Uhr zurück.

Da näherten sich hintereinander, im Gänsemarsch, über den

schmalen, von Büschen umzäunten Gartenweg die drei Deutschen. Voran ging ein großer, gutaussehender und dunkelhaariger Mann, der einen ruhigen und selbstbewußten Eindruck machte. Ihm folgte, sichtlich nervös, ein kleiner Dicker mit einer Hornbrille, und den Abschluß bildete ein grauhaariger Dürrer, der ein Gesicht machte, als ginge ihn das alles gar nichts an.
Lord Osborne wartete ...
Die Deutschen kamen heran. Sie blieben vor den Steinstufen stehen, auf denen der Lord sie erwartete und sie verbeugten sich schweigend.
Lord Osborne tat das auch.
„Lord Osborne?" fragte der große, gutaussehende Mann.
Wieder machte der Lord eine knappe Verbeugung.
„Mein Name ist Golder", sagte der Gutaussehende, dann stellte er vor: „Doktor Kranz – Geheimrat Bachmayer!"
Neue Verbeugungen.
„Es tut mir leid", sagte der Lord in seiner Heimatsprache. „Aber ich spreche nicht Deutsch." Er hatte eine angenehme, müde Stimme.
Golder lächelte. „Wir sprechen leidlich Englisch, Sir."
Nun lächelte auch Lord Osborne. Ein müdes Lächeln. „Gehen wir hinein, Gentlemen", schlug er mit einer lässigen Handbewegung, zur Türe hinter sich, vor.
Sie gingen die Steinstufen hinauf und der Lord öffnete die Türe. Drinnen, in dem kleinen Rundbau, war es wärmer. Es war ein einziger, großer Raum, weißgekalkt, mit sechs schmalen Fenstern. An den Wänden standen hohe Regale mit Büchern, die in Schweinsleder gebunden waren. Ein rechteckiger, schwerer Tisch, ein paar Stühle und auf dem Tisch zwei fünfarmige Kerzenleuchter, in denen die Kerzen brannten. An einer Schmalseite des Tisches lag die dünne, schwarze Aktentasche des Lords.
Man setzte sich schweigend.
Lord Osborne zog eine Pfeife aus der Tasche und füllte sie

mit Tabak aus einem schwarzen Lederbeutel. Umständlich zündete er die Pfeife an. Dann blickte er auf. „Ich habe dafür gesorgt, daß wir ungestört bleiben, Gentlemen", erklärte er. Er sah dabei Golder an.

Bachmayer räusperte sich. Es sah so aus, als habe er es aufgegeben, den Teilnahmslosen zu spielen. Er wollte reden.

Kranz kam ihm gerade noch zuvor. „Wir sind erfreut, Ihre Bekanntschaft zu machen, Sir", begann er in gutem Englisch. „Und wir sind überzeugt, daß Sie uns und Ihrem Land von Nutzen sein wird!"

Der Engländer hob müde die Brauen. Er sagte nichts.

Kranz wandte sich an Bachmayer. „Bitte, Herr Geheimrat, wenn Sie sprechen wollen ...?"

„Danke", knurrte Bachmayer gekränkt. Außerdem hatte er festgestellt, daß Kranz die Sprache des Engländers besser zu beherrschen schien als er!

Kranz sah Golder an. Golder nickte.

Da begann Dr. Kranz zu sprechen. Er erzählte von der Oppositionsgruppe, der er und Bachmayer angehöre und er erwähnte die Namen Oster, Dohnanyi und Canaris. Er sprach von dem Ziel seiner Widerstandsgruppe: Hitler aus dem Wege zu räumen und einen günstigen Frieden mit England und Frankreich zu erreichen ...

Lord Osborne rauchte seine Pfeife und hörte zu. Sein Gesicht war nicht mehr gelangweilt.

Als Kranz alles gesagt hatte, nahm der Lord die Pfeife aus dem Mund. „Sehr interessant!" bemerkte er. Dann dachte er nach.

Im Raum war es still. Die Kerzen flackerten und ihr Licht warf die Schatten der Männer über die gekalkten Wände. Von draußen kam das Rauschen der alten Zedern im Abendwind.

Endlich war der Lord zu einem Entschluß gekommen. Er sagte: „Ich muß mit meiner Regierung in London sprechen."

„Natürlich — wir können warten", antwortete Kranz.

„Ich werde Ihnen über Monsignore Dr. Leiber Nachricht zukommen lassen", sagte Lord Osborne. „Könnten Sie mir ein Datum nennen, bis zu dem wir mit einem — hm — Regimewechsel in Deutschland rechnen dürfen?"
Kranz blickte zu Bachmayer, der den Kopf schüttelte.
Der Engländer lächelte.
Kranz sagte: „Wir werden Ihnen mehr sagen können, wenn wir sicher sind, daß Ihre Regierung für unsere Ziele Verständnis zeigt, Sir."
Der Lord nickte. „Ich verstehe, Gentlemen ... Selbstverständlich ist unsere Entscheidung auch von der Meinung Frankreichs abhängig!"
„Damit haben wir gerechnet, Sir."
Der Lord griff nach seiner Aktentasche und die Männer standen auf. „Ich werde alles daransetzen, um die baldige Antwort meiner Regierung zu erhalten", versicherte Lord Osborne und verbeugte sich.
Kranz, Golder und Bachmayer erwiderten die Verbeugung.
Als die vier Männer den Raum verließen, war es dunkel geworden.
Noch immer rauschten die alten Zedern im Wind und ein feiner, dünner Regen ließ die Palmen des Klostergartens matt schimmern ...

☆

In der zweiten Dezemberwoche fiel Schnee über Berlin. Es war der erste Schnee, schwere, weiche Flocken, die sich in den Straßen bald zu schmutziggrauem Matsch verwandelt hatten.
Der Wetterdienst meldete einen bevorstehenden Frosteinbruch.
Am Rande der Stadt, bei Weißensee, einige hundert Meter von der Hauptstraße entfernt, stand ein altes, ausgebranntes Haus. Das Haus stand einsam, nahe einem Autofriedhof,

in einem offenen, freien Feld, das an die Straße grenzte. Es war eine nackte, düstere Ruine mit gähnenden Fensterhöhlen, bröckelndem Mauerwerk und einem halben, verkohlten Dachstuhl.

In diesem Haus arbeitete seit einigen Wochen der Agentensender „RZL" : . .
Helmuth, der hagere, schwarzhaarige Funker des Berliner Geheimsenders, hatte die Ruine bei Weißensee entdeckt, als er nach einem neuen Versteck für die Senderarbeit suchte. Die blonde, hübsche junge Frau, Doris, die die Verbindung zu „A", dem Chef, besaß, war einverstanden gewesen, und Albert, der kleine, rothaarige Mann, hatte wie immer Bedenken gehabt.
„Wie können wir von hier fortkommen, wenn es nötig ist?" hatte Albert zuerst gefragt und dabei nervös auf seiner Unterlippe gekaut.
Doris hatte geschwiegen. Helmuth hatte ruhig geantwortet: „Über das Feld — wenn wir Glück haben."
„Die knallen uns ab wie die Hasen!"
Mehr hatten sie nicht darüber gesprochen. Doris und Helmuth waren sich darüber im klaren, daß Albert recht hatte. Doch es gab keine andere Möglichkeit mehr. In einer Wohnung konnten sie nicht arbeiten. Die Menschen um sie herum waren gefährlicher geworden als der beste Peiltrupp. „Vorsicht — Spione!" und „Achtung, Feind hört mit!" waren die geschickten Parolen der nationalsozialistischen Propaganda. Selbst Schulklassen waren von dieser Propaganda nicht ausgenommen.
Das offene Feld aber gab ihnen die Chance, jede Annäherung schon früh zu bemerken. Eine geringe Chance — wenn sie einmal entdeckt werden sollten . . .
Und heute, zwei Wochen vor Weihnachten, war Schnee gefallen!
Albert und Helmuth hatten sich am Nachmittag beim Ein-

gang des Autofriedhofes getroffen. Vor ihnen lag das freie, schneebedeckte Feld mit der Hausruine, hinter ihnen war die Straße. Auf der Straße gab es bei diesem Wetter nur wenig Verkehr. Das Feld zeigte keine Fuß- oder Reifenspuren und die Fensterlöcher der Ruine gähnten leer zu ihnen herüber.

„Wo sie nur bleibt?" Albert blickte unruhig zur Straße. „Sie hat gesagt, daß sie um vier Uhr kommt . . ."

„Die kommt schon!" Helmuth, der Funker, schob sich eine Zigarette zwischen die schmalen Lippen. „Gib mir mal Feuer, Albert."

Albert hielt ihm sein Feuerzeug hin, doch der Wind blies die Flamme aus. Von der Straße näherte sich das Blubbern eines Zweitakt-Motors.

„Na, also!" sagte Helmuth. Er nahm Albert das Feuerzeug aus der Hand und entzündete die Zigarette hinter der hohlen Hand. Beide drehten sich um und blickten dem kleinen DKW entgegen, der von der Straße auf den Pfad zum Autofriedhof einbog.

Doris, die blonde Frau mit den vollen Lippen, hielt ihren Wagen neben den beiden Männern an und kurbelte die Scheibe herunter. „Die beiden Rucksäcke sind hinten, im Kofferraum", sagte sie. Sie wartete, bis Helmuth und Albert die Rucksäcke aus dem Wagen gezogen hatten und mit ihnen über das Feld zur Ruine gingen. Dann fuhr sie ihr Fahrzeug durch den Eingang des Autofriedhofs und parkte es hinter dem Wrack eines Stadtbusses. Einige Minuten blieb sie sitzen und wartete. Als alles still blieb, stieg sie aus und ging hinter den Männern zur Ruine hinüber.

Den Motorradfahrer, der weit oben am Straßenrand stehengeblieben war und an dem Vergaser seiner Maschine hantierte, hatte die junge Frau offenbar nicht beachtet . . .

Helmuth und Albert hatten bereits den Sender aufgebaut, als Doris die Steintreppe zum zweiten Stock hinaufgestiegen war. Das Gerät stand auf einer Holzkiste, die wie zufällig neben der Treppe lag. Albert lehnte an einer Fensterhöhle und beobachtete.

„Alles in Ordnung?" Helmuth wandte den Kopf der Frau zu. Sie nickte. „Ich fang mal an . . ." Helmuth schaltete das Gerät ein und begann das Rufzeichen zu geben. Eine Zigarette zwischen den Lippen, die Augen gegen den beizenden Qualm zusammengekniffen, kauerte er angespannt vor dem Gerät.

Am Fenster lehnte Albert und starrte zu dem Motorradfahrer hinüber, der sich noch immer mit dem Vergaser zu beschäftigen schien.

Doch dann richtete sich dieser plötzlich am Straßenrand auf, startete und fuhr langsam weiter. Er blickte nicht einmal zur Ruine herüber.

Albert rieb sich das Kinn. Er zuckte mit den Schultern, suchte in den Taschen nach seinen Zigaretten. Ein Motorradfahrer — sonst nichts! . . .

Die junge blonde Frau hatte dem Funker die Zigarette aus dem Mund genommen und sich auf die oberste Stufe der der Treppe gesetzt. Sie trug ihren dunklen Wollmantel geöffnet. Die langen, schlanken Beine hielt sie angezogen und der Rock war ihr über die Knie gerutscht. Es waren hübsche, wohlgerundete Knie.

Helmuth, der Funker, erwartete die Antwort auf seine Rufzeichen. Hinter ihnen war das Geräusch von Alberts Schritten, der zu einer anderen Fensterhöhle trat. Die Frau blickte sich um und Albert schüttelte den Kopf. „Nichts", sagte er.

Noch einmal betätigte Helmuth die Morsetaste.

Die Frau drückte die Zigarette neben sich auf dem Steinboden aus.

Sie sagte: „Wir warten noch drei Stunden, dann brechen wir ab."

Der Funker nickte. „Zünd mir mal eine an, Doris", sagte er.

In diesem Augenblick kamen die ersten Funkzeichen aus dem kleinen Lautsprecher des Gerätes.
„Da ist er!" Helmuth lauschte vorgebeugt auf die hellen Töne, die zerhackt und in ungleichmäßiger Lautstärke ankamen. Er zog einen Bleistift aus der Brusttasche und begann hastig Zahlengruppen auf den Block zu schreiben, der vor ihm lag. Nach etwa zwei Minuten brachen die Zeichen ab.
Während Helmuth nun zu funken begann, nahm die Frau den Block und entschlüsselte die Zahlengruppen mit Hilfe einiger loser Buchseiten, die in ihrer Manteltasche gesteckt hatten. Es war nur eine kurze Durchgabe und sie brauchte nicht lange dazu. Sie las:

„VON C AN A! – 12. 39 NR. 29 –
ENGLÄNDER MIT UNSEREN BEDINGUNGEN EINVERSTANDEN – ZUSAGE FRANKREICHS STEHT NOCH AUS – MAN DRÄNGT AUF BEKANNTGABE VON TAG X – ERBITTEN NACHRICHT – RZL."

Die junge Frau riß das oberste Blatt vom Block und schob es mit den Buchseiten in die Manteltasche. Sie stand auf und trat zu Albert, der noch immer die Straße beobachtete.
„Alles in Ordnung?"
Albert nickte, ohne den Blick von der Straße abzuwenden.
„Fertig", sagte Helmuth am Funkgerät. Er hatte sich zu den beiden am Fenster umgewandt. „Wir können abhauen."
Die junge Frau nickte. „Ich gehe jetzt. Den Sender müssen wir hier lassen." Ihre vollen Lippen lächelten den Funker an. „Du wirst schon ein Versteck finden, Helmuth. Übermorgen kann ich nicht kommen – wenn es bis dahin etwas Neues gibt, gebe ich Albert Bescheid."
Sie ging zur Treppe, blieb plötzlich, nach der ersten Stufe, stehen.
„Helmuth?" sagte sie leise.
Der Funker, der auf der Kiste neben seinem Gerät hockte, beugte sich vor.

Sie küßte ihn auf den Mund. „Das hast du doch gewollt?"
Er sah sie an und schwieg.
„Mein kleiner Idiot", sagte die junge, hübsche Frau zärtlich. „Wir sehen und bald!"
Sie konnte nicht wissen, daß Helmuth, der Funker, in zwei Tagen ein toter Mann sein würde...

☆

Reinhard Heydrich, Chef des RSHA und SS-General, bekam an diesem Abend des 14. Dezember 1939 den unerwarteten Besuch des „RFSS", Heinrich Himmler. Es kam selten vor, daß der „Reichsheini" die Arbeitsräume seiner Mitarbeiter aufsuchte. Wenn das aber geschah, war Himmler stets gereizt, zynisch und gefährlich. Man mußte ihn mit äußerster Vorsicht behandeln.
Heinrich Himmler hatte sich nicht angemeldet. Er hatte sich gleich nach einer Besprechung mit Hitler, dem „Führer des Großdeutschen Reiches", in die Prinz-Albrecht-Straße fahren lassen. Als er das große Arbeitszimmer Heydrichs betrat, war es neun Uhr.
Statt einer Begrüßung sagte er gleich: „Eine Schweinerei war das!" Dann ließ er die schwere, gepolsterte Türe krachend hinter sich ins Schloß fallen und blieb stehen.
Heydrich saß hinter seinem Schreibtisch. Neben ihm brannte eine Tischlampe und an den Fenstern waren die schweren Gardinen zugezogen. Die Schreibtischplatte war mit Akten und Papieren überladen. Beim Telefon stand eine Kognakflasche.
Langsam hob Heydrich den Kopf. Er sah den Reichsführer an, der bleich und bebend vor unterdrückter Wut an der Tür stand. Er erhob sich.

„Eben komme ich vom Führer", begann Himmler. Seine Stimme klang dünn und hoch. „Göring war da, Canaris und Keitel..."

„Setzen Sie sich", unterbrach ihn Heydrich ruhig. Er deutete auf die Sesselgruppe in der Mitte des Zimmers. „Soll ich Ihnen einen Tee bringen lassen?"
Himmler blinzelte böse. „Keinen Tee!" Er trat zu einem der Sessel, setzte sich steif. Heydrich brachte ihn immer aus dem Konzept. Als ob er, Heinrich Himmler, jetzt einen Tee trinken könnte!
„Also?" sagte Heydrich und ließ sich seinem Chef gegenüber in einen Sessel fallen. Er grinste hinterhältig. „Göring hat mal wieder Wind gegen uns gemacht, Reichsführer?"
„Woher wissen Sie das?"
„Sie sagten es eben."
„Ich sagte gar nichts."
„Sie sagten, Göring sei dagewesen, Canaris und Keitel . . ."
Himmler starrte vor sich hin. „Sie haben recht, Heydrich, Göring machte eine Bemerkung über unsere Unfähigkeit im Falle des Agentensenders, der von Berlin nach Rom funkt. Der Führer hörte zum erstenmal davon. Er hatte . . ."
Mit schmalen Augen blickte Heydrich seinen Chef an. „Göring kann uns nun mal nicht vergessen, daß wir seinen General von Fritsch ein wenig angekratzt haben." Er schien einen Moment nachzudenken. Dann sagte er: „Was sagte Canaris, Reichsführer?"
Himmler stieß zischend den Atem aus. „Er und Keitel bliesen ins gleiche Horn. Der Führer gab dann Canaris den Auftrag, diesen Sender zu finden. Und ich stand dabei und mußte mir das anhören . . . !"
„Sieh mal an!" Heydrich grinste wieder. Es sah aus, als habe ihn die Erregung Himmlers gar nicht beeindruckt. „Da hat man also den Bock zum Gärtner gemacht!"
„Hat man", fuhr Himmler auf. „Ich bewundere Ihren Scharfsinn, Heydrich . . . Was gedenken Sie zu unternehmen?"
Heydrich antwortete nicht darauf.
„Wer hat Göring von diesem Sender erzählt?" fragte er nach einer Weile.

„Wenn es Canaris war ..."
Himmler stand auf. „Ich fragte Sie, was Sie zu tun gedenken!"
„Nun ja", sagte Heydrich gedehnt. Er erhob sich widerwillig. „Ich werde Ihnen in ein paar Tagen diesen Sender überreichen können."
„Wie bitte?"
„Wir haben ihn heute gefunden."
Himmler setzte sich wieder. „Durch Peilung?"
„Auch durch Peilung", erwiderte Heydrich. „Und durch einen unserer Leute, einen Motorradfahrer, der durch Funk mit dem Peilwagen in Verbindung stand."
Der Reichsführer SS, Heinrich Himmler, atmete ein paarmal tief. Dann sagte er: „Ihr Glück, Heydrich!"

Heydrich, Chef des RSHA, war sicher der gleichen Meinung. Noch in derselben Nacht, als Himmler ihn verlassen hatte, rief er den Leiter des Amtes IV, der Gestapo, an.
Heinrich Müller hatte in seinem Büro gewartet. Er meldete sich nach dem ersten Klingelzeichen.
„Müller", sagte Heydrich. „Sie werden ab sofort diese Ruine in Weißensee verstärkt überwachen lassen. Sobald die Leute wieder zu senden beginnen, werden sie festgenommen!"
„Jawohl", antwortete Müllers Stimme im Hörer.
„Und noch etwas, Müller. Wir brauchen die Kerle lebendig — wenigstens einen von ihnen, klar?"
„Jawohl", sagte Müller. „Einen lebendig!"
Er konnte zufrieden sein. Auf seinem Schreibtisch stapelten sich die Berichte aus Rom. Graf Osterhage und die Agentin Tilla arbeiteten vorzüglich — abgesehen von der Sende- und Empfangsanlage „RZL", die noch nicht gefunden wurde. Aber dafür hatte man jetzt den Sender in Berlin gefaßt. Und Canaris war ihm rettungslos ausgeliefert.

*

Am 15. Dezember schneite es wieder. In der Nacht darauf begann es zu gefrieren. Der Schnee, der gefallen war, wurde hart und die Straßen überzogen sich mit spiegelglatten Eisdecken.
In der Abenddämmerung trafen sich Helmuth, der Funker, und Albert beim Autofriedhof. Der Funker stand an den Zaun gelehnt und blickte zur Ruine hinüber, als er Alberts Schritte im harten Schnee hinter sich hörte, drehte er sich um.
„Stimmt etwas nicht?" Albert war stehengeblieben. Er trug keinen Mantel und zitterte vor Kälte und Angst.
„Warum?"
„Weil du so zum Haus gestarrt hast."
„Blödsinn", brummte Helmuth. Er blickte auf seine Armbanduhr.
„Komm, wir müssen uns beeilen."
Während sie über das verschneite Feld zur Ruine gingen, fragte Helmuth: „Hast du Doris gesehen?"
„Sie hat mir einen Zettel gebracht, den du durchfunken sollst. Nur eine kurze Meldung."
„Verschlüsselt?"
„Ja ... Doris sagte, daß sie dich in einer halben Stunde abholt, oben an der Straße."
Helmuth antwortete nicht. Dann, als sie durch den Eingang der Ruine traten, sagte er: „Bleib hier stehen und paß auf. Den Sender hole ich allein aus dem Keller."
Albert preßte die Lippen zusammen und nickte. Er bemühte sich, furchtlos zu erscheinen. Er war klein, dick und rothaarig und nie hatte man ihn wirklich beachtet. Jetzt aber war er eine wichtige Figur — auch wenn er mit seiner Angst dafür bezahlen mußte!
Nach einigen Minuten kam Helmuth mit dem Gerät und der Antenne aus dem Keller zurück und sie stiegen in den zweiten Stock hinauf.
Albert trat zu seinem Beobachtungsposten am Fenster. Helmuth stellte den Sender ein.

„Alles in Ordnung!“ meldete Albert.
Helmuth gab dreimal das Rufzeichen durch und wartete. Er blickte auf die Schlüsselgruppen, die Doris ihm aufgeschrieben hatte. Das Licht, das durch die Fensterhöhlen drang, war noch eben ausreichend, um die Zahlen lesen zu können.
Endlich tönte die Antwort aus dem Lautsprecher. Helmuth nickte zufrieden und begann zu funken.
Er war fast fertig damit, da stieß Albert hinter ihm einen leisen, erschreckten Schrei aus.
Helmuth fuhr herum. Er sah zu Albert hinüber, der neben dem Fenster an der Wand lehnte und stöhnte.
„Sie kommen ...“ flüsterte Albert. Seine Zähne schlugen wie im Fieber aufeinander. „Mein Gott, sie kommen ...!“
Helmuth, der Funker, sprang auf. Mit zwei Sätzen stand er beim Fenster. Unten, auf dem schneebedeckten Feld, erkannte er eine Gruppe von Männern, die vorsichtig und in weitem Abstand voneinander auf die Ruine zugingen. Weiter oben, auf der Straße, hielt ein Lastwagen. Aus dem Lastwagen kletterten Soldaten, die sofort ausschwärmten und, die Karabiner im Anschlag, das Feld zu umkreisen versuchten.
„Ja“, murmelte Helmuth. „Da sind sie!“ Für Sekunden stand er wie gelähmt. Plötzlich schreckte er auf. „Das Feld nach hinten kann noch frei sein. Sie wissen nicht, daß wir sie gesehen haben!“
Albert lehnte mit offenem Mund an der Wand und stierte vor sich hin.
Helmuth packte ihn bei den Schultern und schüttelte ihn. „Los, nach unten — spring aus dem Rückfenster!“
Albert nickte schwerfällig. Er taumelte zur Treppe, blieb stehen, sah sich mit angstverzerrtem Gesicht um.
„Ich komme nach.“ Helmuth stieß ihn kräftig in den Rücken und Albert stolperte die Steinstufen hinunter.
Helmuth riß den Sender von der Kiste und warf ihn auf den Steinboden. Ein trockenes, scharfes Geräusch, Splittern von Glas, das Rollen einer Drahtspule ... Er wandte sich zur

Treppe, da fiel ihm der Zettel mit den Schlüsselgruppen ein. Doris hatte ihn geschrieben. Ihre Handschrift würde sie verraten!
Er suchte verzweifelt in dem dämmrigen Raum herum. Draußen war alles still geblieben, kein Schuß war gefallen, keine Stimme hatte gerufen. Albert schien davongekommen zu sein . . .
Da lag der Zettel! . . . Helmuth sah ihn auf einer Steinstufe der Treppe schimmern. Er sprang hinunter und griff nach ihm. Als er sich wieder aufrichtete, hörte er unter sich Schritte. Er hielt den Atem an. Die Schritte tasteten sich vorsichtig die Treppe zum ersten Stock hinauf. Etwas Metallenes schabte an der Wand. Die Schritte hielten an . . . Eine Stimme flüsterte: „Hier unten ist nichts . . . Oben war ein Geräusch!" Eine zweite Stimme, kühl und ohne Erregung, befahl lauter: „Zwei bleiben beim Eingang, zwei durchsuchen den Keller. Müller und Hiss, Sie kommen mit mir nach oben."
Aus! dachte Helmuth und er wunderte sich, daß er auf einmal keine Angst mehr hatte. Fliehen konnte er nicht mehr. Der verdammte Zettel!
Langsam, ohne ein Geräusch zu machen, stieg Helmuth, der Funker, wieder die Stufen zum obersten Stock hinauf. Aus der Innentasche seines Mantels zog er einen schweren Revolver. Er spannte ihn unter der linken Hand, um das unvermeidliche Klicken abzudämpfen, und blieb hinter dem Kamin stehen.
So, wie er jetzt stand, hatte er freies Schußfeld zur Treppe. Er wartete. Doris, die junge, hübsche Frau mit den vollen Lippen fiel ihm ein. Sie hatte ihn zu diesem Geschäft gebracht — für sie sollte er jetzt sterben. Lohnte es? . . . Sein Vater war in einem KZ umgekommen. Auch für ihn hatte er es getan. Ja, es lohnte sich sicher, wenn er es auch jetzt nicht einsehen wollte. Schade, die Zeit mit Doris war zu kurz gewesen.
Über dem Treppenrand erschien ein Kopf. Ein Hut, ein

hageres Gesicht, der Lauf einer Pistole. Der Kopf drehte sich spähend hin und her, hielt ruckartig an. „Da ist der Sender", sagte die Stimme des Mannes.
Ein zweiter Kopf tauchte auf. Er trug eine Schirmmütze und das Gesicht darunter war glatt, jung und arrogant.
Helmuth erkannte ihn sofort. Es war der junge Offizier des Peiltrupps, der ihn damals in der Kabine der Segeljacht „Helene I" besucht hatte! Der Offizier warf nur einen Blick auf den zerstörten Sender, sah dann zum Kamin. „Da steht einer hinter dem Schornstein", sagte er.
Nun blickte auch der Zivilist zum Kamin. Der Offizier stieg zwei Stufen weiter hinauf und der Zivilist warnte kühl: „Seien Sie vorsichtig, Herr Oberleutnant! Lassen Sie das meine Leute machen."
„Ich bin nicht feige!"
„Wir auch nicht", bemerkte der Zivilist trocken. „Aber wir haben mehr Übung!"
Helmuth preßte sich flach an die kalten Steine des Kamins. Er dachte an den jungen Offizier, den er kannte, der ihn kannte – und der auch Albert und Doris wieder erkennen würde. Er mußte das verhindern!
Der Offizier stieg langsam die Treppe hinauf. Er hielt eine Maschinenpistole in den Händen. Er rief: „Los, kommen Sie vor! Ich hab Sie gesehen – heben Sie die Hände hoch und treten Sie vor . . ."
Die Stimme des Zivilisten sagte scharf: „Bleiben Sie stehen, Sie Held. Wollen Sie sich abknallen lassen?"
Der Offizier lachte schrill. Er schien von seinem eigenen Mut begeistert zu sein. „Ich schieße nicht, wenn er nicht schießt", stieß er hervor. Drei Schritte vor dem Kamin hielt er an. In seinem Gesicht war eine hektische Röte und er atmete kurz und schnell. „Komm raus oder ich hole dich!" schrie er und machte einen Schritt zur Seite.
Was dann geschah, war so schnell, daß er nicht mehr dazu kam, es zu begreifen. Helmuth war hinter dem Kamin her-

vorgetreten. Er hielt den Revolver in der ausgestreckten Hand, einen halben Meter vor der Brust des Offiziers. Dann drückte er ab.
Der Offizier taumelte zurück und sackte lautlos zusammen...
Helmuth schoß noch zweimal auf ihn. Dann sprang er hinter den Kamin zurück.
Zwei, drei Sekunden blieb es still. Endlich war die sachliche Stimme des Zivilisten wieder da. „Den Oberleutnant hast du erledigt", hörte Helmuth ihn sagen. „Kommst du jetzt freiwillig?"
Helmuth wußte plötzlich, daß sie ihn lebend haben wollten. Er lächelte dünn. Die mußten ihn für einen ausgemachten Trottel halten. Immer noch lächelnd hob er den Revolver und drückte den Lauf gegen die Schläfe. Alles war gleichgültig geworden, Albert, der tote Oberleutnant, Doris — er selbst . . .
Die Stimme des Zivilisten sagte seufzend: „Na, nun mach es uns doch nicht so schwer. Wir kriegen dich doch!"
Das war das letzte, was Helmuth, der Funker, hörte. Er fiel nach vorn, wie eine Puppe, die man umgestoßen hatte. Sein Revolver schlug klatschend auf den Steinboden und blieb neben dem Gesicht des toten Oberleutnants liegen.
Der Zivilist mit dem hageren Gesicht stieg schweigend die Treppe hinauf. „Schweinerei", sagte er schließlich mißmutig...
Zur selben Stunde bremste draußen, auf der vereisten Straße, ein kleiner DKW. Das Fahrzeug hielt mit blubberndem Motor wenige Meter vor dem Lastwagen an, der die Soldaten zur Absperrung der Ruine gebracht hatte. Am Steuer saß eine junge, hübsche Frau mit vollen Lippen. Das Gesicht der Frau war blaß und ihre Hände umkrampften das Steuerrad. Stumm blickte sie zur Ruine hinüber, vor der sich die Schatten der Postenkette bewegten.
Zwei Männer in grauen Mänteln waren hinter dem Lastwagen hervorgetreten. Nebeneinander schritten sie zu dem

kleinen Fahrzeug. Einer der Männer öffnete den Verschlag.
„Warum haben Sie angehalten?"
Die junge Frau fuhr erschreckt herum und sah die Männer an. Sie antwortete nicht.
„Wer sind Sie?" fragte jetzt der Mann, der zuerst gesprochen hatte.
Dann: „Zeigen Sie mal Ihre Papiere!"
Da legte der andere Mann seinem Kollegen die Hand auf die Schulter.
„Das geht in Ordnung, Paul", sagte er. „Die Dame kann weiterfahren!"
Die junge Frau hatte sich nicht bewegt.
„Fahren Sie weiter!" Der zweite Mann schob den ersten zur Seite und drückte den Wagenverschlag zu.
Mechanisch schaltete die junge Frau in den ersten Gang. Sie fuhr langsam davon.
„Ich weiß nicht ..." Der Mann, der Paul hieß, war noch immer mißtrauisch.
„Kennst du sie denn?"
Sein Kollege nickte. „Die ist von der Konkurrenz", erklärte er. „Ne große Nummer bei Admiral Canaris ..."
Der Mann, der Paul hieß, pfiff leise durch die Zähne. „Da hab ich mal wieder Glück gehabt!"
„Das Leben ist nun mal gefährlich", philosophierte sein Kollege grinsend.

☆

Dezember, Jänner und Februar brachten wenig Sonne, viel Regen und einen grauen Himmel nach Rom. Dann kam der Frühling, die ersten Blüten, Sonnenschirme vor den Restaurants, helle Farben, Wärme.
Frühling 1940 ...
Das Hotel Flora bekam neue Gäste: Amerikaner, Engländer, Franzosen, Deutsche ... Sie kamen an, bevölkerten die Bar, redeten von Geschäften und Politik — einige vom Krieg.

Sie zogen aus. Andere kamen an und spielten dasselbe Spiel. Robert Golder hatte sich in diesen Monaten nicht verändert. Er glaubte eigensinnig an den Frieden und vermittelte zwischen Bachmayer, Kranz und den Engländern. Doch die Engländer waren ungeduldig geworden. Dreimal hatte man ihnen den „Tag X" versprochen — dreimal war nichts geschehen. Was war das für eine Organisation, die ihre Versprechungen nicht einhielt? Und warum hielt sie diese Versprechungen nicht?

„Die Offiziere machen nicht mit", erklärten Bachmayer und Kranz.

„Hitler ist augenblicklich zu erfolgreich — noch ein paar Tage — ein paar Wochen — einige Monate ..."

Lord Osborne lächelte müde und wehmütig.

Und der Vatikan?

Papst Pius XII. wußte von Hitlers Eroberungsplänen.

Dieser Papst war ein großer, guter Mann, der täglich für den Frieden betete und dabei nicht vergaß, zu verhandeln: Er hatte Joachim von Ribbentrop, den deutschen Außenminister, zu einem Gespräch in den Vatikan eingeladen. Und Ribbentrop hatte zugesagt!

Das Gespräch sollte der Welt den Frieden erhalten, glaubte der Papst.

Er irrte sich.

Am 25. Februar 1940 war Myron Taylor, neuer US-Botschafter am Vatikan und „persönlicher Vertreter des Präsidenten", in Rom eingetroffen und zwei Tage später vom Papst empfangen worden. In seiner Begleitung befand sich der stellvertretende amerikanische Außenminister, Sumner Welles. Welles hatte zunächst Besprechungen mit Graf Ciano und Mussolini geführt und war dann anschließend nach Deutschland gefahren, wo er mit Hitler, Göring, Ribbentrop, Heß und Weizsäcker Friedensgespräche führte. Über Paris und London war er später wieder nach Rom zurückgekehrt.

Das offizielle Organ des Vatikans, der „L' Osservatore

Romano", hatte am 26. Februar 1940 zur Mission des amerikanischen Politikers zuversichtlich geschrieben: „Jeder begreift, daß die Frage des europäischen Friedens nicht mehr lediglich eine Sache von Gesprächen ist", vielmehr sei der gegenwärtige Zeitpunkt am besten geeignet, in der bestehenden europäischen Situation Klarheit zu schaffen.
Zwei Wochen später, am 11. März 1940, erschien Joachim von Ribbentrop mit seiner Begleitung in Rom. Er trug einen dunklen, feierlichen Anzug, tat wie immer blasiert und war ebenso unsicher wie arrogant.
Papst Pius XII. empfing ihn mit den Ehren, die einem Außenminister zukamen. Er wandte all seine Diplomatie, seine Redekunst an. Ribbentrop blieb störrisch. Die „Times" wußte schon am 12. März zu berichten, Ribbentrop habe zunächst versucht, sich den Papst durch einen Hinweis auf die Verdienste der Deutschen im Kampf gegen den Bolschewismus geneigt zu machen. Auf die Vorschläge des Papstes ging Ribbentrop überhaupt nicht ein. Zuletzt wurde er anmaßend und brüskierend. Dann ging er.
Man erzählt sich, der damalige Papst habe an diesem Tag geweint ...

Wieder eine Woche später, am 18. März 1940, erschien Reinhard Heydrich unauffällig in Rom. Er wollte nicht den Papst besuchen. Er kam, um den Polizeichef Bocchini wieder einmal zu besuchen und dessen Treue zu Großdeutschland aufzufrischen. Das war Himmlers Idee gewesen.
Schon am ersten Abend äußerte Heydrich den Wunsch, etwas Besonderes zu erleben. Graf Nikolaus Osterhage, der Verbindungsmann des RSHA in Rom, führte seinen Chef dienstbeflissen in das anspruchsvollste Bordell der Stadt. Heydrich mietete es mit allem Inventar für diese Nacht und vergnügte sich an dem Anblick leichtbekleideter Mädchen, die sich verbissen und schreiend um kleine Goldstücke rauften, die er lässig unter sie verstreute.

Damit hatte der Chef des Reichssicherheitshauptamtes seinen Spaß gehabt und erinnerte sich an seine Pflichten. Er sprach sich lobend über die Agentin Tilla aus und äußerte den Wunsch, mit ihr und dem Grafen das Abendessen des kommenden Tages einzunehmen.
„Jawohl", sagte der Graf und verbeugte sich. „Ich werde das veranlassen, Obergruppenführer."
„Wer redet von veranlassen?" grunzte Heydrich gereizt. Er hatte zuviel Sekt getrunken. „Sie werden die Dame in mein Hotel bitten — Sie Graf!"
„Jawohl, ich werde sie bitten", erwiderte Graf Nikolaus Osterhage eifrig. Kränkungen seines Arbeitgebers nahm er gelassen hin.

☆

Am anderen Morgen lag ein dünner, feuchter Nebel über der Stadt. Die römischen Bettler, die unter den Tiber-Brücken, in den antiken, unterirdischen Gängen unter dem Kapitol und in den zahlreichen Parks auf Zeitungspapier kampierten, mußten eine schlechte Nacht verbracht haben. Punkt 12 Uhr drängten sich diese zerlumpten, desillusionierten Gestalten vor dem großen Portal des Spitals auf der Tiberinsel, wo die Barmherzigen Brüder Essen verteilten. Ihr Lebensmotiv aber war der Alkohol.
Daran hatte auch der faschistische Staat nichts zu ändern vermocht...

Rom war eine interessante Stadt. Man sah viel und wurde gesehen und man wußte sich immer etwas zu erzählen. In diesen Tagen schossen die Gerüchte wie Pilze aus dem Boden.
Nur Robert Golder war an diesem Morgen nicht gesprächig. Er und Tilla hatten sich in den leeren Speisesaal gesetzt und frühstückten. Die große Uhr über der Türe zeigte auf elf.

Golder trank die dritte Tasse Kaffee und hatte wenig gegessen.
Tilla lächelte ihm zu. „Krank?"
Er schüttelte den Kopf.
Sie aß sichtlich mit Genuß. Golder hatte bis um zehn geschlafen und sie hatte auf ihn mit dem Frühstück gewartet. Jetzt war sie hungrig.
„Macht es dir etwas aus, wenn ich rauche?" brummte er.
„Nein."
Er zündete sich eine Zigarette an, atmete den Rauch tief ein und stieß ihn langsam wieder aus. Er fragte unvermittelt: „Weißt du eigentlich, daß Heydrich in Rom ist?"
Er beobachtete sie unauffällig. Sie wurde blaß.
„Gib mir auch eine Zigarette", sagte sie. Und dann: „Nein, ich wußte es nicht!"
Er spürte, daß sie die Wahrheit sagte.
Golder sah sie verwundert an. „Ist er nicht dein Chef?"
„Doch — aber ich habe nicht viel mit ihm zu tun."
Er sagte langsam: „Es gibt auch hier ein paar Leute, die ihn gern beseitigen würden . . ."
Sie sah ihn erschreckt an.
„Nein", murmelte er. „Ich hab es nicht vor, Tilla."
„Er ist gut bewacht, Robert. Heydrich ist immer gut bewacht!"
Er nickte. „Rossi erzählte mir das. Gestern abend hat sich Heydrich mit diesem Grafen Osterhage getroffen."
Sie blickte von ihm fort auf ihren Teller.
Golder beugte sich vor. „Warum ist Heydrich nach Rom gekommen?"
Sie zuckte mit den Schultern.
„Tilla", sagte er leise. „Wenn du weißt, warum er hier ist — wenn du weißt, daß es mit Kranz und Bachmayer zu tun hat . . .!"
Tilla hob den Kopf. „Ich weiß es nicht, Robert."

„Versprich, daß du es mir sagst, wenn du es erfährst, Tilla."
Sie sah ihn noch immer an. „Ich verspreche es", sagte sie.

☆

Am Nachmittag, Golder war zu seinem Freund Angelo Rossi gegangen, schrillte das Telefon neben Tillas Bett.
Sie lag auf dem Rücken mit offenen Augen und starrte zur Zimmerdecke. Ohne ihre Haltung zu verändern, streckte sie den Arm aus und griff nach dem Hörer.
„Graf Osterhage wünscht Sie zu sprechen, Madame."
„Ja", sagte sie gleichgültig.
Im Hörer knackte es und dann fragte die ölige Stimme des Grafen:
„Wie geht es Ihnen, Gnädigste?"
Tilla schloß angewidert die Augen. „Sie wollen mir mitteilen, daß Heydrich mich zu sprechen wünscht."
„Woher wissen Sie das?"
„Ich weiß es", antwortete sie müde.
„Er bittet Sie zum Abendessen in sein Hotel."
„So . . . Sind Sie auch dabei?"
„Aber selbstverständlich, Gnädigste." Er stieß ein meckerndes, selbstgefälliges Lachen aus. „Ich werde mir erlauben, um sechs Uhr mit dem Wagen vor Ihrem Hotel zu warten."
„Sehr klug", bemerkte sie spöttisch. „Und was erzähle ich Golder, wenn er mich einsteigen sieht?"
„Natürlich — daran habe ich nicht gedacht." Es klang betroffen.
„Warten Sie links, beim Ambassador", sagte Tilla und legte den Hörer zurück.
Bis zum Treffen mit Heydrich verblieb Tilla noch eine gute Stunde Zeit. Daß dieser Graf Osterhage dabei sein würde, war ausnahmsweise einmal beruhigend. Robert Golder kam

nie vor sieben ins Hotel zurück. Auch das traf sich gut. Natürlich würde er ahnen, zu wem sie gegangen war, aber das war nicht so wichtig. Sie konnte sich später etwas ausdenken ...

Tilla richtete sich auf und setzte sich. Auf dem Nachttisch lagen ihre Zigaretten. Sie zündete eine davon an und beobachtete den Rauch, der von ihr aufstieg.

Vor den Fenstern, auf dem Balkon, war Sonnenlicht. Der Nebel vom Vormittag hatte sich aufgelöst und unten, auf der Via Vittorio Veneto, lärmte der Verkehr.

Die Agentin Tilla stand auf, ging auf nackten Füßen zum Tisch am Fenster und machte sich einen Campari-Soda.

Nachdem sie den Campari getrunken hatte, begann sie sich anzukleiden ...

Einige Minuten nach sechs Uhr verließ Tilla den Lift und schritt durch die Halle des Hotels zum Ausgang. Sie trug das meergrüne, hochgeschlossene Kleid und neue, leichte Schuhe mit sehr hohen Absätzen. Ihr schwarzes Haar hatte sie nach hinten mit einem Samtband zusammengebunden.

Die Männer starrten ihr nach, der Barmixer verbeugte sich lächelnd hinter seiner Theke und der Portier beeilte sich, vor ihr die Schwingtüre in Bewegung zu setzen.

Tilla dankte mit einem Lächeln. Das hatte Golder ihr beigebracht.

Mit Hotelangestellten muß man nett sein, man braucht sie so oft!

Auf der Straße war noch ein Streifen Sonne. Sie schritt in diesem Lichtstreifen, bis die Straße eine Biegung machte, dann war das Sonnenlicht fort. Etwa zwanzig Schritte vor ihr, beim Hotel Ambassador, stand eines der verbeulten, giftgrünen Taxis, und neben dem Taxi wartete Graf Nikolaus Osterhage. Als der Graf sie erkannte, ging er ihr entgegen.

Er machte eine Verbeugung, küßte ihr die Hand. „Wunderbar schauen Sie aus, Gnädigste!"

Tilla sagte nichts. Sie haßte diesen kleinen, dicken und nach

Parfüm riechenden Kerl dafür, daß er sie zwang, Robert Golder zu verraten und sie wartete auf eine Gelegenheit, mit ihm abzurechnen. Eine Gelegenheit, wie das Essen mit Heydrich, an diesem Abend!
Sie nahmen in dem verbeulten Taxi Platz, das gleich darauf keuchend und ratternd losfuhr.
Der Graf beobachtete Tilla aus den Augenwinkeln. Er räusperte sich. „Übrigens, Gnädigste — der Obergruppenführer Heydrich scheint Ihnen sehr gewogen zu sein . . ."
„Ach . . ." Sie blickte aus dem Fenster neben sich.
„Ja", sagte der Graf. „Er äußerte sich wiederholt in lobender Form über Ihre Fähigkeiten!"
„Ach . . .", machte Tilla wieder.
Graf Nikolaus Osterhage zog es danach vor, zu schweigen. Das Taxi fuhr scheinbar sinnlos durch Straßen und Gassen der großen Stadt. Es überquerte viermal die Tiberbrücken und hielt schließlich in einer einsamen Nebenstraße an.
„Von hier aus gehen wir zu Fuß weiter, Gnädigste", erklärte der Graf. „Nur noch ein kurzer, hübscher Spaziergang."
Graf Nikolaus Osterhage kletterte zuerst aus dem alten Taxi, das in einer stillen Nebenstraße, nicht weit vom römischen Hauptbahnhof, der „Stazione Termini", angehalten hatte. Wortlos streckte er die ringgeschmückte Hand aus, um Tilla beim Aussteigen zu helfen. Sein feistes Gesicht mit dem Seehundsbart verzog sich zu einem selbstgefälligen Grinsen. Tilla übersah die Hand und der Graf hörte auf zu lächeln. Er wandte sich ab und begann mit dem Taxifahrer um den Preis zu feilschen.
Die Sonne stand nun so tief, daß sie bereits hinter den Häusern verschwunden war. Es war einer der kühlen römischen Märzabende und Tilla zog fröstelnd die Schultern zusammen. Jetzt mußte auch Robert Golder bald ins Hotel Flora zurückkommen. Sie fühlte sich nicht wohl, wenn sie an Golder dachte.
Der Graf handelte noch immer mit dem Fahrer. Er tat auf=

geregt und erbost und vielleicht war er das auch. Die Summe, um die es ging, betrug ein paar Lire.
Tilla, die offenbar nicht länger warten wollte, begann die schmale Straße hinaufzugehen. Sie war noch nicht zwanzig Meter gegangen, da kam Graf Osterhage schnaufend hinter ihr hergerannt.
„Gnädigste ...", keuchte er. „So warten Sie doch, Gnädigste!"
Sie blieb stehen.
Das Taxi ratterte an ihnen vorbei und der Mann am Steuer rief ein Schimpfwort aus dem offenen Fenster. Es klang wie „Avaro", was soviel wie Geizkragen bedeutet.
Graf Osterhage mußte es wohl verstanden haben. „Bagage!" grunzte er verächtlich. Dann wandte er sich wieder Tilla zu. „Sie gehen in der falschen Richtung, Gnädigste. Der Obergruppenführer Heydrich wohnt im Grand-Hotel!"
Schweigend schritten sie nebeneinander die menschenleere Salita hinauf und bogen dann oben in eine Straße ein, die sie zur Via delle Termine, einer breiten, belebten Geschäftsstraße, führte. Nach etwa fünf Minuten erreichten sie das Grand-Hotel. Es war jetzt sieben Uhr und die Glocken der Basilica Santa Maria degli Angeli läuteten zur „preghiera della sera", zum Abendgebet ...
Das Grand-Hotel, ein großer, hoher Stuckbau, war das vornehmste Hotel Roms. Es war das exklusivste Hotel, das teuerste Hotel und das anstrengendste Hotel. Man stolperte hier sozusagen über die Persönlichkeiten dieser Welt. Himmler, Göring und Ribbentrop, amerikanische Millionäre und Senatoren, der englische Hochadel und die besten Familien Italiens hatten in den riesigen französischen Betten dieses Hotels geträumt, sich gelangweilt oder unterhalten. Neben ihnen pflegten auch einige der großen internationalen Waffenschieber, Rauschgifthändler und Abenteurer hier zu wohnen, die nicht weniger angesehen waren und die dem Etablissement das gewisse nötige „Etwas" verliehen. Und seit

zwei Tagen beehrte nun Reinhard Heydrich, der berüchtigte SS-General aus Berlin, das Hotel ...

Ein Portier mit einem undurchdringlichen Gesicht empfing Tilla und den Grafen in der goldüberladenen Halle. Er deutete eine Verbeugung an und zog dann fragend seine schmalen Brauen hoch. Gesagt hatte er nichts. Dieser Mann kannte seine Leute — und diese beiden brachten kein Geschäft ins Haus!

Graf Osterhage erklärte herablassend, daß man von General Heydrich erwartet würde.

Der Portier machte daraufhin eine etwas tiefere Verbeugung und beauftragte den zweiten Portier, die Angaben des Herrn zu überprüfen. Der zweite Portier tat das telefonisch und berichtete dem ersten Portier das Ergebnis. Der erste Portier machte seine dritte Verbeugungsandeutung und öffnete den Mund: „Die Herrschaften werden gebeten ..."

Mit den Augenbrauen hatte der erste Portier einen Boy herandirigiert.

„Bitte sehr", sagte der Boy und steuerte, vorausgehend, auf den Lift zu.

Tilla war anzumerken, daß sie diesen Empfang sehr eindrucksvoll und belustigend empfand. Der Graf machte ein mißgestimmtes Gesicht. Er schien sich ungebührlich behandelt zu fühlen ...

Heydrich stand breitbeinig im Gang, als sich die Lifttüren vor Tilla öffneten. Er trug eine seiner zahllosen Maßuniformen und das kurzgeschnittene Haar war peinlich gescheitelt. Statt der Reitstiefel hatte er diesmal lange Hosen an. Seine Lippen verzogen sich zu einem hintergründigen Lächeln. Ohne den Grafen beachtet zu haben, verbeugte sich Heydrich und küßte Tilla die Hand. „Ich freue mich, Sie wiederzusehen", sagte er.

Tilla lächelte zurück. Sie dachte, daß Heydrich ein wirklich gutaussehender Mann war und sie verglich ihn unwillkürlich mit Robert Golder. Heydrich war breiter, gewaltiger,

etwas größer — und Golder dunkelhaarig, feingliedrig, sensibel. Golder gewann den Vergleich spielend. Tilla wunderte sich, ob Heydrich sensibel war. Sie glaubte, daß er es war ...
Der Graf hatte schweigend neben Tilla gestanden und gewartet. Jetzt sagte er eifrig: „Wir haben uns etwas verspätet. Ich bitte um Entschuldigung, aber ..."
Heydrich unterbrach ihn, ohne ihn anzusehen. „Ersparen Sie mir das, Osterhage!"
Der Graf zuckte zusammen, als hätte sein Chef ihm ins Gesicht gespuckt. Er schwieg.
„Bitte ..." Heydrich faßte nach Tillas Arm und führte sie über den Gang zu seinen Zimmern.
Der Gang war matt erleuchtet und wurde — Tilla bemerkte es erst in diesem Augenblick — von drei Männern in Zivilanzügen bewacht. Die Männer lehnten wie zufällig an den Wänden und sie taten, als langweilten sie sich und müßten hart gegen den Schlaf ankämpfen. Ihre Augen aber waren hellwach.
Reinhard Heydrich öffnete eine der Türen. „Das Essen ist bereits serviert", bemerkte er und ließ Tilla vortreten. Als Letzter trat Graf Osterhage durch die Türe und einer der Männer im Gang schloß sie hinter ihm.
Sie standen in einem hohen Raum, den man als Wohnzimmer eingerichtet hatte. Alte kostbare Möbel, schwere Vorhänge, ein hoher, schmaler Spiegel zwischen den beiden Fenstern und in der Mitte, auf dem dicken, schweren Teppich, ein runder Tisch, der mit kalten, ausgesuchten Speisen überladen war. Drei Gedecke waren aufgelegt, und in einem hochstieligen Sektkühler standen zwei bauchige Flaschen. Auf dem Tisch brannten drei Kerzen ...
Heydrich beobachtete Tilla. „Ich habe Sekt gewählt und Hummer und so ... Hoffe, daß es richtig ist."
Da es keine Frage war, antwortete sie nicht. Ihr war es gleichgültig, was sie an diesem Abend aß und trank. Sie

mußte sich auf Heydrich konzentrieren. Und da war auch noch ihre Abrechnung mit dem schmierigen Grafen, die heute abend stattfinden sollte ...
„Setzen wir uns", sagte Heydrich. Er hätte genauso gut „Hinsetzen!" sagen können — so hatte es geklungen!
Sie setzten sich in alte, bequeme Holzsessel und Tilla ließ es zu, daß Heydrich ihr von den Speisen auf den Teller gab. Dann belud Heydrich seinen Teller und füllte Sekt in die Gläser.
„Nehmen Sie sich, Osterhage."
„Danke." Der kleine, dicke Graf machte im Sitzen eine Verbeugung.
„Ein köstliches Mahl ...", bemerkte er, um die Stimmung für sich zu verbessern.
Heydrich blickte ihn kühl an. Abgesehen von den unbestrittenen Fähigkeiten, die dieser Kerl besaß, ging er ihm auf die Nerven — und außerdem hatte er damit gerechnet, daß der Graf sich mit irgendeiner Entschuldigung zurückziehen würde ...
Graf Osterhage senkte den Blick und zog es vor, sich ruhig zu verhalten. Heydrich war heute gefährlich!
Das Essen war gut. Heydrich trank viel und sprach mit Tilla über Rom und die Sehenswürdigkeiten der Umgebung. Der Graf wurde nicht gefragt und schwieg verbissen.
Endlich warf Heydrich seine Serviette achtlos vor sich auf den Tisch und fragte: „Was macht unser Freund, dieser Golder, eigentlich?"
Tilla lächelte. Nun begann also das, vor dem sie sich den ganzen Abend gefürchtet hatte! Sie sagte: „Ich weiß nicht ... Ich beobachte ihn täglich, habe mich mit ihm auch angefreundet (sie war davon überzeugt, daß Heydrich das bereits wußte!), er scheint verhältnismäßig harmlos zu sein!"
„So, so!" machte Heydrich und grinste. „Angefreundet — so, so!"
Graf Osterhage wagte ein Kichern.

Heydrich fragte unvermittelt: „Und der Agentensender, auf den ich Sie in Berlin aufmerksam machte — was rausgefunden darüber?"
Sie schüttelte den Kopf.
„Hm ..."
„Aber", sagte der Graf und sah Tilla an, „davon weiß ich ja gar nichts! ... Ein Agentensender?"
Tilla wandte ihm den Kopf zu. „Sie wissen vieles nicht!"
„Ein Agentensender!" wiederholte Heydrich. „,RZL' ist sein Rufzeichen. Er muß hier in Rom stehen ..."
„Interessant!" Der Graf schloß halb die Augen und dachte nach. Nun war er drin, im Gespräch. Er wollte es bleiben. „Warum haben Sie mir nie etwas davon gesagt, Gnädigste?" fragte er vorwurfsvoll und schüttelte bekümmert den Kopf.
Heydrich sprach für Tilla. Er knurrte: „Weil sie keinen Auftrag dazu hatte, Osterhage!"
Tilla lächelte sanft den Grafen an.
Der Graf duckte sich verwirrt. „Aber ich hätte doch ..."
„Nicht mehr nötig." Heydrich machte eine wegwerfende Handbewegung.
Er sah wieder Tilla an. „Ich bin sehr zufrieden mit Ihrer Arbeit — trotzdem!" Er grinste wieder. „Gutaussehender Mann, was?"
Sie sah ihn an und antwortete nicht.
„Ich rede von diesem Golder!"
„Schlank, groß, schwarzhaarig", schaltete sich Graf Osterhage eilig ein.
„Ein sehr gefährlicher Mann!"
„Wieso?"
Der Graf zog die Mundwinkel nach unten und strich mit dem kurzen, dicken Zeigefinger über seinen Bart. „Ich habe meine Beziehungen", verkündete er wichtig.
Tilla wußte, daß nun ihre Gelegenheit gekommen war. Das Stichwort war gefallen!
„Graf Osterhage hat wirklich ausgezeichnete Beziehungen",

begann sie mit einem gefährlichen Lächeln. „Seinen Champagner bezieht er aus Frankreich, seine Pralinen aus Wien und seine Zigarren werden aus Südamerika geschickt . . ."
„Ha – ha", machte Heydrich. Er tat, als hätte er einen faden Witz gehört, der ihn nur wenig interessiert hatte. Aber sein Gesicht, mit der großen starken Nase, hatte sich gespannt. Er wußte, daß Tilla, eine der fähigsten Agentinnen des RSHA, mehr zu sagen hatte.
Und auch der Graf ahnte das. Erwartung und Unsicherheit lagen in seinen Augen.
Tilla trank von ihrem Sekt. Sie hielt das Glas in der Hand und blickte an ihm vorbei zu dem Grafen. „Aber er hat noch bessere Beziehungen, der Graf. Er hat einen Diener, einen englischen Diener — Jones! Nennt er sich nicht so?"
Der Graf sah Heydrich an, der ihn plötzlich interessiert betrachtete. Er war blaß geworden. „Ja", murmelte er. „Er heißt Jones . . ."
„Sie da, sieh da — ein englischer Diener", sagte Heydrich gedehnt.
„Er ist mir . . . Er ist den Deutschen sehr ergeben", versicherte Graf Osterhage hastig.
Tilla stellte ihr Sektglas bedächtig zurück. Sie genoß diesen Augenblick ihrer Rache sichtlich, jede Sekunde von ihm! Jetzt blickte sie Heydrich an. „Sehr ergeben . . .", wiederholte sie verächtlich. Ihre Stimme wurde hart. „Dieser Jones heißt aber nicht Jones . . ."
„Das ist nicht wahr!" stöhnte der Graf. Er saß mit halbgeöffnetem Munde und starren Augen, und seine Hände umkrampften die Sessellehnen. „Ich habe seine Zeugnisse gesehen — er arbeitet seit acht Jahren in Rom . . . Seine Zeugnisse . . ."
„Sind gefälscht", unterbrach ihn Tilla sanft. „Seine Papiere sind gefälscht, seine Zeugnisse sind gefälscht — nur sein Gesicht ist echt!" Graf Osterhage sagte nichts mehr.

„Sein Gesicht?“ Heydrich hatte nach der Schere eines Hummers gegriffen. Er spielte damit. „Kennen Sie es?“
„Ja“, sagte Tilla. „Es ist das Gesicht eines Agenten des Secret Service, der unserer Abwehr seit einiger Zeit bekannt ist!“
„Aber – das ist doch nicht möglich!“ flüsterte der Graf.
Heydrich warf ihm einen Blick zu, sah dann Tilla an.
Tilla trank und erwiderte den Blick.
Heydrich ließ die Hummerschere auf seinen Teller fallen und stand auf. Er trat zum Fenster, blieb mit dem Rücken vor der geschlossenen Portiere stehen. Seine Stimme kam schrill und scharf:
„Was haben Sie zu sagen, Osterhage?“
Der Graf hockte mit vorgebeugten Schultern und gesenktem Kopf. Er wußte nichts zu sagen.
„Ich werde diese Angelegenheit durch den italienischen Polizeichef Bocchini überprüfen lassen“, sagte Heydrich wieder ruhig. „Wenn diese Behauptung stimmt – und ich zweifle nicht daran –, dann ...“ Er sprach nicht weiter.
Graf Osterhage hob langsam den Kopf. „Ich kann mir das nicht vorstellen“, murmelte er. „Jones – er war immer so ...“
„Ach seien Sie doch still!“ Reinhard Heydrich, SS-Obergruppenführer und einflußreichster General des RSHA, hatte genug von Graf Nikolaus Osterhage. Er trat wieder zum Tisch.
„Sie können gehen!“
Der Graf hatte sich erhoben. Er machte eine stumme Verbeugung und zog sich zur Türe zurück.
„Noch etwas ...“ Heydrich war dem Grafen gefolgt. Jetzt stand er vor ihm und drückte ihm seinen ausgestreckten Zeigefinger in den Bauch.
„Ich will annehmen, daß Sie nichts von alldem gewußt haben, Osterhage – und ich hoffe, daß Ihr Secret-Service-Diener ahnungslos bleibt!“
Auf der Stirn des Grafen perlten Schweißtropfen. Er nickte,

machte noch eine Verbeugung und verließ hastig das Zimmer.
Heydrich grinste Tilla zu. „Hat der ein Glück!" grunzte er. „Der Führer hat jede deutsche Einmischung im Lande seines ..." Er zögerte, dann ironisch: „seines Busenfreundes untersagt. Wären wir jetzt in Berlin ..."
Tilla unterbrach ihn sachlich: „Wir sind aber nicht in Berlin, Herr General!"
Heydrich nickte. „Eben! ..." Er begann im Raum auf und ab zu gehen. Er fragte: „Haben Sie sich in diesen Golder verliebt, Tilla?"
„Nein", log sie, ohne zu zögern, doch ihr Herz begann wild zu hämmern.
„Ich habe die Absicht, diese Leute — Kranz und Bachmayer — und ihre Hintermänner demnächst durch Bocchini hochgehen zu lassen", erklärte er. „Es könnte sein, daß sie zu gefährlich werden!"
„Auch Golder?"
Er blieb stehen. „Auch Golder ... Doch besitzen wir zu wenig Belastungsmaterial gegen ihn. Sie haben uns genug Material gegen die anderen geliefert — über Golder praktisch nichts!"
„Aber da ist nichts ..."
Heydrich bekam schmale Augen. „Nun, dann werden Sie etwas finden! Golder muß verschwinden ... Es ist eine Prestigefrage, verstehen Sie."
„Eine Prestigefrage!" Sie nickte.
Er trat zu ihr und seine Hand legte sich schwer auf ihre Schulter. Seine Stimme sagte hinter ihr: „Damit wäre der dienstliche Teil des Abends beendet. Wie wärs mit einem kleinen, privaten Teil?"
Tilla antwortete, ohne sich umzudrehen: „Golder erwartet mich um zehn in der Hotelhalle des Flora!"
„Rufen Sie ihn an ..."
„Golder ist mißtrauisch — und eifersüchtig!"
„Hm ..." Seine Hand glitt von ihrer Schulter. „Also nicht!"

sagte er, und dann trocken: „Er wird nicht mehr viel Zeit haben, dieser Herr Golder!"
Als Tilla in der Halle des Grand-Hotel aus dem Lift trat, zitterten ihr die Knie. Auf der Uhr über dem Eingang war es 21 Uhr und 30 Minuten und die Halle war mit lauten Menschen überfüllt.
Der blasierte Portier näherte sich ihr mit hochgezogenen Brauen und sie bat um ein Taxi. Der Blasierte verständigte den zweiten Portier und der zweite Portier erfüllte Tillas Wunsch, indem er vor den Eingang trat und die rechte Hand anhob. Ein grünes, verbeultes Taxi bremste quietschend vor dem Grand-Hotel.
Tilla stieg in das Taxi und der zweite Portier drückte persönlich den Verschlag hinter ihr zu. Als der Fahrer seinen Wagen anrollen ließ, schloß Tilla die Augen. Sie mußte jetzt nachdenken und durfte keinen Fehler machen ...

☆

Zehn Minuten später betrat Tilla das Hotel Flora.
Der Nachtportier lächelte ihr zu, als er ihr den Zimmerschlüssel überreichte. Der Barmixer machte seine gewohnte Verbeugung und ein paar Männer, die in der Halle saßen, hörten auf über ihre Geschäfte zu reden und starrten sie an.
Tilla schritt zum Lift. Doch dann schien sie es sich anders überlegt zu haben und kehrte wieder um. Vor dem Tisch des Portiers blieb sie stehen.
„Ist Signor Golder in seinem Zimmer?"
„Si, Signorina."
Sie öffnete die Handtasche und kramte nach ihren Zigaretten.
Der Nachtportier reichte ihr Feuer und sie dankte. Der alte Mann lächelte.
Tilla bat ihn, ihr eine Verbindung mit der Wohnung des Grafen Osterhage herzustellen und trat dann in die Telefon-

kabine. Sie wartete, bis die Glocke anschlug, nahm den Hörer in die Hand und wartete.
„Ja, bitte ...?" fragte eine Männerstimme. „Wen darf ich melden?"
Es war die Stimme des englischen Dieners.
„Jones?" sagte sie in die Sprechmuschel.
„Sehr wohl, Madame ..." Jones zögerte.
Er überlegt jetzt, welche Dame aus dem Bekanntenkreis des Grafen das sein kann, dachte Tilla und mußte lächeln. Sie sagte: „Ich möchte Sie warnen, Jones ... Erinnern Sie sich, wir lernten uns vor einiger Zeit in der Wohnung Ihres Herrn kennen — in einer etwas seltsamen Situation? ..."
Jones Stimme antwortete etwas verwirrt: „Ich weiß nicht, Madame, ich ..."
Tilla sprach nun englisch. „Sie standen damals an der Türe und lauschten — you remember?"
Einen Augenblick blieb es still, dann: „Well, ich erinnere mich!"
„Gut, Jones, hören Sie zu ..." Sie atmete den Rauch der Zigarette ein und dachte nach ...
Jones am anderen Ende schwieg beharrlich.
Endlich sagte Tilla: „Seit heute weiß Ihr Herr, daß Sie nicht Jones heißen und daß Ihre Papiere gefälscht sind — begreifen Sie?"
„Ich glaube, ja ..." kam Jones Stimme aus dem Hörer. Er hatte ruhig und beherrscht geantwortet. Der Mann hatte Nerven!
Tilla sagte: „Schon morgen wird sich die italienische Polizei für Sie interessieren — genügt das?"
„Das genügt", antwortete Jones. „Ich danke Ihnen, Mylady ...", er zögerte einen Augenblick, „obwohl ich nicht verstehe, warum gerade Sie ..."
Sie lachte leise ... Also wußte Jones auch über sie Bescheid!
„Sagen wir, um mein Gewissen zu beruhigen", sagte sie ironisch.

Jones schien das nicht zu verstehen und schwieg.
„Alles Gute, Jones . . ."
„Good luck, Mylady . . . Ich werde es Ihnen nicht vergessen!"
„Nonsense!" Tilla legte den Hörer auf, drückte ihre Zigarette in den Aschenbecher und verließ die Telefonzelle.
Sie atmete auf. Was sie da getan hatte, war dumm, sentimental, unangebracht — und gefährlich. Das wußte sie. Durch ihre Liebe zu Robert Golder war sie eine wahrhaft schlechte Agentin geworden. In Gedanken versunken ging sie zum Lift . . .
Golder saß in seinem Zimmer und las in einer Zeitung, als sie eintrat. Die Türe war nicht verschlossen gewesen. Er hatte auf sie gewartet.
„Nun?" Er hob den Kopf und sah sie an. „Wie wars denn bei deinem Heydrich?" Er versuchte sich unbekümmert zu geben, doch in seinen Augen lauerte Mißtrauen.
„Er ist nicht mein Heydrich!" Sie trat zu ihm und küßte ihn auf den Mund, dann setzte sie sich auf die Lehne seines Sessels.
Golder blickte sie erwartungsvoll an. Er sagte: „Du hast mir etwas versprochen, gestern . . ." Er blickte vor sich hin auf die Zeitung.
Tilla legte ihre Hand auf seinen Arm. „Ich habe dir versprochen, dich zu warnen, wenn Heydrich etwas gegen dich unternehmen will. Das meintest du doch?"
„Gegen mich — und gegen die anderen", er nickte, „gegen das, was wir vorhaben . . ."
„Ja", sagte sie und stand auf. Sie blickte ihn fest an. „Dann warne ich dich jetzt, Robert!"
„So", machte er und noch einmal „So!" Er blickte noch immer vor sich auf die Zeitung. Dann sagte er, ohne sie anzusehen: „Du scheinst dich ja angeregt unterhalten zu haben."

Plötzlich wußte sie: Er war weniger mit ihrer Warnung beschäftigt, als mit seiner Eifersucht! Ein großer, dummer Junge, der bereits graue Schläfen hatte, der nicht zeigen wollte, wie eifersüchtig er sein konnte.
Sie blickte auf ihn hinab, auf seinen schmalen, vorgebeugten Kopf, die breiten Schultern, die Hände ... „Ich habe mit ihm in seinem Hotel zu Abend gegessen — nicht allein", sagte sie leise. „Das war alles!"
„Dieser wunderliche Graf war auch dabei?" Er blickte auf.
Sie nickte. „Hast du so wenig Vertrauen zu mir?"
Robert Golder zuckte mit den Schultern und machte den Versuch zu lächeln. „Es ist gar nicht so einfach, weißt du ..."
Sie setzte sich in den Sessel, ihm gegenüber. Sie sah ihn an und wartete. Im Zimmer war es still und die Lampe an der Decke warf ein kaltes, grelles Licht.
„Du warnst mich also", begann er endlich. Umständlich zündete er eine Zigarette an. „Was hat er denn mit mir vor, unser Freund Heydrich?"
Tilla erzählte, was Heydrich gesagt hatte. Sie stellte es so dar, als wäre sie zufällig Zeuge eines Gespräches zwischen dem SS-General und Graf Nikolaus Osterhage geworden. Gestehen, daß sie — Tilla, die Agentin des RSHA — von Heydrich persönlich auf Golder angesetzt worden war, dazu fehlte ihr auch in diesem Augenblick der Mut.
Golder hatte ihr zugehört, ohne sie zu unterbrechen. Dann begann er nachzudenken.
Tilla beugte sich vor. „Laß uns von hier verschwinden, Robert!"
Ihre Stimme war flehend und eindringlich. „Das, was du willst, gelingt nicht ... In ein paar Wochen, spätestens in einigen Monaten, wird auch Italien im Krieg sein."
„Vielleicht hast du recht ..." Er sagte das mit geschlossenen Augen, müde und wie zu sich selbst. „Ich bin ein hoffnungsloser Fall, Tilla ..."

„Du und die anderen — ihr könnt den Krieg nicht aufhalten. niemand kann ihn aufhalten!"
Golder saß unbewegt. Er antwortete nicht.
„Ich weiß ..." sagt sie heftig, „du denkst, daß ich recht habe. Du glaubst aber, daß du nicht zum Verräter werden darfst — das hast du mir einmal gesagt ..." Sie wußte nicht mehr, was sie tun konnte, um ihn zu überzeugen. Sie fühlte sich schwach und verzweifelt.
Sie stand auf, ging zum Bett hinüber. Sie blickte zu ihm zurück und wollte etwas sagen. Aber dann sagte sie nichts. Sie setzte sich und begann still zu weinen ...
Golder schwieg noch immer. Er saß vorgebeugt, mit zusammengepreßten Lippen und die Ellbogen auf die Tischplatte gestützt. Hatte sie nicht die Wahrheit gesagt? Seine Arbeit hier war sinnlos geworden. Kranz und Bachmayer, die beiden Vertreter der sogenannten „Opposition", waren nach Deutschland zurückgereist, nachdem sie die Engländer monatelang mit Versprechungen und Ankündigungen des „Tages X" — dem Zeitpunkt, an dem das Hitlerregime „pulverisiert" werden sollte — hingehalten hatten. Sicher, es war nicht die Schuld der beiden Männer gewesen ... (und wo gab es hier überhaupt eine „Schuld?") Aber die Engländer waren schließlich mißtrauisch und müde geworden. In römischen Diplomatenkreisen machte man sich lustig über sie — und auch am Vatikan war man enttäuscht!
Golder zündete sich eine neue Zigarette an. Er rauchte hastig und in kurzen Zügen. Tilla, auf dem Bett, hatte aufgehört zu weinen, stellte er fest. Wie gefährlich war doch sein Leben geworden!
Gestern hatte Angelo Rossi ihm berichtet, daß der Sender RZL in Berlin nicht mehr arbeitete. Wahrscheinlich hatte man ihn ausgehoben. Von „A" war seitdem keine Nachricht mehr gekommen und Rossi hatte es aufgegeben, täglich auf eine Nachricht des Senders zu warten ... Alle Gefahren, alle Hoffnungen und alle Arbeit waren umsonst gewesen.

Und Tilla? Tilla war das einzig Reale in diesem irrsinnigen, unwirklichen Leben, das er hier geführt hatte. Sie war da, saß auf seinem Bett —, in seinem Zimmer. Sie war bereit, mit ihm eine Wirklichkeit aufzubauen, die ihn Rom vergessen lassen konnte ...
Warum eigentlich nicht? ...

Robert Golder drückte seine Zigarette aus und erhob sich. Er ging schwerfällig zum Bett hinüber und setzte sich neben Tilla, die müde und unbeteiligt vor sich hinstarrte. Vielleicht hätte er jetzt gerne den Arm um ihre Schulter gelegt, aber dazu schämte er sich zu sehr.
„Wenn du willst ...“ sagte er und er sah sie nicht an dabei.
„Ich glaube, daß da nichts mehr ist, was mich hier festhalten könnte.“
Langsam wandte sie ihm ihr Gesicht zu. „Ist das wahr ...?“ flüsterte sie.
Er nickte.
Da lehnte sie sich an ihn und begann wieder zu weinen ...

Es war nach Mitternacht, als das Telefon neben Golders Bett zu klingeln begann.
Er hatte nicht geschlafen. Die Balkontüre stand auf und im Zimmer brannte kein Licht. Die Fenster waren fahle, rechteckige Lichtflecke, vor denen sich die Vorhänge im Nachtwind bewegten. Unten, auf der Straße, vor dem Hotel, hatte vor wenigen Minuten ein Auto angehalten ...
Und jetzt klingelte das Telefon!
Golder setzte sich und tastete in der Dunkelheit nach dem Hörer. Er fand ihn und das Klingeln riß ab.
„Entschuldigen Sie, Signor Golder“, hörte er die Stimme des Nachtportiers. „Da ist ein Mann, der Sie sprechen möchte — Signor Rossi ist sein Name. Er behauptet, daß ...“
„Es ist gut, sagen Sie ihm, daß ich hinunterkomme!“
Als er den Hörer zurücklegte und aufstand, fragte Tilla aus

der Dunkelheit: „Was ist geschehen?" Ihre Stimme klang wach und ängstlich.

„Ich weiß es nicht", sagte er. „Rossi ist unten ..."

Sie sagte nichts mehr ...

Er verließ das Zimmer und schloß die Türe hinter sich ab. Er drückte nicht auf den Rufknopf des Lifts am Ende des Ganges, sondern ging schnell die Treppen hinunter zur Halle.

Angelo Rossi saß wartend in einem Sessel und tat, als lese er in einer Zeitung. Aus der Bar kam das Geräusch von Stimmen und Gläserklirren und der Nachtportier war hinter seinem Verschlag damit beschäftigt, Telefonverbindungen herzustellen. Dort, wo Rossi sich hingesetzt hatte, waren keine Zuhörer ...

Rossi legte die Zeitung fort, als Golder vor ihm stand. Der kleine, stämmige Mann sah müde aus und sein faltiges, schwarzlockiges Haar war ungekämmt.

„Ich wäre auch zu dir raufgekommen, Roberto", sagte er, doch er schien an etwas anderes zu denken. In seinem Gesicht zuckte es nervös.

„Was gibt es", fragte Golder unwillig. Er war fertig mit allem. — Warum ließen sie ihn nicht in Ruhe? Oben, in seinem Zimmer wartete Tilla ...

Rossi hatte ein zerdrücktes Zigarettenpaket aus der Tasche gezogen und hielt es Golder hin. Er sagte halblaut: „Da kam heute abend ein Mann aus Berlin zu mir. Er wollte nicht ins Hotel kommen. Es ist zu auffällig, meinte er. Er heißt Albert und behauptet daß er von ‚A' geschickt worden sei ..."

„Hat er dir erzählt, warum nicht mehr gesendet wird?" unterbrach ihn Golder. Er hatte sich eine Zigarette genommen und Rossi reichte ihm Feuer.

„Ja ... sie haben den Sender ausgehoben. Einer, der Funker, wurde dabei erschossen. Die anderen hat man nicht erwischt!"

Golder sagte nichts. Er rauchte und machte ein Gesicht, als ob ihn das alles nichts mehr anginge.
„Dieser Albert gehörte zu den Leuten, die bei dem Sender waren", erklärte Rossi. „Er hat mir einen Brief für dich gegeben ..." Er zog ein zweimal gefaltetes und nicht mehr sehr sauberes Kuvert aus der Brusttasche und hielt es Golder hin. „Er hatte das in seinem Schuh."
Widerwillig blickte Golder auf das Kuvert in Rossis Hand. Dann griff er danach, faltete es auseinander und riß es auf. In dem Umschlag steckte ein handgroßer Zettel. Auf dem Zettel stand in großen Maschinenbuchstaben:

„GEPLANTE INVASION AUF NORWEGEN VORAUSSICHTLICH MITTWOCH 5 UHR — ‚A' —"

Golder las diesen Brief zweimal durch, dann faltete er den Zettel zusammen und schob ihn mit dem Kuvert in die Tasche seiner Jacke. Er drückte die halbgerauchte Zigarette in den Messingaschenbecher, der neben ihnen auf dem kleinen Tisch stand, und dachte einen Augenblick über etwas nach.
Es verstand sich von selbst, daß er diese Nachricht sofort weiterleiten würde. Heute war Montag — bis Mittwoch früh blieben nicht einmal mehr 48 Stunden Zeit. Eine verdammt kurze Frist! ...
Er, Robert Golder, konnte das Versprechen, das er Tilla gegeben hatte, doch nicht halten, war er doch der einzige Deutsche in Rom, dem man diese Hiobsbotschaft — nach all den schlechten Erfahrungen — vielleicht noch glauben mußte!
Rossi hatte ihn beobachtet. „Was soll ich dem Mann bestellen, Roberto?" Golder antwortete nicht sofort. Er erhob sich und auch Rossi stand auf. Sie sahen sich an. Schließlich sagte Golder: „Bestell ihm, daß die Botschaft noch in dieser Nacht an die richtige Adresse gelangt." Angelo Rossi nickte nur. Er schien nichts anderes erwartet zu haben ...

*

Die Nacht war kalt und neblig. Golder war noch einmal in sein Zimmer hinaufgegangen. Er hatte sich ein Taxi rufen lassen und hatte dem Fahrer die Adresse genannt: Die Piazza del Gesù!

Einsam rollte das Fahrzeug durch die schlafende Stadt.

Also war es nun so weit! Hitler hatte sich zum Angriff entschlossen. Norwegen war sein nächstes Opfer, andere würden folgen. Der große Weltkrieg war nicht mehr aufzuhalten. Aber hätte er überhaupt aufgehalten werden können? Vielleicht — wenn es ein paar entschlossene Generäle gegeben hätte — eine Handvoll mutiger Männer — vielleicht ...

Das Taxi hatte angehalten. Golder bemerkte es erst, als der Fahrer sich zu ihm umdrehte. „Wir sind da, Signore!"

Er ließ das Taxi warten und ging zu der Pforte des alten Renaissance-Palastes, in dem der Jesuitenpater Tacchi-Venturi residierte. Auf der großen Uhr über einem Juweliergeschäft war es halb zwei. Er setzte die altmodische Glocke in Bewegung.

Der Pater mit dem jungen, intelligenten Gesicht öffnete ihm. Als er Golder in dem trüben Licht der Hoflaterne erkannte, lächelte er bedauernd. „Padre Venturi darf nicht gestört werden!"

Golder erzählte hastig, was geschehen war. Er erklärte die Situation und bat dann um die Vermittlung einer sofortigen Zusammenkunft mit dem norwegischen Verbindungsmann am Vatikan.

Der Jesuit im schwarzen Habit ließ ihn ausreden. Er lächelte noch immer. „In diesem Fall", erklärte er, „werde ich es wagen dürfen, den Padre zu stören. Bitte warten Sie ..."

Der junge Pater ging über den Hof davon und Golder wartete.

Ein Springbrunnen plätscherte einsam in der Dunkelheit und der Nebel lag wie ein Schleierkranz um die Laterne beim

Eingang. Irgendwo im Hintergrund leuchtete ein Licht auf. Es verlöschte nicht wieder. Golder begann zu frieren ...
Es dauerte einige Minuten, dann kam der junge Pater zurück. Er hielt einen Zettel in der Hand und lächelte. „Der Padre läßt sich entschuldigen, daß er Sie nicht persönlich empfängt", meldete er. „Der Padre wird sofort veranlassen, daß Sie von dem Vertreter der norwegischen Regierung, Signor Gustavsen, empfangen werden. Ich habe Ihnen hier die Adresse aufgeschrieben ..."
Golder nahm den Zettel, den der Pater ihm reichte, und bedankte sich. Der junge Jesuit öffnete ihm die Pforte. Er sagte in deutscher Sprache: „Ich wünsche Ihnen viel Glück, Herr Golder!" Seiner Stimme war anzumerken, daß er es aufrichtig meinte ...

☆

Harald Gustavsen, Attaché bei der norwegischen Botschaft am Quirinal, war ein großgewachsener, breitschultriger Mann, dessen wasserblaue Augen von einer mächtigen Hornbrille umrahmt wurden. Der Attaché Gustavsen war dunkelblond und wortkarg, Sohn eines noch wortkargeren Kapitäns der norwegischen Handelsflotte, aufgewachsen im hohen, schweigsamen Norden. Gustavsen besaß eine Fünfzimmerwohnung in der Via Laziò, die ihm seine Regierung zur Verfügung gestellt hatte, einen Dienstwagen, einen mäßigen Spesenfonds und den Ehrgeiz, einmal Gesandter oder Botschafter zu werden ...
In dieser Nacht, um zwanzig Minuten vor zwei, hatte das schrille Klingeln des Telefons Harald Gustavsen aus dem Schlaf gerissen. Die Stimme des Jesuitenpaters Tacchi-Venturi hatte — nach einigen Worten der Entschuldigung — einen gewissen Robert Golder, einen Deutschen, angesagt, der den Attaché unbedingt und sofort sprechen müsse.

„Deutscher ... Warum?“ hatte der Attaché verschlafen gefragt und dabei ein Gähnen unterdrückt.
Doch Pater Tacchi-Venturi schien nicht zu langen Erklärungen aufgelegt gewesen zu sein. Er hatte noch einmal bestätigt, daß Golder ein Deutscher sei — und hatte dann aufgelegt. Der Attaché zog seinen Hausmantel an, wickelte sich einen Schal um den Hals und verließ das Schlafzimmer. In seinem Arbeitsraum schaltete er die Schreibtischlampe ein, zündete sich eine Zigarette an und wartete dann geduldig weiter.
Wenig später quietschten unten, auf der Via Laziò, die Bremsen eines Autos, ein Verschlag wurde zugeworfen und Schritte hallten. Gleich darauf schlug die Wohnungsglocke an.
Als der Attaché öffnete, stand vor ihm ein großer, schlanker, dunkelhaariger Mann. Er verbeugte sich etwas vor dem Attaché und stellte sich vor: „Golder.“
Auch Gustavsen machte eine Verbeugung. Hinter seinem Besucher schloß er die Türe. Er sah Golder fragend an.
„Sind wir hier allein?“ Golder blickte sich mißtrauisch um.
Gustavsen nickte, während er sich offensichtlich gegen den nächsten Gähnkrampf wehrte. „Die Haushälterin“, sagte er erklärend und dann, da der andere ihn nicht ganz verstanden zu haben schien: „Nur die Haushälterin.“ Er machte eine einladende Handbewegung und ging voraus, zum Arbeitszimmer.
Im Arbeitszimmer, das ganz in Braun gehalten und mit alten schwedischen Möbeln ausgestattet war, setzte sich der Attaché hinter seinen Schreibtisch — nachdem er wortlos auf den Ledersessel gedeutet hatte, der vor dem Schreibtisch stand.
Golder nahm Platz.
Der Attaché bot ihm stumm von seinen Zigaretten an, doch Golder dankte. Er bevorzugte seine eigene Marke.
Der Attaché wartete.
Golder zog die Botschaft, die „A“ ihm aus Berlin gesandt

hatte, aus der Jackentasche. Er reichte den Zettel über den Schreibtisch.
„Bitte lesen Sie das."
Der Attaché nahm den Zettel und las ihn, dann blickte er auf.
Golder fragte: „Sie sprechen Deutsch?"
„Etwas", sagte der Attaché.
„Sie haben verstanden, was das bedeutet?"
Der Attaché Gustavsen las noch einmal die Schreibmaschinenzeilen.
Er las sie laut: „Geplante Invasion auf Norwegen voraussichtlich Mittwoch, fünf Uhr! ‚A' —"
Er nickte. „Ich habe verstanden."
Golder sagte: „Es ist bereits Dienstag . . ."
„Wer ist ‚A'?" fragte der Attaché.
„Eine Vertrauensperson aus dem Kreise Hitlers."
„Eine —" der Norweger suchte das Wort, „eine Person der deutschen Opposition?"
„Ja."
„Aha", machte der Attaché. „Und Sie?"
„Ich wohne hier in Rom", sagte Golder. „Indirekt gehöre ich auch zu dieser Opposition."
Der Attaché nickte wieder. „Ich danke Ihnen, Herr Golder!" Sein Deutsch war schwerfällig und hart. Er stand auf.
„Sie werden die Nachricht sofort weitergeben?" Golder hatte sich auch erhoben.
Der Attaché lächelte. Er ging zur Tür und öffnete sie. „Sie ist in guten Händen, Herr Golder . . ."
Harald Gustavsen, der Attaché der norwegischen Botschaft am Quirinal, brachte seinen Besucher zur Wohnungstüre und verabschiedete ihn dort. Als er in das Arbeitszimmer ging, um das Licht auszulöschen, lächelte er noch immer. Diese Deutschen glaubten wohl, daß er genauso dumm war wie seine englischen Kollegen! Erst vor einigen Tagen hatte er gehört, wie jene sogenannte deutsche Opposition Lord

Osborne und die Engländer an der Nase herumgeführt hatte. In Diplomatenkreisen gab es bereits einige handfeste Witze über diesen Fall . . .
Der Attaché zerknüllte den Zettel mit der Invasionsnachricht in seiner Hand. Über Harald Gustavsen und Norwegen würde man keine Witze machen . . . Er warf den Zettel in den Papierkorb und schaltete das Licht aus. Dann ging er ins Schlafzimmer zurück und legte sich wieder in sein Bett . . .

☆

Und damit fand, keine siebenundzwanzig Stunden später, die deutsche Invasion auf Norwegen ungehindert und überraschend statt. Überrascht waren die Norweger, die mit einer Besetzung ihres Landes nicht gerechnet hatten, überrascht war die übrige Welt, die nichts davon geahnt hatte — und überrascht war auch Harald Gustavsen, der alles gewußt hatte.
Doch der Attaché, der einmal Gesandter oder Botschafter werden wollte, behielt sein Geheimnis für sich. Er liebte es nun einmal nicht, zur Zielscheibe diplomatischer Witze zu werden . . .

Robert Golder aber hatte eine Auseinandersetzung mit Tilla, die ihn an sein Versprechen, mit ihr nach Schweden zu fliehen, erinnerte. Das war am Mittwoch abend, an jenem Märztage, an dem die ersten deutschen Truppenverbände norwegischen Boden betreten hatten.
Tilla lag auf dem Bett ihres Hotelzimmers, als Golder hereinkam. Sie hatte die Türe nicht verschlossen und er sah, daß sie geweint hatte. Seit Montagnacht waren sie sich nicht wieder begegnet.
Er warf die Türe hinter sich zu und blieb vor dem Bett stehen. Er sagte: „So geht das nicht . . .“

Sie blickte starr zur Zimmerdecke.
„Du bist mir aus dem Weg gegangen, Tilla."
„Bin ich . . .?"
„Ja — und du hast mich nicht einmal gefragt, was vorgefallen ist und warum . . ."
„Ach Robert . . ." Sie sah ihn an und in ihrem Gesicht war ein kleines, trauriges Lächeln. „Hast du mir nicht versprochen, daß du mit mir fortfahren willst und daß dich das alles hier nichts mehr angehe?!"
Er räusperte sich. „Ja . . ."
Sie seufzte. Dann: „Gib mir eine Zigarette."
Er trat neben sie, zündete eine Zigarette an und reichte sie ihr. Er setzte sich auf den Bettrand und sagte: „In der Nacht, als Rossi unten in der Halle war, erfuhr ich von der Invasion auf Norwegen und . . ."
„Ich weiß!" unterbrach sie ihn bitter. „Du hast die Invasion verhindern wollen!"
Er antwortete nicht, doch er sah sie an. Ihr Gesicht war plötzlich hart und wie um Jahre gealtert.
„Mein Gott", murmelte sie, „was für ein Kindskopf bist du doch!"
Sie atmete den Rauch ihrer Zigarette tief ein, blies ihn gegen die Decke. „Und? . . . Wie ich sehe, ist die Invasion planmäßig verlaufen!"
Er nickte und sah von ihr fort. „Ich brachte die Nachricht dem norwegischen Attaché. Ich dachte . . ." Er schwieg und blickte traurig vor sich hin. Wie sollte er ihr erklären, was geschehen war, wenn er es selbst nicht wußte?
Tilla hatte sich auf die Seite gerollt. Sie stützte sich auf den linken Unterarm und zog fröstelnd die Beine an. „Heute morgen sind deine beiden deutschen Freunde, Doktor Kranz und Geheimrat Bachmayer, aus Berlin zurückgekommen", begann sie mit gepreßter Stimme. „Soll jetzt wieder alles von Neuem beginnen, Robert?"
Golder schüttelte den Kopf. „Bachmayer fährt in ein paar

Tagen nach München, wie er mir erzählte. Er kommt nicht mehr nach Rom zurück — und Dr. Kranz wird selbständig weiterarbeiten!"

„Und du, Robert?" Ihre Stimme war leise und zitterte ein wenig.

Er zuckte mit den Schultern. „Mein Auftraggeber ließ mir durch Kranz bestellen, daß ich hierbleiben soll."

„Du bleibst?"

„Was soll ich denn tun ..." Er sprang heftig auf, ging ein paarmal im Zimmer herum und blieb, mit dem Rücken zu ihr, vor dem Fenster stehen.

„Du hast mir versprochen ..." flüsterte sie und kam nicht weiter. Sie weinte.

„Ich habe es dir versprochen", sagte er, ohne sich umzudrehen.

„Und ich will mein Versprechen auch halten, nur ... Gib mir noch ein paar Wochen Zeit, Tilla."

Sie antwortete nicht.

Er wandte sich vom Fenster und ging zum Bett zurück. Sich neben sie setzend, legte er seine Hand auf ihre Schulter. „Ich hatte es mir nicht überlegt, Liebes. Wenn ich jetzt fortginge und die anderen im Stich ließe — ich käme mir vor wie ein Schwein ... Willst du das?"

Sie schüttelte stumm den Kopf.

„Siehst du!" sagte er. Dann zog er sie an sich ...

☆

In Berlin war es Mai geworden. Die Tage wurden wärmer, die Nächte kürzer und die Bäume in den Straßen und Anlagen der Reichshauptstadt hatten frisches, grünes Laub bekommen ...

In den ersten Maitagen rief Hitler seine Generäle und Mitarbeiter in die Reichskanzlei, um ihnen das Datum der bevor-

stehenden Westoffensive zu verkünden. Vor Göring, Himmler, Canaris, Goebbels und den Stabschefs der Streikräfte, sagte Adolf Hitler, der Führer des Reiches:
„Ich habe mich entschlossen, die Offensive gegen den Westen bereits am zehnten Mai zu beginnen!"
Und dann hielt Hitler eine längere Rede über die Gründe und Hintergründe seines Entschlusses — um schließlich auf den „Existenzkampf des deutschen Volkes", sein Lieblingsthema, zu kommen.
Diesmal verglich er den „Lebenskampf des Volkes" mit dem unerbittlichen Kampf der Mikroben- und Pflanzenwelt. Der Stärkere sei der Bessere und der Bessere überlebe, erklärte Hitler abschließend.
„Jawohl, mein Führer!" ergänzte Himmler. „Und das deutsche Volk wird überleben!"
Göring, der Himmler nicht leiden konnte („wenn man nicht aufpaßt, sperrt der Kerl alle meine Freunde in seine Konzentrationslager ein!"), beschränkte sich auf ein kurzes Nicken.
„Großartig", murmelte beifällig einer der Generäle, „einfach hervorragend . . .!" Goebbels lächelte sein zynisches Lächeln. Bei ihm wußte niemand, was er wirklich dachte.
Und Canaris machte ein verschlossenes Gesicht. Ihm sah man an, was er dachte.
Da hob Hitler den Arm. Die Besprechung war beendet . . .
Draußen, im Vorraum, wartete Reinhard Heydrich auf seinen Chef, den „Reichsführer SS", der ihm angeregt und mit leicht gerötetem Gesicht entgegen trat.
„Wirklich genial, diese Gedankenführung des Führers", rief Himmler enthusiastisch, daß es jeder hören konnte. „Der Bessere ist der Stärkere, und der Stärkere — das sind wir, Heydrich — wird überleben!"
Er zog ein kariertes Taschentuch aus der Hosentasche und begann seinen Zwicker zu putzen. Er schien tief bewegt.
Heydrich nickte ungerührt. „Es ist jedenfalls logisch", stellte

er fest, „vorausgesetzt, daß die Stärke auch Intelligenz beinhaltet!"
Himmler blinzelte böse. Er setzte den Zwicker auf die Nase zurück und wollte dann offenbar etwas sagen. Im gleichen Augenblick gingen ein paar Generäle laut redend und gestikulierend vorbei, zum Ausgang — und hinter den Generälen, mit gesenktem Kopf, ging der Admiral Wilhelm Canaris. Endlich fiel die hohe, schwere Eichentüre ins Schloß und sie waren wieder allein. Wenigstens glaubten sie damals, allein zu sein. Aber die Wände hatten Ohren ...
Heydrich grinste: „Der alte Fuchs schien gar nicht begeistert zu sein!"
Himmler brummte: „Gehen wir, Heydrich ..."
Sie verließen den Raum, der große blonde SS-General und der kleine, dickliche Reichsführer. Sie schritten die beiden Treppen zum Erdgeschoß hinab.
„Was Neues aus Rom?" fragte Himmler, dem der schweigende Heydrich noch unsympathischer war als der sprechende.
„Nicht viel", antwortete Heydrich. „Bachmayer wurde von Canaris abgezogen und nach München beordert. Kranz ist noch in Rom, hält aber nur wenig Kontakt mit diesem Golder ... Ich habe mich jetzt entschlossen, die beiden in den nächsten Tagen durch Bocchini festnehmen zu lassen!"
Unvermittelt blieb Himmler stehen. „Ist Bocchini bereits davon unterrichtet?"
„Noch nicht. Ich wollte ein persönliches Schreiben nach Rom ..."
„Nein", unterbrach Himmler seinen General. „Ich halte diesen Weg für unrichtig — in der augenblicklichen Situation."
Heydrich schwieg. Niemand weiß, was er in diesem Augenblick dachte.
Doch da faßte Himmler nach seinem Arm. „Warten Sie, Heydrich ..." Er sah sich um, trat dann dicht an ihn heran und sagte halblaut:

„Im Vertrauen — gestern sprach ich mit dem Führer, allein. Es steht fest, daß Mussolini noch im Sommer dieses Jahres an unserer Seite in den Krieg eintreten wird. Es kann sich nur noch um wenige Wochen handeln . . ."
„Ha", machte Heydrich. Er nickte gedankenvoll.
„Ein vorzeitiges Verhaften — und sei es auch durch den italienischen Polizeichef — könnte unabsehbare Folgen haben!"
Wieder nickte Heydrich. Er grinste. „Und nach einem italienischen Kriegseintritt werden wir uns um die Brüder selber kümmern", murmelte er. „Nicht schlecht . . . So erfährt der Führer nichts von unserem kleinen Vorspiel!"
„So ist es!" bestätigte Himmler. „Außerdem haben wir damit die Möglichkeit, unsere wertvolle Friedenstaube zu retten, Heydrich. Man kann nie wissen . . ."
Heydrich lachte schrill auf. „Eigentlich sollte uns Canaris dankbar sein!"
„Aber er ist es nicht!" Himmler lächelte dünn. „Und noch etwas, Heydrich — ich nehme an, daß Canaris jetzt versuchen wird, eine Nachricht über den Beginn der Westoffensive an den Vatikan zu schicken. Diese Nachricht darf dort nicht ankommen!"
„Dafür sind bereits Vorkehrungen getroffen", bemerkte Heydrich. „Seit vierzehn Tagen steht der alte Fuchs unter meiner persönlichen Überwachung!"
Sie gingen weiter. Nebeneinander und in bestem Einvernehmen schritten sie die letzten Stufen zur Empfangshalle hinunter . . .

☆

Zwei Tage später, in der Sonntagsnacht des 5. Mai 1940, verließ ein kleiner, untersetzter Mann mit struppigem, rotem Haar den Schnellzug, der ihn über den Brenner nach Rom gebracht hatte. Albert, der rothaarige Agent des ausgehobe=

nen Berliner Geheimsenders „RZL“, schritt hastig aus der großen Halle der „Stazione Termini“, des römischen Hauptbahnhofes, und drängte sich, zwischen anderen Menschen, durch den Hauptausgang zur Straße.

Dies war Alberts zweite Reise nach Rom. Damals, beim erstenmal, trug er eine Botschaft von „A“ in seinem rechten Schuh versteckt und lieferte sie — zur Weitergabe an „C“ — bei dem Import-Exportkaufmann Angelo Rossi ab. Heute war die Nachricht, die er diesmal persönlich an „C“ abzuliefern hatte, in seinem Jackenfutter eingenäht ...

Albert hatte Angst. Er wußte, daß er beobachtet wurde. Schon im Zug hatte er mißtrauisch zwei schweigsame Männer beobachtet, die sich in seiner Nähe aufgehalten hatten. Nicht, daß sie sich besonders auffällig oder verdächtig benahmen — aber gerade das war es, was an ihnen so merkwürdig war ... Albert war kein mutiger Mann, er besaß zuviel Phantasie und er hatte erlebt, wie man im letzten Winter den Funker Helmuth erwischte. Helmuth war tot, und Albert träumte oft von ihm. Keine schönen Träume, wie er einmal bekannte.

Der Bahnhofsplatz war wie leergefegt. Ein paar Lampen brannten trüb und weiter vorn standen einige Taxis. Der Himmel über der Stadt hatte sich mit Wolken überzogen, kein Mond, keine Sterne. Irgendwo, am Bahnhofsgebäude, bewegte der Nachtwind eine quietschende Tür ... Albert blickte nicht zurück. Er wußte auch so, daß die beiden Verfolger aus dem Zug hinter ihm gingen. Er mußte sie abschütteln, ehe er mit „C“ zusammentraf!

Der kleine rothaarige Mann ging schneller, dann rannte er. Keuchend erreichte er die wartenden Taxis. Er riß die Türe des vordersten Fahrzeuges auf und warf sich hinein. Während er dem Fahrer eine Adresse nannte, die ihm eingefallen war, blickte er zurück. Die beiden Männer hatten sich nicht beeilt. Langsam, die Hände in den Taschen ihrer grauen Mäntel, kamen sie heran ...

Albert preßte entsetzt die geballte Faust gegen seine Lippen und wartete starr auf das Anfahren des Taxis. Da, endlich sprang der Motor an. Der Fahrer kuppelte, schaltete in den ersten Gang und fuhr los.
Die beiden Männer taten, als interessiere sie das davon=fahrende Taxi nicht. Man konnte beobachten, wie sie stehen=blieben. Einer der beiden zündete sich eine Zigarette an, der andere blickte zum Bahnhofeingang zurück und winkte.
Albert nahm die Hand vom Mund und ließ sich ins Polster zurücksinken. „Via Vittorio Veneto", rief er dem Fahrer zu. „Hotel Flora!"
Er konnte nicht wissen, daß neben dem Eingang des Bahn=hofgebäudes ein schwarzer Alfa=Romeo der italienischen Geheimpolizei gewartet hatte, in den seine beiden Verfolger eingestiegen waren ...

☆

„Wie spät ist es?" fragte Tilla. Sie lag auf dem Bett in Gol=ders Hotelzimmer und hielt die Augen geschlossen.
„Elf Uhr dreißig", brummte Golder aus dem Baderaum. Seit einigen Minuten versuchte er dort den abgebrochenen Kor=ken aus einer Whiskyflasche zu polken. Eigentlich hatten sie bereits genug getrunken, aber Tilla konnte in der letzten Zeit gar nicht genug bekommen. Er ahnte warum, doch er wagte nicht diesen Zustand zu ändern ...
Tilla, auf dem Bett, hatte beide Hände unter ihren Kopf ge=schoben. Wenn sie die Augen öffnete, begann sich das Zimmer vor ihr zu drehen, also ließ sie die Augen zu. Sie fand es ekelhaft — doch die Angst nüchtern zu werden, ließ sie weitertrinken. Und so ging das nun seit Wochen. Tilla begann schon den Morgen mit Alkohol, wenn die Gedan=ken kamen. Sie wußte genau, wieviel sie von der gold=braunen Flüssigkeit brauchte, um mit der Angst fertig zu werden: Ein halbes Wasserglas etwa. Am Mittag war es

ein Glas, am Nachmittag noch ein Glas und am Abend (die gefährlichste Tageszeit!) trank sie so lange, bis sie schlafen konnte.
Und Robert Golder trank mit ihr.
Tilla machte sich nichts vor.
Da saßen sie in Rom herum und warteten, obwohl sie wußten, daß jeder Tag, jede Stunde die Katastrophe bringen konnte. Es gab zahllose Möglichkeiten dieser Katastrophe. Und Golder brachte es auch noch fertig, diesen Möglichkeiten ruhig ins Auge zu sehen.
Er hatte eine Aufgabe und glaubte sich stark genug, die Konsequenzen — wenn nötig — auf sich zu nehmen.
Sie aber besaß die Nerven dazu nicht — und doch spielte sie mit. Aus Liebe zu einem hoffnungslosen Phantasten, wie sie wohl wußte. Aus Liebe zu einem Mann, der auf verlorenem Posten kämpfte und den sie täglich verlieren konnte ...
Im Baderaum splitterte Glas, dann murmelte Golders Stimme: „So, jetzt hab ich dich!"
Als er mit der Flasche ins Zimmer trat, bemerkte sie, daß er den Hals der Flasche abgeschlagen hatte. Sie lächelte. „Immer mit Gewalt", sagte sie schwerfällig. „Du wirst dir dabei einmal ..." Sie schwieg erschreckt.
Er füllte die Gläser, die auf dem Nachttisch standen, und reichte ihr eins davon. „Das letzte, Tilla!"
Sie sahen sich an und tranken.
Tilla schüttelte sich und er nahm ihr das Gla aus der Hand.
„Du hast genug."
„Nein ... Gib mir das Glas!" Ihre Augen blickten ihn in plötzlichem Haß an.
Er gab ihr schweigend das Glas zurück und sie trank es ohne abzusetzen aus. „Noch ein Glas, Robert!"
Er schüttelte stumm den Kopf. Diesmal würde er nicht nachgeben!
Sie wollte etwas erwidern, es blieb jedoch unverständlich, denn im selben Augenblick schlug die Telefonglocke an.

Golder nahm den Hörer. An seinem Ohr sagte die Stimme des Nachtportiers: „Ein Signore, der mit dem Nachtzug aus Deutschland kam, wünscht Sie dringend zu sprechen, Signor Golder. Werden Sie in die Halle kommen?"
„Wie heißt der Mann?"
Eine kurze Pause, dann: „Der Signor meint, daß sein Name Ihnen nicht helfen wird ... Er läßt Ihnen bestellen, daß er eine wichtige, geschäftliche Nachricht hat."
Golder überlegte. Er sah dabei nachdenklich Tilla an, die mit geschlossenen Augen und teilnahmslos dasaß. „Bitte, führen Sie den Herrn herauf", sagte er dann. „Ich werde hier im Zimmer auf ihn warten."
Nachdem er den Hörer zurückgelegt hatte, murmelte Tilla: „Wenn du willst, gehe ich ..."
„Das ist nicht nötig."
Sie machte die Augen auf. „Beinahe hätten wir — uns gestritten, Liebling."
Er antwortete nicht und beschäftigte sich mit den Gläsern und der Whiskyflasche, die er in den Schrank stellte.
Tilla erhob sich etwas unsicher vom Bett und zog die Decke glatt. Die linke Hand am Bettpfosten, richtete sie sich auf. „Robert?"
„Hm?" machte er. Er öffnete die Balkontüre und blieb mit dem Rücken zum Zimmer stehen. Unten, auf der Straße, hielt ein Wagen an. Der Motor erstarb, dann Stille ...
Tillas Stimme sagte gepreßt: „Wir wollen uns nicht mehr streiten. Es ist nur, weil — es ist alles so schrecklich hier ..."
Golder blickte durch die offene Türe in die Nacht. „Bald ist es vorbei — dann gehen wir fort." Er hatte das oft zu ihr gesagt in den letzten Wochen. Aber es stand fest, daß er selbst nie daran geglaubt hatte ...
Es klopfte an die Zimmertüre und Golder ging hin und öffnete. Draußen, im Gang, stand einer der Boys aus der Halle. Hinter dem Boy wartete ein stämmiger, rothaariger Mann, in dessen Gesicht es nervös zuckte.

„Kommen Sie bitte herein.“ Golder nickte dem Mann zu und ließ ihn an sich vorbei ins Zimmer treten. Zu dem Jungen in der grünen Hoteluniform sagte er: „Es ist gut. Ich bringe den Herrn selbst in die Halle zurück.“

Der Boy machte eine Verbeugung und ging fort. Golder schloß die Türe.

Der kleine, stämmige Mann war in der Mitte des Zimmers stehen geblieben. Er blinzelte mißtrauisch zu Tilla hinüber, die neben dem Bett an der Wand lehnte, dann sah er Golder an. „Ich bin Albert“, begann er heiser. „‚A‘ schickt mich zu Ihnen ...“ Er machte eine ruckartige Kopfbewegung zu Tilla. „Wer ist das?“

Golder hatte sich eine Zigarette angezündet. „Eine gute Bekannte. Sie können sprechen.“ Er bot Albert von seinen Zigaretten an.

Albert bediente sich mit zitternden Fingern. Er hüstelte nervös und begann hastig zu rauchen.

„Ist etwas nicht in Ordnung?“ fragte Golder.

„Ich — ich weiß nicht“, murmelte der kleine rothaarige Albert. „Zuerst dachte ich, daß sie hinter mir her sind, aber dann ...“ Er stockte und blickte wieder zu Tilla, die noch immer an der Wand lehnte und sich nicht bewegt hatte. In seinem Gesicht war wieder das Zucken.

„Also?“ fragte Golder, der ungeduldig wurde.

„Haben Sie nichts zu trinken?“ Albert sah den großen, schlanken Mann an, von dem er wußte, daß es „C“ war, der wichtigste Verbindungsmann in Italien. Dieser Mann, die schweigsame, schöne Frau und das Hotelzimmer gaben ihm ein Gefühl von Sicherheit und Ruhe — und er fürchtete sich vor dem Augenblick, in dem er auf die dunkle Straße zurückkehren mußte.

Golder war zum Schrank gegangen. Mit einem Glas, das er mit Whisky gefüllt hatte, kam er zurück.

Albert trank aus dem Glas. Das Zucken in seinem Gesicht hatte nachgelassen.

Golder sagte: „‚A‘ hat Sie zu mir geschickt mit einer Nachricht ...“
Albert nickte. Er trank wieder.
„Wo ist die Nachricht?“
Der kleine rothaarige Agent stellte das Glas auf den Tisch und knöpfte seinen abgeschabten Trenchcoat auf. Er zerrte an der karierten Sportjacke, die er unter dem Mantel trug, und riß das Innenfutter unter der linken Brusttasche auf. Zwischen Futter und Stoff leuchtete weiß ein Papierstreifen.
„Bitte“, sagte Albert, „ziehen Sie das Papier heraus.“
Golder faßte in das aufgerissene Jackenfutter und zog an dem Streifen. Es war ein viermal gefaltetes Blatt aus dünnem Papier und auf dem Papier stand in Schreibmaschinenschrift:

„WESTOFFENSIVE ZEHNTER MAI 1940 — 4 UHR — ‚A‘ —“

Golder stockte der Atem. Er schloß die Augen und öffnete sie wieder. Doch er hatte richtig gelesen: Die deutsche Offensive gegen den Westen begann am 10. Mai, um vier Uhr morgens! Langsam ließ er die Hand mit der Nachricht sinken. Das Papier raschelte und Tilla sah ihn an.
„Ist es sehr schlimm?“ fragte sie leise.
Er nickte nur. „Wir müssen gehen“, sagte er zu Albert.
Albert, der rothaarige Agent, schüttete hastig den Rest seines Whiskys hinunter. Für ihn war der Auftrag erledigt und in wenigen Minuten würde er wieder auf der dunklen, feindlichen Straße stehen. Nichts anderes beschäftigte ihn. Aus seinen Augen sprach die Angst ...
Golder hatte das Papier zusammengefaltet und in die Tasche geschoben. Er trat zum Schrank, öffnete ihn und nahm seinen Mantel vom Bügel. Während er ihn anzog, sagte er zu Tilla:
„Ich bin eine bis zwei Stunden fort. Wenn du hier warten willst ...“
Sie lehnte an der Wand und blickte vor sich auf den Boden.
„Ich warte.“

Albert beobachtete Golder aus den Augenwinkeln. Er hätte gern noch etwas getrunken, um die Zeit in diesem Zimmer zu verlängern. Mit der Zungenspitze fuhr er sich über die trockenen Lippen. Aber er sagte nichts.
„Fertig?" fragte Robert Golder. Er hatte bereits die Hand auf der Türklinke.
Albert nickte.
Golder lächelte Tilla zu. Es war ein gezwungenes Lächeln. „Du mußt schlafen, Liebes . . ."
Sie antwortete nicht.
Er öffnete die Türe und trat auf den Gang hinaus. Albert folgte ihm schwerfällig, mit gesenktem Kopf.
Tilla hörte, wie Golder im Dunkeln zu dem Agenten sagte: „Wir gehen zusammen hinunter. In der Halle trennen wir uns. Sie benützen den Hauptausgang — ich gehe hinten hinaus, über den Hof . . ."
Dann wurde die Türe geschlossen.
Tilla lehnte noch immer an der Wand des Zimmers. Langsam hob sie den Kopf. Auf dem Tisch stand das Glas, aus dem der Agent getrunken hatte, ein Aschenbecher mit einem noch qualmenden Zigarettenrest und ein aufgerissenes Zigarettenpaket.
Der Schrank an der Wand links vor ihr stand mit offener Tür. Im Baderaum brannte Licht und vom Balkon drangen entfernte Geräusche aus der Nacht. Irgendwo spielte ein Radiogerät, eine Stimme sang leiernd und hoch über der Stadt war das leise Brummen eines Flugzeuges . . .
Tilla war es, als sei sie zum erstenmal in diesem Zimmer, erlebe sie zum erstenmal eine Nacht, Einsamkeit und Leere. Robert Golder und der Agent Albert — zwei Schatten, die nicht mehr waren, unwirklich wie alles andere um sie herum, unwirklich wie sie selbst. Sie löste sich von der Wand und schritt langsam, mit hängenden Armen, auf die Balkontüre zu. Der Alkohol hatte sie benommen und unsicher gemacht. Dann hatte sie die offene Türe erreicht und trat hinaus. Sie

stützte sich auf die Holzbrüstung und blickte zur Straße hinab.
Die Via Vittorio Veneto lag um diese Zeit wie ein breites, schwarzschimmerndes Band, leer und tot, unter dem Licht der Straßenlaternen. Einige Meter vor dem Hoteleingang parkte ein großer Wagen. Die Lampen des Wagens waren ausgeschaltet und hinter dem Fenster des Fahrersitzes glomm der Lichtpunkt einer brennenden Zigarette.
Tilla sah diesen Lichtpunkt und sie hörte auch, wie der Motor des Wagens plötzlich ansprang. Doch schien sie sich nicht darüber zu wundern.
Dann hörte sie, wie sich unten, in der Eingangstüre des Hotels Flora, der Schlüssel des Nachtportiers im Schloß drehte. Eine Stimme sagte:
„Buona notte, Signore", und die heisere Stimme des rot=haarigen Agenten antwortete unverständlich. Die Türe schwang mit leisem Quietschen zurück und der Agent trat auf die Straße.
Tilla hörte, wie die Türe geschlossen wurde. Sie sah Albert, den Agenten, der unschlüssig nach rechts und links blickte, zwei, drei Schritte machte und wieder anhielt. Er stand jetzt genau in der Fahrtrichtung der großen Limousine, deren Motorengeräusch unmerklich angeschwollen war.
In diesem Augenblick mußte Tilla begriffen haben, was dort unten geschah, denn sie öffnete den Mund, um zu schreien, doch sie konnte nicht schreien. Beide Hände um die Holz=brüstung des Balkons gekrallt, starrte sie hilflos und mit geweiteten Augen auf die Szene, die sich unter ihr abspielte.
Auch Albert hatte plötzlich die Gefahr erkannt. In der Sekunde, in der der Motor des schwarzen Alfa=Romeos auf=heulte und die Limousine mit einem Satz auf ihn zuschoß, war er zurückgesprungen. Er preßte sich flach gegen die Mauer des Hotels. Die Limousine stoppte, schnellte zu=rück ...

Albert stieß sich von der Mauer ab und rannte quer über die Fahrbahn, auf einen schützenden Hauseingang zu.

Doch die schwarze Limousine war schneller. Sie erfaßte den Agenten auf der linken Straßenseite. Ein dumpfer Knall. Der Körper des kleinen, stämmigen Mannes wurde vorgeschleudert und prallte neben dem Eingang gegen die Hauswand.

Noch einmal fuhr der Alfa-Romeo an . . .

Tilla schloß stöhnend die Augen. Sie wandte sich ab und taumelte ins Zimmer zurück. Sie ließ sich auf das Bett fallen. Mit dem Gesicht nach unten, die Hände gegen die Schläfen gepreßt, blieb sie bewegungslos liegen.

Auf der Straße riefen Stimmen durcheinander, Fenster wurden aufgerissen, eine Frau begann gellend zu schreien.

Minuten vergingen.

In der Ferne klang das Jaulen einer Sirene auf. Das Jaulen näherte sich rasch, wurde zu einem Heulen und erstarb winselnd vor dem Hotel. Autotüren wurden aufgerissen und zugeschlagen und eine tiefe, unwirsche Männerstimme übertönte das Stimmengewirr. „Attenzione — Polizia! Platz machen!"

Die Frau auf der Straße fing wieder an zu schreien.

☆

Robert Golder hatte sich von einem der giftgrünen, alten und verbeulten römischen Taxis in die Via Carducci fahren lassen. Vor dem Haus Nummer 15 war er ausgestiegen. Jetzt ging er die Straße zu dem Gebäude der Nummer 2, der belgischen Botschaft, zurück.

Er war sich darüber klar, daß das dünne Stück Papier mit der Nachricht in seiner Tasche für ihn eine große Gefahr darstellte. Er hatte allen Grund, vorsichtig zu sein!

Vor fünf Minuten erst hatte sich Golder in der Hotelhalle von Albert, dem rothaarigen Agenten, verabschiedet. Albert

war dann zur Portiersloge vorgegangen und er war unbemerkt in den dunklen Speisesaal des Hotels geschlüpft und – von dort – durch die angrenzenden Nebenräume zu einem Fenster gelangt, von dem er in den Hof gesprungen war.
Er ahnte nicht, daß Alberts Leben, etwa zur gleichen Zeit, von einer schwarzen Limousine gewaltsam beendet wurde. Und er konnte nicht wissen, daß Alberts Tod sein eigenes Leben rettete. Denn niemand, auch nicht die Insassen der Limousine, mochten eine Nachricht über die bevorstehende Westoffensive in Robert Golders Taschen vermutet haben ...

Golder war bei dem Haus, Via Carducci 2, angelangt. Es war ein großer, altmodischer Steinkasten, schmutziggelb gestrichen, mit hohen, schmalen Fenstern.
Er blieb vor dem überdachten Eingang stehen und zündete sich eine Zigarette an. In dem Haus, das wußte Golder, befanden sich auch die Privaträume des belgischen Botschafters, Bernard de l'Escaille. Er hatte den Botschafter einmal kennengelernt. Pater Tacchi-Venturi hatte ihn l'Escaille vorgestellt, einem blasierten älteren Herrn mit grauen Schläfen und dem Geruch von Eau de Cologne. Der Botschafter war damals sehr zurückhaltend und schweigsam gewesen. Ob er das auch heute sein würde, wenn er die für ihn bestimmte Nachricht in Händen hielt? Ob er auch bei diesem Wiedersehen seine blasierte Zurückhaltung aufrecht erhalten konnte? ...
Golder drückte auf den glänzenden Klingelknopf, der über dem Metallschild der belgischen Botschaft angebracht war. Er hörte das Schrillen einer elektrischen Glocke im Erdgeschoß und wartete. Alles blieb still. Er drückte wieder auf den Knopf, diesmal anhaltender ...
Hinter den Scheiben der Eingangstüre flammte Licht auf.

Schritte polterten entfernt eine Hoztreppe herunter, schlurften über Steinplatten.
Eine Türe wurde aufgeschlossen, die Schritte näherten sich dem Eingang . . .
Golder warf die Zigarette fort und trat einen Schritt zurück.
Die schwere Eichentüre vor ihm wurde geöffnet. Ein kleiner, schmächtiger Mann mit wirrem Haar und mit einem Gesicht, das an eine eingetrocknete Zitrone erinnerte, sah ihn mißbilligend an.
„Ist das eine Art, Monsieur?" fragte der Kleine schrill und bissig.
Er hatte französisch gesprochen und Golder verstand ihn.
„Es tut mir aufrichtig leid", sagte er in italienischer Sprache.
„Aber es ist wichtig. Ich muß sofort den Botschafter sprechen!"
„Den Botschafter?" Der Kleine schob seine Hände in die riesigen Taschen des flauschigen, grauen Morgenmantels, in den er sich gewickelt hatte. Er sah aus wie ein böser Märchenzwerg und er starrte Golder in fassungslosem Erstaunen an. „Den Botschafter", wiederholte er. „Gestatten Sie, daß ich lache." Er gab ein meckerndes, trockenes Geräusch von sich. Dann knurrte er: „Der Botschafter schläft!"
„Wecken Sie ihn."
Der Kleine betrachtete Golder nachdenklich. „Hören Sie mir mal gut zu . . .", begann er sanft.
Da hatte Golder genug. Er unterbrach ihn: „Ich habe einen Grund, Monsieur — und ich habe nicht die Absicht, hier vor dem Haus mit Ihnen zu verhandeln. Wollen Sie mich jetzt bitte eintreten lassen?"
Der Kleine schien angestrengt zu überlegen. Schließlich nickte er und trat zurück.
Golder trat durch die Türe und drückte sie hinter sich zu.
Der kleine Mann mit dem Zitronengesicht beobachtete ihn interessiert. „Und nun?" fragte er.
„Ich habe eine Nachricht für Exzellenz l'Escaille. Eine wich-

tige Nachricht!" Golder ging, während er das sagte, die Treppenstufen zur Empfangshalle der Botschaft hinauf.
Der Kleine schlurfte in Filzpantoffeln neben ihm. In der Halle faßte er nach Golders Arm. „He, bleiben Sie stehen!"
Golder blieb stehen und sah auf den Kleinen hinab ...
Der reckte sich. „Ich bin der Sekretär des Botschafters", erklärte er. „Ich entscheide, ob Ihre Nachricht wichtig ist oder nicht, verstanden?"
„Gut ...", Golder erkannte, daß er so nicht weiterkam. Er mußte sich dem Kleinen fügen — wenn dieser wirklich der Sekretär des Botschafters war. Er fragte: „Sind wir allein?"
Der Kleine nickte. Er schien Golders Gedanken erraten zu haben.
„Sie finden es ungewöhnlich, daß ich Ihnen geöffnet habe, Monsieur!"
Sein faltiges Gesicht verzog sich zu einem traurigen Grinsen.
„Ich schlafe immer im Erdgeschoß — neben der Telefonzentrale. Mein Grundsatz, Monsieur, ist: traue niemandem! ... Die Zeiten sind schlecht ..." Er seufzte.
„Nicht die Zeiten sind schlecht", sagte Golder sarkastisch, „sondern die Menschen ..."
Dann griff er in die Tasche und zog den Zettel mit der Nachricht, die „A" ihm gesandt hatte, heraus. Er reichte sie wortlos dem kleinen Sekretär.
Der Kleine warf einen Blick darauf, sah Golder an. „Sie sind Deutscher?"
„Ja."
Der Kleine lächelte. Es war das erste freundliche Lächeln, das Golder an ihm bemerkte. „Meine Großmutter war Deutsche."
„Wollen Sie das nicht lesen?" Golder schien sich nur mühsam zu beherrschen. Mit der Großmutter eines Botschaftssekretärs wollte er in diesem Augenblick nichts zu tun haben.
„Sie war eine wundervolle Frau", sagte der Kleine verzückt.

„Das Prunkstück unserer Familie — sozusagen, Monsieur ..."
Er merkte offenbar, daß er abgeschweift war und erinnerte sich an den Zettel in seiner Hand.
Als der kleine Sekretär zu lesen begann, schwand das Lächeln aus seinem Gesicht. Sein Mund öffnete sich halb und die Hand, die das Papier hielt, begann zu zittern. „In der Tat — eine wichtige Nachricht ...", murmelte er. „Eine böse Nachricht!" Er sah Golder nicht an.
„Werden Sie jetzt den Botschafter wecken?"
„Natürlich, Monsieur. Ich bitte Sie um Verzeihung. Ich ..."
„Schon gut." Golder hielt seine Zigaretten dem Kleinen hin und der zog mechanisch eine aus dem Päckchen. Golder gab ihm Feuer und zündete sich selbst eine Zigarette an.
Der Kleine ging langsam, den Zettel noch in der Hand, zu einem Haustelefon, das in einer Ecke der Halle stand. Er nahm den Hörer ab, drehte sich um und blickte Golder an, der ihm gefolgt war.
„Diese Nachricht — sie ist ..."
„Keine Fälschung", ergänzte Golder. „Wir warnten auch die Norweger!" Er hob die Schultern und ließ sie wieder fallen. „Doch sie haben unsere Warnung nicht ernst genommen ..."
Golder machte jetzt einen müden Eindruck. Sollte alles sinnlos gewesen sein — auch dieses Gespräch mit dem Sekretär des belgischen Botschafters?
Der Kleine hatte sich abgewandt. Er wählte eine Nummer, mußte etwas warten und begann dann hastig und schnell französisch zu sprechen. Golder hörte, daß er mit dem Botschafter sprach und ihm — nach einer längeren umständlichen Erklärung — den Text der Nachricht übersetzte. Der Botschafter schien Bedenken zu haben und ließ sich den Text nach einmal vorlesen, jetzt in deutscher Sprache.
„Westoffensive, zehnter Mai 1940 — vier Uhr, ‚A'", las der Sekretär langsam. Dann wandte er den Kopf Golder zu. „Der Herr Botschafter möchte wissen, was das ‚A' am Ende bedeutet?"

Golder sagte: „‚A' ist ein hochgestellter Beamter aus dem Kreis um Hitler."
Der Kleine übersetzte das, doch der Botschafter wollte mehr wissen. Er ließ fragen, wer dieser „A" sei.
Golder schüttelte heftig den Kopf. „Bestellen Sie dem Botschafter, daß ich keine Namen nenne und auch nicht annahm, daß ich danach gefragt würde ..." Erregt fügte er hinzu: „Sagen Sie ihm, daß ich ihm nichts verkaufen will. Er hat die Warnung erhalten, was er damit macht, ist seine Sache. Ich gehe jetzt ..."
Golder ließ den kleinen Mann am Telefon stehen und ging zum Ausgang.
„Hallo ... Einen Augenblick, bitte ...", rief der Sekretär mit dem Zitronengesicht hinter ihm.
Doch Golder hörte nicht darauf. Er riß wütend die hohe, schwere Türe der Botschaft auf, warf seine Zigarette fort und trat in die Nacht hinaus ...
In diesen Minuten hatte sich die ganze Sinnlosigkeit seiner Mission, aller seiner Anstrengungen, klar gezeigt ...

Zehn Minuten brauchte der belgische Botschafter Bernard de l'Escaille, um sich korrekt anzukleiden, das graue Haar zu bürsten und sich die Schläfen mit Eau de Cologne zu massieren. Dann empfing er den Sekretär in seinen Privaträumen.
„Eine tolle Sache, wie?" eröffnete er vorsichtig das Gespräch. Vorsicht war der bedeutendste Charakterzug des Botschafters. „Wie war denn der Kerl, der mit diesem Zettel kam?"
Der Sekretär erlaubte sich zu bemerken, daß der Kerl — nach seiner unmaßgeblichen Meinung — einen unbedingt glaubwürdigen Eindruck gemacht hatte.
„So, so", murmelte der Botschafter. „Aber er wurde reichlich unverschämt, finden Sie nicht?"
Der Sekretär nickte untertänig.

„Und was machen wir jetzt?" fragte der Botschafter, der in den Nachtstunden nicht zu denken gewohnt war.
Der Sekretär schlug vor, die Meldung sofort an das Außenministerium in Brüssel weiterzugeben.
„Und wenn die Nachricht gefälscht ist?"
Darauf wußte auch der Sekretär keine Antwort. Aber er erzählte von der Warnung, die die Norweger bekommen hatten. Diese Warnung, von dem gleichen Mann überbracht, war nicht gefälscht gewesen!
„So, so", meinte der Botschafter. Er hatte auch schon davon gehört. „Angenommen, sie ist aber doch gefälscht — was dann? . . ."
Und so verhandelte der Botschafter mit seinem Sekretär drei Stunden lang über die Frage, ob man Brüssel benachrichtigen solle — oder nicht. Dann, im ersten Morgengrauen, kam man zu einem Entschluß. Ein Telegramm sollte nach Brüssel, an den Ministerpräsidenten und Außenminister, Paul Henri Spaak, gesandt werden: „DEUTSCHE OFFENSIVE WAHRSCHEINLICH — ZEIT: 10. MAI 40 — 4 H."
Das Wort „WAHRSCHEINLICH" hatte der Botschafter persönlich hinzugefügt, denn er war — wie schon erwähnt — ein vorsichtiger Mann!
„Lassen Sie das Telegramm sofort durchgeben", befahl der Botschafter seinem Sekretär. „Soll ich es nicht verschlüsseln?" fragte der Sekretär.
„Nicht nötig", murmelte der Botschafter.
Dann zog er sich in sein Schlafgemach zurück und legte sich wieder ins Bett . . .

*

Drei Stunden danach lag das Telegramm auf dem Schreibtisch des belgischen Außenministers in Brüssel. Doch in Brüssel wußte man noch nichts von der Warnung, die die Norweger bekommen und unbeachtet gelassen hatten. Man wußte aber von einer deutschen Opposition, deren Vertreter in Italien mit den Engländern verhandelt hatten. Also fragte man zuerst nach Rom zurück und erhielt von dort die Auskunft, daß die Warnung durch einen Mittelsmann jener Opposition zur belgischen Botschaft gebracht worden war. Nun erkundigte sich das belgische Außenministerium bei den Engländern. Die Antwort war kurz und niederschmetternd:

„DEUTSCHE OPPOSITION UNGLAUBWÜRDIG – ZUMINDEST UNSERIÖS!"

Diese Antwort genügte. In Brüssel war man sich darüber einig, daß man die Warnung vor einer deutschen Offensive ignorieren würde ...

Genau zwei Tage später, am 10. Mai 1940, morgens um 4 Uhr, marschierten die ersten deutschen Verbände über die belgische Grenze. Niemand hatte das geahnt, keiner stand bereit ...
Als gegen vier Uhr dreißig der deutsche Einmarsch in Brüssel bekannt wurde, erinnerte man sich an das Telegramm aus Rom. Zu spät!

☆

Golder hatte sich vor dem Hotel Flora ein Extrablatt gekauft. Er las es hastig, auf der Via Veneto stehenbleibend und mit dem Geschrei der Zeitungsverkäufer neben sich. Vor ihm war der Lärm der Straße, die Sonne schien warm und die Menschen hatten unbekümmerte Gesichter:
Der zehnte Mai 1940, zwei Uhr und dreißig Minuten.
Was war geschehen?
Deutschland hatte vor zehn Stunden seine Offensive gegen die Länder des Westens begonnen!
Na und? Rom lag im Süden, oder nicht? Und außerdem hatte man ja Benito Mussolini, den Duce – der war mit

Hitler und mit den Deutschen befreundet. Kein schlechtes Volk, diese Deutschen, ein bißchen zu fleißig, ein bißchen zu eifrig, aber sonst kein schlechtes Volk, nicht wahr? Zugegeben, der Hitler machte gerne Krieg, dafür war er bekannt. Aber nicht mit uns, nicht mit Italien! Wir haben den Duce und liegen im Süden. Wir trinken unseren Espresso, unsere Martinis, Vermouths, Camparis ... Die Deutschen machen Krieg. Wie gut, daß wir den Mussolini haben! ...

Golder wandte sich von der Straße ab, als sei sie etwas Feindliches, das er hassen müsse. Das Extrablatt mit den ersten Meldungen über die Offensive in der Hand, betrat er die Halle des Hotels und schritt, ohne sich umzusehen, zum Lift ...

Im vierten Stock verließ er den Lift und ging über den weichen, dicken Läufer zu seinem Zimmer.

Tilla saß in dem Sessel am Fenster, als er eintrat. Sie rauchte eine Zigarette. Vor ihr, auf dem Tisch, stand ein leeres Whiskyglas, und die Tür zum Balkon war geöffnet.

„Hallo, Liebling", sagte sie und blickte ihn an. Sie sah blaß und müde aus und ihr Lächeln war gezwungen und bitter.

„Ich habe es in meinem Zimmer nicht ausgehalten", begann sie. „Ich wollte etwas trinken ..."

Golder stand vor ihr, das Zeitungsblatt in der herabhängenden Hand. Er hatte nicht zugehört.

„Lies das ..." Er warf das Extrablatt auf den Tisch, trat zum Bett, setzte sich und stützte den Kopf in beide Hände.

Tilla nahm das Blatt und las den Bericht, dessen Schlagzeilen ihr rot und aufdringlich entgegenleuchteten. Sie las die Meldung über den deutschen Einmarsch nach Belgien und Holland, und eine zweite Meldung, die von der Ahnungslosigkeit des belgischen Volkes, des Militärs und seiner Regierung berichtete ...

Sie legte die Zeitung auf den Tisch zurück. „Alles, was du getan hast, Robert, war umsonst", sagte sie hart.

Golder, auf dem Bett, ließ die Arme sinken und nickte. „Ich

komme mir vor wie ein Idiot." Seine Stimme war heiser und ohne Kraft.
„Mit den Friedensverhandlungen für Bachmayer und Kranz hat es angefangen — umsonst... Die Warnung an den norwegischen Attaché — umsonst... Und jetzt die Warnungen an die Belgier... auch umsonst. Alles war umsonst, Tilla..."
Sie sah zum Fenster hinaus, über die Dächer der Stadt, auf denen die Mittagssonne brannte. Sie schwieg.
Golder war aufgestanden und lief im Zimmer herum. „Ich verstehe es nicht", murmelte er. „Ich kann das nicht verstehen..." Er preßte die geballten Fäuste gegen seine Schläfen. „Wozu das alles? Meine Arbeit hier, die Gefahr... Albert, der dafür draufging, Filippo, die anderen... Warum?" Verzweifelt stöhnte er auf.
„Robert..."
Er schien sie nicht zu hören, lief vom Schrank zur Türe, von der Türe zum Schrank.
„Robert!" Sie erhob sich und stellte sich ihm in den Weg. „Jetzt hör mich einmal an!..."
Dicht vor ihr blieb er stehen, doch seine Augen blickten an ihr vorbei.
Tilla legte ihre Hände flach gegen seine Brust. „Sieh mich an, Robert."
Er schloß die Augen, öffnete sie wieder und sah sie an.
Sie sagte leise: „Das ist das letztemal, daß ich dich bitte, hier Schluß zu machen... Du hast deine Arbeit getan, niemand wird dir einen Vorwurf machen, wenn du jetzt gehst, Robert..." Sie suchte nach den Worten und ihre Hände ballten sich zu kleinen, harten Fäusten auf seiner Brust. „Ich — ich halte das nicht mehr aus, Robert! Seit Wochen geht das nun so — ich warte und warte, ich kann nicht mehr schlafen..." Sie schluchzte auf und preßte die Lippen zusammen. Hastig redete sie weiter: „Wir haben noch Zeit.

Wir können uns Schiffskarten besorgen, Papiere, Geld ... Robert, sag doch ja — sag doch etwas!"
Steif und ohne Bewegung stand er vor ihr. Er antwortete nicht.
Verzweifelt hämmerte sie mit den Fäusten gegen seine Brust. „Sprich doch ..., so rede doch!"
Golder hob die Arme und faßte nach ihren Handgelenken. „Ja", sagte er. „Ja, Tilla ..."
Er ließ ihre Hände los und wandte sich ab. Er blickte zum Fenster, doch er sah nichts. „Du wirst mich nicht verstehen", murmelte er. „Aber Angelo Rossi, und die anderen — kann ich die einfach sitzen lassen?"
„Du hast es tun wollen, damals!"
Er schwieg.
„Und ich?" flüsterte sie.
Langsam drehte er sich um. Sie stand da, mit herabhängenden Armen, verzweifelt, blaß — und schön.
Müde sagte er: „Ich kann nicht ... Jetzt noch nicht."
„Dann — dann werde ich allein gehen!" sagte sie. Doch sie wußte genau, daß sie es nicht tun würde ...

☆

Es waren die letzten Tage des Mai 1940.
Berlin, die „Hauptstadt des Reiches", hatte seine ersten heißen Sommertage. Die Rundfunkstationen brachten Sondermeldungen über die Erfolge deutscher U-Boote, Holland und Belgien waren „planmäßig" besetzt worden, die Luftwaffe des Reichsmarschalls Hermann Göring „beherrschte den Luftraum" und die „allgemeine Lage war höchst zufriedenstellend".
Reinhard Heydrich, SS-General und Chef des RSHA, hatte trotzdem seine Sorgen. An diesem Morgen, pünktlich um 8 Uhr 30, war er in seinen Amtsräumen erschienen, hatte

einen herumstehenden Verwaltungsbeamten angebrüllt, zwei Sekretärinnen gekränkt und schließlich die schalldichte Türe seines Arbeitszimmers krachend hinter sich zugeschlagen.
Nun ging er vor seinem Schreibtisch auf und ab. Die Fäuste in die Hüften gestemmt, den Kopf mit der hohen Stirn wie ein gereizter Stier gesenkt, so versuchte er in solchen Augenblicken seine Erregung abklingen zu lassen.
Vor zwei Stunden, um sechs Uhr, hatte Hitlers Adjutant ihn aus dem Bett geklingelt und ihm am Telefon eröffnet, daß der Führer ihn zu sprechen wünsche. Noch nicht ganz wach, auf dem Bettrand sitzend, hatte er, Reinhard Heydrich, dann einen Tobsuchtsanfall Hitlers über sich ergehen lassen müssen. Gott sei Dank nur durch den Telefonhörer (und er war nicht dazu gekommen, auch nur ein Wort zu seiner Verteidigung sagen zu können!), aber ihm hatte es gereicht. Hitler hatte etwas von den Telegrammen erfahren, die der belgische Botschafter vor der Offensive nach Brüssel gesandt hatte ...
Und Himmler?
Der „Reichsheini" hatte sich natürlich — wie immer — vor der Verantwortung gedrückt! Himmler hatte befohlen, daß man die Gruppe in Rom, Kranz, Golder, Bachmayer, nicht hochgehen ließ. Wenn es nach ihm, Heydrich, gegangen wäre ... Heydrich zuckte verächtlich mit den Schultern. Sinnlos darüber nachzudenken — Zeitvergeudung!
Tatsache war: Hitler wußte jetzt von der Arbeit einer Agentengruppe in Rom, wußte von dem Verrat der Westoffensive aus seinem engsten Kreis. Hitler würde nicht mehr Ruhe geben — bis etwas geschah, das seine Wut abkühlte.
Irgendetwas mußte getan werden!

Heydrich blieb vor seinem riesigen Schreibtisch stehen und nahm den Hörer vom Telefonapparat. Einen Augenblick kniff er grübelnd die Lippen zusammen, dann drückte er auf

den Knopf, der ihn direkt mit Walter Schellenberg, Leiter des Amtes VI, „Ausland=Abwehr", verband.
„Schellenberg, kommen Sie sofort zu mir!" grunzte er.
Er wartete nicht auf die Antwort des Amtschefs, schlug die Gabel herunter und drückte einen zweiten Knopf. Er wippte ungeduldig auf den Stiefelspitzen, bis sich die Stimme des „Gestapo=Müller" meldete.
„Schlafen Sie, Müller?" bellte er dann. „Kommen Sie zu mir!"

Er warf den Hörer zurück, ging zum Schreibtischsessel und ließ sich hineinfallen. So blieb er sitzen, mit den Fingerspitzen auf die Armlehnen trommelnd, bis die Türe des Arbeitszimmers geöffnet wurde. Ein Adjutant aus dem Vorzimmer schlug knallend die Hacken zusammen und meldete die Chefs der Ämter VI und IV.
„Sollen reinkommen!" Heydrich blinzelte zur Türe, durch die Schellenberg und Müller eintraten. Er stand nicht auf.
Walter Schellenberg bewegte sich selbstsicher und gelassen. Ein schlanker, elegant gekleideter Mann, etwa 40 Jahre alt, mit einem klugen, verschlossenen Gesicht und wachen Augen.
Hinter ihm ging Müller, verhaßter Chef der gefürchteten Gestapo, ehemaliger Postbeamter, mittelgroß, kurzer Haarschnitt, rötliche, ungeschlachte Hände. Müller liebte — im Gegensatz zu Schellenberg — die Uniform und trug sie täglich. In Heydrichs Gegenwart war er unsicher, unterwürfig, willfährig.
Die beiden Männer stellten sich nebeneinander vor Heydrichs Schreibtisch auf und der Adjutant schloß die Türe.
„Morgen, meine Herren." Heydrich hatte sich breit in den Sessel zurückgelehnt. „Hoffe, Sie haben gut geschlafen ..."
„Guten Morgen", sagte Schellenberg.
Müller lächelte verkrampft.
„Heute morgen, während Sie noch schliefen ..." Heydrich

machte eine kunstvolle Pause und starrte Müller böse grinsend an ... „Während Sie noch schliefen, rief mich der Führer an und —" plötzlich schnellte er vor, schlug mit der flachen Hand klatschend auf die Schreibtischplatte, „machte mich zur Sau!"
Müller war zusammengefahren. Offenbar fühlte er sich keiner Schuld bewußt, aber das änderte nichts an diesem unberechenbaren Menschen, der ausgerechnet sein Chef sein mußte ...
Schellenberg blieb kühl und abwartend.
„Zur Sau machte mich der Führer!" wiederholte Heydrich. Er liebte es, kraftvolle Ausdrücke zu wiederholen. Dann grunzte er unvermittelt: „Setzen Sie sich!"
Die beiden Abteilungschefs nahmen auf den Stühlen Platz, die vor dem Schreibtisch standen.
Heydrich lehnte sich wieder zurück. Er stemmte die Ellbogen auf und legte die Fingerspitzen zusammen. Abwechselnd sah er Müller und Schellenberg an. „Aber der Führer hatte recht", begann er gedehnt. „Da hat die Funküberwachung ein Telegramm aufgefangen, das der belgische Botschafter in Rom an sein Außenministerium nach Brüssel gefunkt hat ..."
Schellenberg nickte. „Ich kenne das Telegramm", bemerkte er ruhig. „Wenn ich mich nicht irre, gab ich es Ihnen, Obergruppenführer Heydrich, am Tage nach dem Offensivbeginn ..."
Heydrich winkte ab. „Weiß ich ..." Jetzt grinste er wieder. „Ich bin nicht verkalkt, Schellenberg. Doch es ist ein Unterschied, ob ich von einem Telegramm des Offensivverrates weiß — oder der Führer, klar?"
Walter Schellenberg lächelte. Er hatte ein sympathisches Lächeln. „Klar ..." Diese kleine Frechheit durfte er sich nun erlauben. „Und der ‚RFSS?'" fragte er, noch immer lächelnd.
„Hat gekniffen — was dachten Sie?"
Darauf antwortete Schellenberg nicht.

Heydrichs Kopf schnellte herum, zu Müller. „Was haben Sie gegen den Kreis Canaris, Oster, Beck, Dohnany, Kranz und Bachmayer unternommen?" fuhr er den Gestapochef an. „Wie steht es mit den Ermittlungen, Müller?"
Müller räusperte sich. „Wir wissen, daß die Meldung an die Belgier aus diesem Kreis kam ... Wir kennen auch den Mann, der sie nach Rom brachte ..."
„So?"
„Ja." Müller schluckte nervös. „Er ist tot! Ein Autounfall ..."
„Aber zu spät, Müller!"
„Jawohl ... Wir haben getan, was wir konnten. Ich kann mir nicht vorstellen ..."
Heydrich fuhr ärgerlich mit dem Arm durch die Luft. „Lassen wir das!" Er sprang auf, ging um den Schreibtisch herum und lehnte sich vor den Amtschefs an den Tisch. Mit übereinandergeschlagenen Beinen, die Hände in den Taschen seiner Uniformhose, sagte er: „Wir sind uns wohl über die Rolle klar, meine Herren, die Canaris dabei spielt. Wir sind uns ebenso klar, daß Canaris vorläufig tabu bleibt — und in diesem Zusammenhang wird es Sie belustigen, wenn ich Ihnen erzähle, daß der Führer heute morgen einen Bock zum Gärtner machte ... Er hat nämlich Canaris beauftragt, den Verräter der Westoffensive aufzuspüren!"
„Ha, ha ...", machte Müller, der das sehr originell fand.
Schellenberg lächelte ...
„Sie, Schellenberg, sind mit Canaris befreundet!"
„Nun, ja ..."
„Genauso habe ich mir das gedacht." Heydrich nickte. „Sie werden ihm also so ab und zu auf den Zahn fühlen und ihn in Sicherheit wiegen, während wir seine Leute kassieren. Er darf nicht mißtrauisch werden!"
„Nicht so einfach ..."
„Weiß ich!" Heydrich stieß sich vom Schreibtisch ab und

trat einen Schritt vor. „Sie werden das schon machen, Schellenberg . . ."

„Müller!"

Müller stand auf. „Obergruppenführer?"

Reinhard Heydrich rieb sich das Kinn. „Wir müssen dem Führer in der allernächsten Zeit ein paar Leute liefern, die mit dem Verrat zu tun gehabt haben", erklärte er. „Wir holen sie uns aus Rom . . . In einigen Tagen, wahrscheinlich am zehnten Juni, wird Italien offiziell an unserer Seite in den Krieg eintreten. Sehen Sie zu, daß ein paar unserer Leute in Rom sind. Bocchini wird dann diesen Golder und den Doktor Kranz in die Zange nehmen. Bachmayer ist wieder im Reich, den können wir hier erledigen. Golder wird, wenn er gestanden hat, in ein Konzentrationslager gebracht. Er darf nicht sterben, Müller, er ist unser wichtigster Mann!"

Müller sagte trocken: „Ich werde ihn behandeln wie meinen eigenen Sohn."

„Noch eine Frage?"

„Keine Frage", antwortete Müller eifrig.

Schellenberg schüttelte den Kopf. Er war aufgestanden.

Heydrich reckte sich. „Das wärs, meine Herren." Er fühlte sich wieder besser und war voller Tatendrang.

Müller und Schellenberg gingen zur Türe.

„Einen Augenblick noch . . .", rief Heydrich. „Müller, veranlassen Sie, daß auch unser Freund, der Graf Osterhage, bei dieser Gelegenheit ein bißchen behandelt wird. Der Kerl war mir schon immer unsympathisch — und wir brauchen ihn jetzt doch nicht mehr!"

„Mit Freuden", versicherte Müller, denn auch er hatte keine freundschaftlichen Gefühle für den kleinen, schmierigen Grafen mit dem Seehundsbart . . .

☆

7. Juni 1940.

In den Straßen Roms brütete die Hitze. Die Sonne stand weißglühend am Himmel, und über den Häusern und den Kupferdächern der Dome und Klosterkirchen flimmerte die Luft ...

Robert Golder verließ nach dem Mittagessen das Hotel Flora und schlenderte die Via Vittorio Veneto entlang. Während er ging, sah er sich ein paarmal um, doch er konnte keine Verfolger entdecken. Er war nervös und unsicher geworden.

Vor dem Hotel „Excelsior" wartete ein leeres Taxi. Es war eines dieser alten, verbeulten Dinger und in ihm saß der Fahrer und schlief.

Golder faßte nach dem Arm des Mannes, der aus dem Fenster hing.

Der Mann wachte auf und stierte ihn mißmutig an.

„Via Cola di Rienzo", nannte Golder die Adresse. Dort wohnte Angelo Rossi, der Export-Import-Kaufmann.

Als er in den Wagen stieg, drehte der Fahrer den Kopf zurück.

„Heiß heute, wie?"

„Sehr heiß", bestätigte Golder abwehrend. Tilla hatte er in ihrem Hotelzimmer zurückgelassen. Sie war so anders geworden, schweigsam, bitter — weit entfernt. Sie hatte gedroht, ihn zu verlassen und war geblieben. Aber es war ihm, als wäre sie doch nicht da ...

„In der Cola di Rienzo ist es noch heißer!" sagte der Fahrer jetzt und ließ den Motor anspringen. „Ich bewundere Sie, Signore!"

Als Golder nicht reagierte, zuckte er mit den Schultern und fuhr schneller. Dann begann er einen Schlager zu pfeifen ...

Golder zündete sich eine Zigarette an. Er war sich darüber klar, daß er Tilla verlieren mußte — so oder so —, wenn dieser Zustand noch länger anhielt. Er wußte auch, daß es seine Schuld sein würde und er überlegte, ob er sich bereits damit abgefunden hatte. Nein, er konnte es sich nicht vorstellen ...

„Cola di Rienzo, Signore!"

„Danke ... Noch ein Stück weiter ..." Dann tauchte plötzlich das alte, graue Bürgerhaus auf, in dem Rossi wohnte.

„Halten Sie hier!"

Die Bremsen des Fahrzeuges quietschten durchdringend ...

Golder zahlte und stieg aus. Der Fahrer legte sich zurück, blinzelte träge und war gleich darauf eingeschlafen ...

Einige Sekunden wartete Golder neben dem Taxi, dann ging er schnell zu dem stuckverzierten Geschäftseingang des Hauses und drückte die Türe auf.

Eine Glocke machte ein schepperndes Geräusch und der junge, dünne Mann im grauen Kittel, der am Stehpult des kleinen, muffigen Kontors arbeitete, hob den Kopf. Er erkannte Golder und lächelte freundlich.

„Angelo — Besuch!" rief der junge Mann in eine halbgeöffnete Türe, die zu dem Lager der Firma „Rossi & Co." führte.

Rossi erschien sofort. Breit und stämmig blieb er in der Türe stehen und nickte Golder zu. „Komm nach hinten, Roberto ..."

Der Gang zum Lager der Firma hatte keine Fenster. Er war hoch und schlauchartig lang, mit Kisten und Säcken an den Wänden und dazwischen die Eisentüren zu den Lagerräumen.

Rossi schritt voraus. Etwa in der Mitte des Ganges hielt er an und lehnte sich gegen einen Kistenstapel. Sein schwarzes, öliges Haar glänzte im Licht der trüben elektrischen Birne, die an einer langen Schnur von der Decke herabhing. Er grinste Golder verlegen an.

„Ist das ein heißer Tag heute ...!" begann er umständlich.

Golder schüttelte den Kopf. „Rede keinen Unsinn. Warum hast du mich rufen lassen, Angelo?"

Rossi hörte auf zu grinsen. „Weil ich eine Nachricht für

dich habe.“ Er zog eine Zigarettenpackung aus der Tasche, sah dann aber den vorwurfsvollen Blick des jungen Mannes im grauen Kittel, der auf das an der Wand angebrachte Schild „Vietato fumare!“ (Rauchen verboten!) zeigte und steckte sie lächelnd wieder ein. Was für andere galt, mußte auch für ihn, den Chef, gelten.

„Eine schlechte Nachricht ...“ fügte er dann hinzu.

„Also?“

„Hm, ja — du weißt, daß ich gewisse Beziehungen habe ...“

„Ich weiß.“

„Und da habe ich etwas erfahren ...“ Rossi holte tief Atem. „Ich habe erfahren, daß Mussolini in drei Tagen, am zehnten, den Kriegseintritt Italiens erklären wird!“ Nun hatte er es heraus. Er wischte sich mit dem Handrücken den Schweiß von der Stirn. Golder nickte mechanisch. Eigentlich war er darauf vorbereitet gewesen, doch hatte er es nie recht glauben wollen.

„Das heißt, Robert,“ sagte Rossi leise, „daß du aus Italien verschwinden mußt!“

Golder starrte vor sich auf den staubigen Boden. „Verschwinden ... !“ wiederholte er.

„Geh weiter runter, nach Süden, Roberto. Du findest dort Schiffe, auf denen du fortkommst — nach Amerika, Brasilien. Hier ist Geld ...“

Angelo Rossi zerrte ein Bündel Banknoten aus der Tasche und hielt es dem Freund hin. „Nimm das, Roberto!“

Golder griff nach dem Geld. Er behielt es in der Hand und vergaß es einzustecken.

Angelo Rossi faßte ihn hart an den Schultern. „In drei Tagen ist hier der Teufel los. Die Polizei hat Listen, die sie von den Deutschen bekam. Jeder, der denen nicht paßt, ist geliefert!“

Er schüttelte Golder heftig. „Du mußt weg, Roberto — raus aus Italien.“ Rossi ließ ihn so plötzlich los, daß er zurücktaumelte.

Robert Golder lehnte sich an eine der schweren Eisentüren. Er sah auf Angelo, der im trüben elektrischen Licht des schmalen Ganges stand und erregt auf ihn einredete.
Golder schien nicht mehr zu verstehen, was Rossi sagte. Für ihn stand fest, daß seine Arbeit, die Hoffnungen und Gefahren umsonst gewesen waren. Nun würde auch Italien in den Krieg eintreten. Das Feuer hatte um sich gegriffen, und niemand würde es löschen können.
Das Spiel war verloren!
Das Banknotenbündel, das Rossi ihm gegeben hatte, war aus seiner Hand geglitten und auf den staubigen Boden gefallen. Er schüttelte schwerfällig den Kopf. Er trat vor und ging an Angelo Rossi vorbei zum Kontor zurück.
„He, Roberto!" rief Rossi. Er bückte sich nach dem Geld und hob es auf. Dann lief er dem Freund nach.
Golder blieb stehen, als Rossi nach seinem Arm faßte. Sie standen am Ende des Ganges, dicht voreinander. Rossi hielt die Banknoten in der Hand. „Du hast sie vergessen!" sagte er atemlos.
Golder murmelte: „Ich brauche das Geld nicht — danke, Angelo."
„Sei nicht dumm, nimm es!"
Wieder schüttelte Golder den Kopf. Er lächelte schwach. „Jetzt ist ja doch alles egal . . ."
Das gutmütige Gesicht des Italieners wurde hart. „Du bist ein Idiot, Roberto!" Er stopfte die Scheine gewaltsam in Golders Jackentasche. „Versprich mir, daß du verschwinden wirst!"
Golder zögerte. Dann streckte er seinen Arm aus und berührte Rossis Schulter. „Ich verspreche es."
„Na also!" sagte Rossi. Er wandte sich ab, da ihm Tränen in die Augen gekommen waren . . .

☆

Auf der Via Cola di Rienzo, vor dem Haus der Import-Exportfirma „Rossi & Co.", stand noch das Taxi, das Robert Golder hergefahren hatte. Über der Stadt brannte die Nachmittagssonne. In dem Taxi lag der Fahrer und schnarchte mit offenem Mund.
Golder trat zu dem Wagen. Er legte die Hand auf den Arm des schlafenden Fahrers. „Wollen Sie mich zurückfahren?"
Das Schnarchen brach ab und der Mann öffnete verwundert die Augen.
„Sagten Sie was, Signore?" Er gähnte, begann zu grinsen. „Ach, Sie sind es!"
„Ich fragte, ob Sie mich zum Hotel Flora fahren wollen . . . ?"
„Sofort, Signore, sofort . . . !"
Golder kletterte in den hinteren Teil des Fahrzeuges und ließ sich in die zerschlissenen Polster fallen. Er blickte nicht zu dem alten Bürgerhaus zurück, in dem Rossi wohnte. Rossi war ein Freund gewesen — sein einziger Freund. Auch ein Kapitel, das der Krieg erledigt hatte . . .
Das Taxi rollte an und Golder schloß die Augen. In seiner Tasche fühlte er das dicke Geldbündel. Es würde ihn von nun an an das Versprechen erinnern, das er Angelo Rossi gegeben hatte. Und Tilla? Tilla würde glücklich sein. Seit Wochen wartete sie auf den Tag, an dem er mit ihr Italien verließ. Nun, dieser Tag war gekommen. Für Tilla ein Glückstag.
Golder öffnete die Augen wieder. Er zündete sich eine Zigarette an und atmete den Rauch tief in die Lungen ein.
Das Taxi hielt quietschend vor dem Hotel Flora in der Via Vittorio Veneto. Golder zahlte und stieg aus, ehe der Fahrer ein Gespräch mit ihm beginnen konnte. Wie im Traum ging er durch die Hotelhalle und ließ sich in den vierten Stock hinauffahren. Dann schritt er durch den schmalen Gang zu Tillas Zimmer.
Sie öffnete ihm, nachdem er zweimal geklopft hatte. Sie

trug nur ihren dünnen, seidenen Morgenmantel und hielt ihn mit der Hand über ihrer Brust zusammen.
„Ich habe in der Sonne gelegen", erklärte sie. „Auf dem Balkon."
Sie ließ ihn eintreten und schloß hinter ihm die Türe wieder zu.
„Nun?" fragte sie dann.
Er antwortete nicht sofort. Während er ein paar Schritte in das Zimmer hineinging, fielen ihm ein Glas und eine Flasche auf, die auf dem Tisch standen. Sie hatte wieder getrunken!
Er griff nach der Flasche und füllte das Glas zur Hälfte. Er trank, behielt das Glas in der Hand und sagte, abgewandt: „Ich komme von Angelo Rossi. Angelo hat erfahren, daß Italien am zehnten Juni in den Krieg eintritt." Er drehte sich zu ihr um. „Er meinte, daß es Zeit für mich sei, zu verschwinden ..."
Tilla stand noch immer bei der Türe. Sie hatte ihren Morgenrock vergessen und die Hände sinken lassen. „Und — du ... ?"
Er trank. „Ich glaube, daß Angelo recht hat", sagte er unverblümt.
Er fragte rauh: „Bist du nun zufrieden?" Dabei sah er an ihr vorbei.
Sie antwortete nicht. Langsam, auf nackten Füßen, schritt sie zu ihm, blieb neben ihm stehen. „Du bist sehr unglücklich ..." sagte sie leise.
Golder hob die Schultern und ließ sie wieder fallen. „Nein ..." Er blickte sie an, und es gelang ihm ein Lächeln. „Ich bin nicht unglücklich — nicht mehr!"
Tilla nickte. „Dann ist alles gut!" flüsterte sie.
Er zog sie an sich und küßte sie.

Am Abend dieses Tages saßen sie bei „Orlando". Es war wie in alten Zeiten. Sie tranken Aperitifs, und Tilla lachte wieder. Sie schien es wunderbar zu finden, daß die Gäste sie

anstarrten und sie hätte sie alle umarmen können — mitsamt den getrockneten Seeungeheuern, die an der Decke des Lokals hingen.
Und in der Nacht, als sie allein waren, fand Tilla den Mut, von einem kleinen schwedischen Handelsdampfer, „Magdalena Cross", zu erzählen, der seit drei Wochen im Hafen von Salerno lag. Cross hieß auch der Besitzer und Kapitän des Schiffes. Er war ein alter, grauhaariger Seemann, und Tilla hatte ihn in der Hotelhalle kennengelernt, als er nach Rom gekommen war, um Ersatzteile für seine Schiffsmaschinen einzukaufen. Sie hatten schwedisch gesprochen — und die Unterhaltung hatte damit geendet, daß der Kapitän sich bereit erklärte, Tilla und ihren „Bekannten", der keinen Paß besaß, nach Schweden mitzunehmen!
„Dem mußt du aber mächtig gefallen haben", sagte Golder, nachdem sie fertig war.
Sie antwortete: „Habe ich auch! Aber er ist ein lieber, alter Knabe. Er hat nicht einmal einen Kuß dafür gewollt!" Ihr Kopf lag an seiner Brust und sie lachte glücklich und stolz.
„Wann fährt das Schiff ab?" fragte er.
„Am dreizehnten Juni, in fünf Tagen . . ."
„Am dreizehnten . . .", wiederholte er nachdenklich; dann: „Das könnte gut gehen!"
„Du bist also einverstanden?" fragte Tilla atemlos.
„Ja."
„Morgen früh schicke ich ihm ein Telegramm!"
„Ist das nicht sehr gefährlich?"
Sie dachte nach. „Glaubst du? . . ."
„Fahr selbst hin und rede nochmal mit deinem alten Knaben. Vielleicht hat er sich's doch anders überlegt."
„Bestimmt nicht!" sagte sie fest.
Dann lagen sie schweigend nebeneinander. Vor der Balkontüre stand fahl und sichelförmig der Mond, und geisterhaft bewegten sich die Vorhänge im Windzug.
Golder tastete nach ihr: „Ich möchte dich etwas fragen . . ."

„Muß das jetzt sein?"
„Ja ... Du hast mit diesem Kapitän geredet, als sei alles bereits zwischen uns abgemacht gewesen. Warst du so sicher, Tilla?"
Sie antwortete nicht sofort. Schließlich sagte sie: „Nein, Robert — ich glaube, ich war nicht sicher. Aber es war so etwas wie eine letzte Hoffnung. Verstehst du?"
Er nickte in der Dunkelheit, dann sagte er: „Ich war ein Idiot, Tilla, ein Vollidiot!"
„Mein großer, lieber Vollidiot", flüsterte sie zärtlich. „Jetzt ist ja alles gut!"
„Wenn es noch nicht zu spät ist!" murmelte er.

Es war zu spät.
Am Vormittag des achten Juni fuhr Tilla mit dem Zug nach Salerno. In der Nacht kam sie zurück. Alles war geregelt. Der Kapitän hatte ihnen seine eigene Doppelkabine zur Verfügung gestellt und verlangte nicht mehr als den normalen Passagierpreis, nachdem Tilla ihm erzählt hatte, daß Golder vor der deutschen und italienischen Geheimpolizei flüchten müsse. Kapitän Cross war einer der seltenen Männer, die jederzeit bereit waren, gegen Gewalt und Unrecht zu kämpfen — auch mit dem Risiko eigener Unannehmlichkeiten.
Am zwölften Juni, um Mitternacht, sollten Tilla und Golder an Bord der „Magdalena Cross" kommen. Der Kapitän würde am Hafeneingang auf sie warten.
So verging der neunte Juni, ein Sonntag.
Sie hatten ein paar Sachen zusammengepackt, die sie unauffällig mitnehmen konnten. Am Nachmittag des nächsten Tages wollten sie das Hotel Flora verlassen — Tilla mit ihrer Badetasche, Golder mit einem kleinen Lederkoffer. Sie wollten sich — wie immer — einen Leihwagen mieten und dem Portier sagen, daß sie Dienstagabend zurück sein würden. Niemand konnte Verdacht schöpfen ...
Und dann kam der Montag.

Er begann mit einem heißen, schwülen Vormittag, windstill und mit einem bleigrauen Himmel. Sie frühstückten im Speisesaal neben der Hotelhalle, und Golder las die Zeitung, die ihm der Kellner neben das Gedeck gelegt hatte. In der Zeitung stand in großer Aufmachung, daß Benito Mussolini, der Duce des italienischen Volkes, heute, am 10. Juni 1940, vom Balkon des Palazzo Venezia eine Rede halten werde. Angelo Rossi hatte also recht gehabt. Das bedeutete den offiziellen Kriegseintritt Italiens!

Golder beobachtete die Gäste an den anderen Tischen. Niemand schien von der Zeitungsmeldung überrascht zu sein, doch alle machten bedrückte, sorgenvolle Gesichter.

Nach dem Mittagessen gingen Golder und Tilla in ihr Zimmer hinauf. Golder schaltete das Radio ein. Sie sprachen nicht viel. Sie warteten. Aus dem Radiogerät klang Marschmusik, die Hitze wurde unerträglich, der Himmel war noch trüber geworden, und die Sonne über dem Balkon hatte einen glühenden Schleierkranz.

Gegen vier Uhr telefonierte Golder mit dem Portier. Er bestellte einen Leihwagen für die nächsten vierundzwanzig Stunden und bat dann, daß man ihm zwei Portionen starken Kaffee ins Zimmer hinaufbringen möchte.

„Wird sofort erledigt, Signore!" antwortete der Portier. „Der Wagen wird ab fünf Uhr zu Ihrer Verfügung stehen."

Ein Kellner brachte den Kaffee, und Tilla füllte die Tassen aus den kleinen Silberkannen. Da brach die Musik im Radio ab. Ein Sprecher erklärte, daß man nun zum Balkon des Palazzo Venezia umschalten werde. Dann war Volksgemurmel zu hören, das weit entfernt schien, ein paar Stimmen riefen: „Duce . . . ! Duce . . . !" Es wurde still.

Benito Mussolini begann seine Rede . . .

Es war eine kurze Rede, nur selten von dünnem Beifall unterbrochen. Golder lauschte mit geschlossenen Augen und starrem Gesicht. Tilla, die nur wenig Italienisch verstand, versuchte, aus seinen Mienen Neues zu erfahren.

Und die Stimme des Duce endete grollend: „... Italiener! Deutschland und Italien bilden heute einen Block von einhundertfünfzig Millionen Menschen im Herzen Europas — von Norwegen bis Libyen, für immer vereint und zu allem entschlossen ... Dieser Block hält den Sieg schon in der Faust. Krieg bis zum Siege für die Neuordnung Europas!"

Golder öffnete die Augen und nickte Tilla zu. „Das ist der Anfang vom Ende", sagte er heiser. Seine Hände zitterten.

Tilla stand auf und schaltete mit einer heftigen Bewegung das Radio aus. „Wie spät ist es?" fragte sie.

„Vier Uhr vierzig ..." Seine Stimme war müde und gleichgültig.

Sie trat zu ihm, beugte sich vor und küßte ihn. „Wir müssen uns fertig machen, Robert."

„Ja", sagte er. Er sah zu ihr auf und lächelte schwach. „Du mußt ein wenig Geduld haben mit mir."

„Habe ich." Sie legte ihm die Hand auf die Schulter. „Ich gehe jetzt in mein Zimmer hinüber und ziehe mich um. Es dauert nicht lange."

Er nickte.

Sie küßte ihn noch einmal. Sie schritt zur Türe, trat auf den Gang hinaus und zog die Türe hinter sich zu.

Er blickte auf diese Türe, die sich eben geschlossen hatte, und er fühlte sich plötzlich so einsam, wie nie zuvor in seinem Leben.

Minuten verstrichen.

Plötzlich wurde die Türklinke heruntergedrückt, die Türe aufgestoßen. Mit einem dumpfen Knall schlug sie gegen die Wand. Im Rahmen standen drei Männer. „Signor Golder?"

Die Männer trugen dunkle Anzüge und schreiend buntgestreifte Krawatten. Dem, der in der Mitte stand, saß ein schmales, gepflegtes Bärtchen auf der Oberlippe. Die drei hielten entsicherte Pistolen in den Händen.

Golder starrte sie benommen an. Er war nicht fähig, zu sprechen.
„Stehen Sie auf!" befahl der Mann mit dem Bärtchen. Er trat vor seinen Kollegen ins Zimmer und ging auf Golder zu.
„Heben Sie die Hände hoch!"
Golder erhob sich. Er brauchte all seine Kraft dazu. Den Mann mit dem Bärtchen konnte er nur undeutlich erkennen. Das brutale, harte Gesicht schwamm wie Nebel vor seinen Augen.
Der Mann tastete ihn ab, trat einen Schritt zurück. „Sie sind verhaftet, Robert Golder", sagte er. „Ziehen Sie Ihre Jacke an. Kommen Sie mit ..."
Golder nahm sich zusammen.
„Aber ..." begann er mühsam. „Sie haben kein Recht ..."
Weiter kam er nicht. Der Mann mit dem Bärtchen hatte ihm seine Pistolenmündung kräftig in den Magen gestoßen.
Stöhnend beugte Golder sich vor, preßte beide Hände gegen den Leib. Doch die beiden anderen rissen ihn an den Armen wieder hoch.
Der Mann mit dem Bärtchen musterte ihn kalt. „Reden können Sie später genug", erklärte er. „Jetzt kommen Sie mit." Er zog Golders Jacke von der Sessellehne und warf sie ihm zu. „Los!"
Sekunden später schlossen sich zwei stählerne Handfesseln um seine Gelenke. Einer der Männer stieß ihm die Faust in den Rücken. Er taumelte zur Türe.
Draußen im Gang stand Tilla. Sie hatte das meergrüne Kleid angezogen, das an den Beinen geschlitzt war, und um ihren Hals lag eine Kette aus dicken, schwarzen Perlen.
Tilla sagte nichts, als Golder stehenblieb und sie anblickte ...
Sie lehnte an der Wand, und ihre Augen waren weit und starr.
Bebend, mit fahlem Gesicht, sah sie zu, wie die Geheim-

polizisten ihn weiterzerrten und über den Gang zur Treppe führten.
Tilla, die Agentin des Reichssicherheitshauptamtes, brauchte einige Zeit, um Ruhe und Überlegung wiederzufinden. Apathisch hatte sie bis zum Abend auf dem Bett ihres Zimmers gelegen und mit offenen Augen zur Decke gestarrt. Schließlich aber war ihr bewußt geworden, daß damit nichts geändert wurde — daß sie versuchen mußte, Robert Golder zu helfen!
Gab es überhaupt Möglichkeiten für sie, Tilla, Golder aus den Händen der italienischen Geheimpolizei zu befreien? Nein, sie war allein machtlos. Müller? . . . Heydrich? . . . Schellenberg? Auch dieser Weg würde vergeblich sein . . . Und Admiral Canaris, der Chef der „Abwehr-Konkurrenz"? Canaris . . . !
Das Telefon neben Tilla auf dem Nachttisch begann zu rasseln. Sie streckte mechanisch die Hand danach aus. Als sie es merkte, war es zu spät.
„Hier Standartenführer Gerbert", schnarrte eine Männerstimme. „Muß sie dringend sprechen, gnä Frau. Bin in der Hotelhalle . . ."
„Ich — ich fühle mich nicht gut."
„Ah — sehr bedauerlich. Kleine Unpäßlichkeit, verstehe. Muß Sie aber bitten, sich in den nächsten Tagen zu unserer Verfügung zu halten. Befehl von Gruppenführer Müller persönlich. Brauchen Sie als Zeugin, gnä Frau."
Tilla fragte tonlos: „Als Zeugin . . . ?"
„Jawohl, gnä Frau", schnarrte die Stimme im Hörer. „Als Zeugin gegen diesen Golder. Wurde doch heute verhaftet, der Mann. Vaterlandsverrat, Spionage und so . . ."
„Ja", sagte Tilla. „Ja natürlich . . ." Sie legte den Hörer zurück. Golder würde also verhört werden. Das hieß, daß man ihn — vorläufig — nicht umbringen wollte! Sie würden ihn schlagen und quälen, aber sie brauchten ihn noch . . . Wie lange?

Tilla stand vom Bett auf. Sie trat zum Tisch, auf dem ihre weiße Handtasche lag. Als sie die Tasche öffnete, wurde der gerippte Griff der Mauser .38 sichtbar. Nachdenklich strich sie mit der Hand darüber.

Sie ging zum Telefon zurück und nahm den Hörer von der Gabel.

„Signora?"

„Ich fahre mit dem Nachtzug nach Berlin", sagte Tilla. „Suchen Sie mir, bitte, die Anschlüsse heraus und bestellen Sie mir ein Taxi, das mich zum Bahnhof bringt."

☆

Berlin, 12. Juni ...

Admiral Canaris, Chef der Abwehr im OKW, war am Nachmittag nach Berlin zurückgekommen. Seine Frau und die Kinder waren ans Meer gefahren, und er hatte sie begleitet. Zwei Tage Ruhe und Sonne, zwei Tage ohne Amtsgeschäfte!

Canaris, in weißer Leinenhose und offenem Polohemd, lag im Liegestuhl seines Gartens an der Betazeile.

Mit halbgeschlossenen Augen, das Gesicht unter dem gepflegten, grauen Haar, müde und voller Falten, so lag er einige Minuten — bis das Blubbern eines Motors ihn aufschreckte. Er stemmte den Oberkörper hoch und blickte zum Zaun. Davor, auf der Straße, bremste der Wagen seiner Sekretärin und einzigen Vertrauten.

Canaris ließ sich in den Stuhl zurücksinken. Langsam kam die junge Frau zum Gartentor, blond, schlank, hübsch, die vollen Lippen etwas geöffnet. Sie schritt jetzt über die Wiese, ein blaues Leinenkleid, glatte, braune Beine.

Canaris hatte einmal zu Freunden gesagt: „Schöne Frauen zur rechten Zeit sind ein Geschenk — auch dann, wenn man sie nicht besitzt!"

„Guten Abend!“ sagte ihre Stimme neben ihm. Er wandte den Kopf ihr zu. „Verzeihen Sie, Doris, ich bin nicht aufgestanden ... Nehmen Sie Platz.“
Sie setzte sich schweigend in den Korbstuhl, der neben dem Sonnenschirm stand.
„Was gibt es Neues?“
„Im Amt nichts Besonderes“, sagte die junge Frau und schlug die nackten Beine übereinander.
„Aber ... ?“
„Aber in Rom ist einiges geschehen. Am Montag ist Golder verhaftet worden!“
Canaris wandte den Kopf von der jungen Frau und blickte in den wolkenlosen Himmel über sich. „So“, murmelte er. „Golder!“ Er dachte nach. „Von wem wurde Golder verhaftet?“
„Von der italienischen Polizei ... Aber das Verhör wird von Standartenführer Gerber vom RSHA geleitet!“
„Ein Verhör also ... Sind Rossi und seine Leute gewarnt?“
„Ja.“
„Hm“, machte Canaris. „Armer Kerl, der Golder. Schade!“
Offenbar war es ihm unangenehm, darüber nachzudenken, und er sah wieder die junge blonde Frau an. So fragte er: „Wie geht es meinen Dackeln, Doris?“ Die junge Frau antwortete: „Gut. Sie waren sehr artig in den zwei Tagen. Ich bringe sie Ihnen noch heute abend, wenn Sie das wollen.“
„Ja, bitte ... Wir könnten dann miteinander zu Abend essen.“
Die blonde Sekretärin stand auf. „Ach ja — eine Frau rief dreimal an und fragte nach Ihnen. Ich sagte ihr, daß Sie erst heute abend zurückkommen würden.“
„Wie hieß die Frau?“
„Keine Ahnung, sie wollte ihren Namen nicht nennen. Sie sagte nur, daß sie aus Rom komme und Sie sprechen müsse.“
Canaris nickte. „Nun, sie wird ja wieder anrufen.“

„Ich hole jetzt die Dackel", sagte die junge, blonde Frau und ging über die Wiese davon.
Er blickte ihr nach. Vor dem Zaun, auf der Straße, war jetzt das blubbernde Geräusch des davonfahrenden Wagens. Canaris blieb sitzen. Die Sonne war hinter dem Hausdach verschwunden.
Auf der Straße hielt leise brummend ein anderer Wagen an. Eine Frauenstimme sagte: „Warten Sie bitte hier ..."
Das Brummen des Motors erstarb, und hastige, kurze Schritte näherten sich der Gartentüre.
Canaris war aufgestanden. Die eine Hand nachlässig in der Hosentasche, beobachtete er eine dunkelhaarige, zierliche Frau, die ohne zu zögern auf den Knopf der elektrischen Klingel drückte. Sie trug einen hellen Sommermantel und eine weiße Handtasche am Lederriemen, weiße, hochhackige Schuhe und einen winzigen weißen Hut. Soweit man aus der Ferne beurteilen konnte, war sie auffallend schön, diese junge Dame.
„Wollen Sie mich sprechen?" rief Admiral Wilhelm Canaris und schlenderte dann über die Wiese zum Haus.
Als sie beim Haus angekommen waren, öffnete er die Türe und küßte ihr die Hand.
„Ich möchte Sie sprechen", sagte die Frau. Sie hatte eine dunkle, warme Stimme. „Ich rief bereits einige Male an, aber Ihre Sekretärin ..."
Er lächelte. „Die Dame aus Rom, nicht wahr?" Ihre Hand hatte er nicht losgelassen.
„Ja ..." Nun lächelte auch sie. „Haben Sie einige Minuten Zeit, Herr Admiral?"
„Setzen wir uns in den Garten ..." schlug er vor. „Wenn es Ihnen nicht zu kühl ist?" Mit einer Handbewegung wies er ihr den Weg. Tilla, die zierliche, dunkelhaarige Frau, die den Admiral zu interessieren schien, schüttelte den Kopf. „Es dauert nicht lange", sagte sie.
Schweigend gingen sie nebeneinander über den dichten, ge=

pflegten Rasen. Canaris deutete auf den Korbsessel. „Bitte, nehmen Sie Platz . . . Darf ich Ihnen etwas zu trinken bringen lassen?"

„Nein, danke."

Er setzte sich in den Liegestuhl. „Eine Zigarette?"

Tilla nahm eine von den türkischen Zigaretten, die er ihr anbot, und ließ sich Feuer geben. Ohne Einleitung sagte sie dann:

„Sie werden wissen, daß Robert Golder in Rom verhaftet wurde . . ."

Canaris zog die buschigen Brauen hoch. Er nickte widerwillig.

„Ich weiß es . . ." Gleichgültig zuckte er mit den Schultern. „Er war ein Landesverräter, wie ich hörte."

Tilla lachte hart und verächtlich. „Sie brauchen mir nichts vorzumachen. Ich weiß, daß Sie Golder nach Rom geschickt haben. Er hat dort für Sie gearbeitet, Admiral!"

Er blickte in den Rauch seiner Zigarette. „Wer sind Sie?"

„Mein Name ist unwichtig."

Canaris drehte langsam den Kopf zu ihr. In seinen Augen lag schlecht verhohlenes Mißtrauen. Diese Frau war gefährlich!

„Und wenn Golder für mich gearbeitet hätte", sagte er bedächtig, „könnten Sie das beweisen?"

„Ja."

„Wie?"

„Ich könnte es." Tilla sah ihn fest an. „Doch ich möchte es nicht. Ich will aber, daß Sie Robert Golder wieder zur Freiheit verhelfen . . ."

„Das kann ich nicht!"

„Sie wollen nicht", sagte Tilla ruhig. „Sie fürchten sich, ihm zu helfen, weil der SD die Hand mit im Spiele hat!"

Admiral Wilhelm Canaris antwortete nicht darauf. Er war aufgestanden, ging ein paar Schritte in den Garten hinein, kam zurück.

„Sie glauben gut informiert zu sein", bemerkte er spöttisch. Doch seine Augen blickten unsicher an ihr vorbei.
Tilla lächelte. „Ich bin gut informiert — Sie wissen das!"
„Für wen arbeiten Sie?"
Sie ließ den Rest ihrer Zigarette neben dem Korbsessel auf die Wiese fallen.
„Für das Reichssicherheitshauptamt, Herr Admiral!"
Er wandte sich ab und trat zum Liegestuhl. Er setzte sich nicht, blieb mit dem Rücken zu ihr stehen und fragte leise:
„Warum tun Sie das . . .? Lieben Sie ihn?"
„Ja . . ."
Canaris nickte, als hätte er diese Antwort erwartet. Schwerfällig drehte er sich um und betrachtete die zierliche, dunkelhaarige Frau, die selbstsicher und abwartend in ihrem Sessel saß.
„Gut, ich werde Golder helfen", sagte er. „Und ihre Garantien . . . ?"
„Ich ging im Auftrage Heydrichs nach Rom", erklärte Tilla sachlich. „Meine Arbeit war die Berichterstattung über Robert Golder und seinen Kreis . . . Ich biete Ihnen einen genauen, handgeschriebenen Bericht über meine Zusammenarbeit mit dem RSHA — und über alle Informationen, die Heydrich über Sie und Ihren Widerstandskreis besitzt, soweit sie mir bekannt sind!"
Canaris hatte die Hand über seine Augen gelegt.
„Das dürfte genügen . . ." murmelte er und ließ die Hand sinken. Mit einem solchen Bericht in seinem Besitz konnte ihm diese Frau nie mehr gefährlich werden!
„Sie werden natürlich mit Golder verschwinden . . ."
„Wir gehen nach Schweden!" Tilla erhob sich und reichte ihm die Hand.
„Morgen früh werde ich Ihnen den Bericht übergeben, Admiral . . . Wann wird Robert Golder frei sein?"
„Sagen wir, in dieser Woche . . ."

Der Admiral Wilhelm Canaris küßte ihr die Hand. „Morgen kann ich Ihnen genauer antworten."
Sie schritt so schnell über die Wiese zur Gartentüre, daß er ihr nicht folgte. Dann öffnete sie die Türe und trat auf die Straße.

*

Rom, 15. Juni ...
Es war ein Samstag und der fünfte Tag nach dem Eintritt Italiens in den Krieg an deutscher Seite. Noch hatte sich die Ewige Stadt nicht von diesem Schreck erholt. Diplomaten und Vertreter der „Feindmächte" hatten eilig und überstürzt das Land verlassen, Feste und Banketts waren abgesagt worden, und die Menschen in den Straßen lächelten nicht mehr. Die Glocken der Turmuhren schlugen die fünfte Nachmittagsstunde.
Robert Golder lag auf dem feuchten Steinboden einer Kellerzelle der italienischen Geheimpolizei. Er lag ausgestreckt und flach auf dem Rücken und er zählte die Glockenschläge, die dumpf und bebend zu ihm drangen. Er wartete auf seine Peiniger ...
Seit fünf Tagen wurde er gepeinigt und gequält. Verhör nannten sie das. Prügel und elektrische Lampen, die ihm in die Augen brannten, bis man vor Schmerzen halb wahnsinnig wurde, Salzsuppen und Durst, die Ahnung, daß Tilla ihn verraten hatte — und neue Prügel. Und dazu die hämmernden Fragen der Männer hinter den Lampen: „Gestehen Sie, Golder! — Warum? — Wieso? — Wer half Ihnen? — Reden Sie! — Gestehen Sie! — Unterschreiben Sie! ..."
Nein, er hatte nicht unterschrieben — noch nicht! Wie lange konnte er das noch aushalten? Die feuchte Kälte der Steine unter seinem Rücken machte ihm zu schaffen. Er durfte nicht mehr länger so liegen bleiben. Doch er blieb liegen. Sein Körper schmerzte, das Gesicht war geschwollen, und

an der Stirn brannte die offene Wunde, die man ihm während des Verhörs mit einem Schlüsselbund geschlagen hatte. Er war müde. Er wünschte damals zu sterben — und starb nicht ...

Die Kälte hatte seinen Rücken gefühllos gemacht Er mußte sich aufsetzen. Er mußte! Stöhnend gelang es ihm. Taumelnd kam er hoch, lehnte sich mit der Schulter an die Wand und keuchte vor Anstrengung.

Im Gang vor der Zelle waren Geräusche. Schritte näherten sich, Schlüssel rasselten. Bei der Zelle hielten die Schritte an. Golder bewegte sich nicht. Er starrte zur Türe, die aus Eisen war, graugestrichen und feucht schimmernd im trüben Schein der nackten, elektrischen Birne an der Decke. Er biß die Zähne zusammen. Kreischend drehte sich der Schlüssel im Schloß. Die Türe schwang zurück. Ein breitschultriger, teiggesichtiger Wärter in schlechtsitzender Uniform grinste ihn an. „Kommen Sie ..."

Golder ging schwankend zur Türe. Er erwartete, daß der Mann ihn ungeduldig mit sich zerren würde, doch nichts geschah. Sie gingen durch den Kellergang zur Treppe, die Treppe hinauf und in den Vorraum zum Verhörzimmer.

Ein großer schlanker Mann in der Uniform eines Obersten der deutschen Wehrmacht trat auf Golder zu. „Robert Golder?"

Golder nickte nur.

Der Oberst sagte: „Sie sind frei, Herr Golder. Bitte kommen Sie mit mir zum Wagen ..."

Golder begriff nicht. Apathisch folgte er dem Offizier, der ihn durch einen langen, hohen Flur zum Ausgang des Gebäudes führte.

Draußen schien die Sonne. Die Luft war trocken und warm, und ein geschlossener Wagen wartete am Straßenrand. Krachend fiel das Tor hinter ihnen zu.

Golder blieb stehen. Er hob den Kopf und sah stumm und verständnislos den Offizier an.

„Darf ich Ihnen helfen?" fragte der schlanke Oberst und lächelte. Er faßte nach seinem Arm und führte ihn vorsichtig die Steinstufen zum Fahrzeug hinunter. Der Fahrer, ein Unteroffizier, riß den Wagenschlag auf, und Golder stieg ein.

Erst als die Türe hinter ihm zuschlug und der Wagen anfuhr, sah Golder, daß er nicht allein war. Neben ihm, im Rücksitz, saß Tilla!

Schnell und in südlicher Richtung rollte die schwere Limousine aus der Stadt. Golder schloß die Augen. Tillas Hand legte sich zögernd auf seinen Arm. Sie blieb dort liegen.

„Wohin fahren wir?" fragte er heiser.

Tilla sagte: „Nach Salerno, Robert — zum Schiff nach Schweden ..."

*

Das war die Geschichte der „Schwarzen Kapelle", einer der geheimnisvollsten und hintergründigsten Spionagefälle des letzten Krieges, an dem der Chef der deutschen Abwehrorganisation selbst beteiligt war. Golder und Tilla leben heute in Schweden. Angelo Rossi und Bachmayer wurden 1941 überführt und hingerichtet. Nur Kranz entkam.

Nach dem 20. Juli 1944 bezahlte als Letzter der Admiral Wilhelm Canaris seine Rechnung mit dem Tode.